新能源汽车电气系统原理与检修

主　编　赵振宁　李东兵

资源总码

北京理工大学出版社
BEIJING INSTITUTE OF TECHNOLOGY PRESS

内 容 简 介

本教材的特点：将新能源汽车和传统内燃机汽车相同的电气原理、诊断与检修部分保留，并做技术更新，增加纯电动汽车和混合动力汽车的电气原理、诊断与检修相关内容，以适应新能源汽车电气系统的故障诊断与维修。

本书共分十二章。第一章汽车电源系统，增加了电动汽车 DC/DC 转换器原理与诊断内容；第二章汽车供电控制系统，增加了不同车型的供电控制方法；第三章汽车起动系统控制；第四章汽车点火系统；第五章照明和信号；第六章刮水/洗涤装置；第七章汽车仪表和警报，增加了电动汽车仪表和指示灯、故障灯和警告灯；第八章汽车空气调节系统，增加了电动汽车电动空调的内容；第九章中控锁及防盗，除了介绍第二代至第五代防盗外，增加了无钥匙进入系统；第十章车窗及后视镜控制；第十一章电动座椅；第十二章音响和导航。

本书可作为高等学校"新能源汽车技术""汽车检测与维修""汽车制造与装配"等汽车专业教材，也可供从事本专业工作的工程技术人员作入门参考。

版权专有　侵权必究

图书在版编目（CIP）数据

新能源汽车电气系统原理与检修/赵振宁，李东兵主编 .—北京：北京理工大学出版社，2019.11（2024.1 重印）
ISBN 978 – 7 – 5682 – 7910 – 9

Ⅰ．①新… Ⅱ．①赵… ②李… Ⅲ．①新能源 – 汽车 – 电气系统 – 系统理论②新能源 – 汽车 – 电气系统 – 车辆检修　Ⅳ．①U469.7

中国版本图书馆 CIP 数据核字（2019）第 251256 号

责任编辑：多海鹏　　**文案编辑**：多海鹏
责任校对：周瑞红　　**责任印制**：李志强

出版发行 / 北京理工大学出版社有限责任公司
社　　址 / 北京市丰台区四合庄路 6 号
邮　　编 / 100070
电　　话 /（010）68914026（教材售后服务热线）
　　　　　　（010）68944437（课件资源服务热线）
网　　址 / http://www.bitpress.com.cn
版 印 次 / 2024 年 1 月第 1 版第 3 次印刷
印　　刷 / 三河市天利华印刷装订有限公司
开　　本 / 787 mm×1092 mm　1/16
印　　张 / 24
字　　数 / 559 千字
定　　价 / 56.00 元

图书出现印装质量问题，请拨打售后服务热线，负责调换

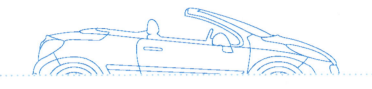 

前言
PREFACE

如果说汽车发动机电控化是汽车行业的第二次技术革命,那电动汽车(纯电动汽车、混合动力汽车、燃料电池汽车)技术将是汽车行业的第三次技术革命,这场革命必将引起汽车产业结构的调整,在汽车研发、汽车生产和汽车售后服务三方面会发生很大的变化。

为了使现代职业教育内容跟上汽车生产和售后服务的步伐,本书编写组基于"传统燃油汽车 + 新能源汽车"开发了适应新形势下的汽车电气教材。同时,本书配有高清二维码教学资源,方便学生和教师自学。最后,针对理论和实践进行任务驱动教学时需要任务驱动工单的特点,本套书提供配套工单供学生完成,这样既有利于学生巩固理论知识,也对实训项目有针对性的训练。

本书特点:将新能源汽车和传统内燃机汽车相同的电气原理、诊断与检修部分保留,并做技术更新,特地增加纯电动汽车和混合动力汽车的电气原理、诊断与检修内容,以适应新能源汽车电气系统的诊断与维修。

本书共分十二章,第一章汽车电源系统,增加了电动汽车 DC/DC 转换器原理与诊断内容;第二章汽车供电控制系统,增加了不同车型的供电控制方法;第三章汽车起动系统控制;第四章汽车点火系统;第五章照明和信号;第六章刮水/洗涤装置;第七章汽车仪表和警报,增加了电动汽车仪表和指示灯、故障灯和警告灯;第八章汽车空气调节系统,增加了电动汽车电动空调的内容;第九章中控锁及防盗,除了介绍二代至五代防盗外,特地增加了无钥匙进入系统;第十章车窗及后视镜控制;第十一章电动座椅;第十二章音响和导航。

本书由长春汽车工业高等专科学校教师赵振宁、李东兵任主编,其中:赵振宁编写了一~六章,李东兵编写了第七~十二章。基于新能源汽车的《汽车电气系统原理与检修》教材在全国是第一本打样书,书中难免有瑕疵,希望读者批评指正,以利将本教材开发得更好。

本书可作为高等学校"新能源汽车技术""汽车检测与维修""汽车制造与装配"等汽车专业教材,也可供从事本专业工作的工程技术人员作入门参考。

最后,本套教材由"百慕大汽车(bmdcar.com)"提供作者的全套讲解视频和后台制作的资源。

赵振宁
2019 年 8 月

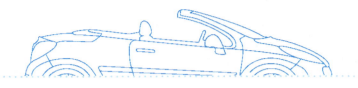

目录 CONTENTS

第一章 汽车电源系统 ········· 001

第一节 铅酸蓄电池 ········· 002
一、普通蓄电池结构 ········· 002
二、普通蓄电池工作原理 ········· 003
三、蓄电池内阻 ········· 004
四、汽车蓄电池种类、型号 ········· 004
五、蓄电池的容量及其影响因素 ········· 005
六、蓄电池的正确使用 ········· 006
七、蓄电池维护 ········· 006
八、蓄电池常见故障诊断 ········· 007

第二节 蓄电池技术状况的检查 ········· 008
一、蓄电池电解液液面高度的检查 ········· 009
二、蓄电池起动端电压的检测 ········· 010
三、蓄电池电解液密度的测量 ········· 011
四、蓄电池容量判断法 ········· 012
五、电解液纯净度检查 ········· 013

第三节 蓄电池充电方法 ········· 014
一、充电方法 ········· 014
二、初充电 ········· 015
三、起动/充电动机 ········· 015
四、车下充电注意事项 ········· 016
五、如何更换蓄电池 ········· 017

第四节 交流发电机 ········· 017
一、发电机分类 ········· 017
二、发电机结构 ········· 019

三、发电机整流 ………………………………………………… 023
第五节 电压调节器 ………………………………………………… 026
一、调节器分类 ………………………………………………… 026
二、内、外搭铁 ………………………………………………… 026
三、电压检测法 ………………………………………………… 027
四、分立电压调节器 …………………………………………… 027
五、集成电压调节器 …………………………………………… 029
第六节 发电机智能控制技术（扩展学习） ……………………… 030
一、提高功率的办法 …………………………………………… 030
二、智能控制方法 ……………………………………………… 030
三、带启/停的发电机控制 …………………………………… 031
第七节 充电系统性能检查和常见故障诊断 …………………… 032
一、充电系统的性能检查 ……………………………………… 032
二、发电机的检查和修理 ……………………………………… 033
三、发电机常见故障 …………………………………………… 035
第八节 电动汽车 DC/DC 转换器（扩展学习） ………………… 036
一、什么是 DC/DC 转换器 …………………………………… 036
二、DC/DC 转换器原理 ……………………………………… 036
第九节 带能量回收系统的发电机控制（扩展学习） ………… 038
一、车辆能量管理组件 ………………………………………… 038
二、汽车工作模式 ……………………………………………… 039

第二章 汽车供电控制系统 …………………………………………… 041
第一节 不带电源 ECU 的供电控制 ……………………………… 041
一、点火开关功能 ……………………………………………… 041
二、点火开关供电端子 ………………………………………… 042
第二节 非复位开关电源 ECU 控制（一） ……………………… 044
一、电源控制 ECU 的功能 …………………………………… 044
二、非复位开关形式 …………………………………………… 044
第三节 非复位开关电源 ECU 控制（二） ……………………… 046
一、点火开关 …………………………………………………… 047
二、点火开关各种正电的形成 ………………………………… 048

第三章 汽车起动系统控制 …………………………………………… 052
第一节 起动机 …………………………………………………… 052
一、作用和分类 ………………………………………………… 052

二、结构组成 ································ 053
　　三、构造和原理 ································ 054
第二节　起动机控制电路 ································ 060
　　一、磁力开关 ································ 061
　　二、起动继电器 ································ 061
　　三、起动机控制电路 ································ 061
　　四、30号端子断电继电器 ································ 062
　　五、汽车的起动电路 ································ 063
第三节　起动机检修和性能测试 ································ 067
　　一、起动机检修 ································ 067
　　二、起动机性能检查步骤 ································ 070
第四节　起动系统故障诊断 ································ 072
　　一、起动机不转 ································ 072
　　二、起动机转动无力 ································ 072
　　三、起动机空转 ································ 073
第五节　汽车漏电故障诊断（扩展学习） ································ 073
　　一、蓄电池放电的因素 ································ 073
　　二、静态电流测量法 ································ 074
　　三、如何问诊 ································ 078

第四章　汽车点火系统 ································ 079
第一节　传统点火系统简介 ································ 079
　　一、机械触点式点火系统 ································ 080
　　二、电磁点火系统 ································ 082
　　三、霍尔点火系统 ································ 083
第二节　微机控制点火系统基础 ································ 084
　　一、最佳点火提前角的确定 ································ 084
　　二、点火能量控制 ································ 086
　　三、微机控制点火系统 ································ 088
第三节　大众汽车点火系统 ································ 089
　　一、捷达ATK两阀发动机 ································ 089
　　二、双缸同时点火控制 ································ 091
　　三、单缸独立点火方式 ································ 094
第四节　日产汽车分电器点火系统 ································ 096
　　一、日产分电器点火系统简介 ································ 096
　　二、日产分电器结构 ································ 096

三、点火系统电路 ································ 097

第五节　丰田汽车分电器点火系统 ································ 098
　　一、丰田5A-FE发动机 ································ 099
　　二、点火系统组成 ································ 099
　　三、点火控制电路 ································ 099

第六节　其他点火系统举例 ································ 101
　　一、一点火模块内置多个放大器 ································ 101
　　二、带正时偏差的单缸双火花塞系统 ································ 101
　　三、点火模块集成在微机内部 ································ 102

第七节　汽缸不做功的判断 ································ 103
　　一、汽缸不做功的判断基础 ································ 103
　　二、失火率与排放的关系 ································ 103
　　三、监控末级功率三极管的失火检测方法 ································ 103
　　四、检测曲轴转速变动的失火检测方法 ································ 104

第八节　点火系统检查 ································ 106
　　一、点火系统检查技能 ································ 107
　　二、火花塞检查 ································ 107
　　三、点火能量判断 ································ 109
　　四、无点火和喷油的检查 ································ 109
　　五、有漏电导致火弱的检查 ································ 110

第五章　照明和信号 ································ 113

第一节　照明和信号简介 ································ 114
　　一、照明系统 ································ 114
　　二、信号灯 ································ 115

第二节　照明和信号系统 ································ 116
　　一、前照灯 ································ 116
　　二、前照灯开关和继电器 ································ 119
　　三、前照灯继电器 ································ 121
　　四、前照灯的分类 ································ 121
　　五、前照灯远光电路的自动控制功能 ································ 122
　　六、自适应前照灯系统 ································ 123
　　七、前照灯的检测调整 ································ 124
　　八、大灯改装 ································ 125
　　九、灯光的常见故障 ································ 125

第三节　信号装置 ································ 127

一、转向灯和危险警告信号灯 ……………………………………… 128
　　二、制动灯 …………………………………………………………… 129
　　三、倒车灯与倒车蜂鸣器 …………………………………………… 132
　　四、喇叭 ……………………………………………………………… 132

第六章　刮水/洗涤装置 ……………………………………………… 136

第一节　刮水/洗涤装置元件 …………………………………………… 136
　　一、刮水/洗涤装置功能 ……………………………………………… 136
　　二、刮水器传动方式 ………………………………………………… 136
　　三、刮水电动机调速原理 …………………………………………… 137
　　四、刮水器自动复位装置 …………………………………………… 138
　　五、刮水器继电器的间歇控制 ……………………………………… 138
　　六、风窗洗涤装置 …………………………………………………… 139

第二节　刮水/洗涤电路 ………………………………………………… 140
　　一、前风窗刮水器电动机/洗涤泵电路 …………………………… 140
　　二、后风窗刮水器电动机/洗涤泵电路 …………………………… 141
　　三、风窗刮水器系统的维修 ………………………………………… 142
　　四、风窗洗涤装置的维修 …………………………………………… 143

第七章　汽车仪表和警报 ……………………………………………… 144

第一节　仪表和警报装置简介 …………………………………………… 145
　　一、早期的仪表 ……………………………………………………… 145
　　二、现代汽车仪表 …………………………………………………… 145
　　三、现代汽车仪表 …………………………………………………… 146
　　四、仪表"三灯" …………………………………………………… 148
　　五、仪表电路 ………………………………………………………… 164

第二节　汽车仪表 ………………………………………………………… 165
　　一、十字线圈式仪表 ………………………………………………… 166
　　二、步进电动机式仪表 ……………………………………………… 166
　　三、典型客车仪表举例 ……………………………………………… 167
　　四、CAN线仪表 ……………………………………………………… 174
　　五、仪表的自检 ……………………………………………………… 174

第三节　仪表信号和警报 ………………………………………………… 175
　　一、仪表信号的采集 ………………………………………………… 175
　　二、仪表信号 ………………………………………………………… 177

第八章　汽车空气调节系统 …………………………………………… 181

第一节　空气调节系统概述 ……………………………………………… 181

一、汽车空调系统的作用 …………………………………………………… 182
二、汽车空调系统分类 …………………………………………………… 182
三、通风装置 ……………………………………………………………… 183
四、汽车暖风系统 ………………………………………………………… 184
五、制冷系统结构和工作原理 …………………………………………… 187
六、空调控制面板操作 …………………………………………………… 189
第二节　制冷系统元件结构和工作原理 ……………………………………… 191
一、空调压缩机 …………………………………………………………… 192
二、膨胀阀 ………………………………………………………………… 196
三、冷凝器和蒸发器 ……………………………………………………… 198
四、低压侧集液器和高压侧贮液干燥器 ………………………………… 199
五、视液镜 ………………………………………………………………… 200
六、空调系统电气元件 …………………………………………………… 201
第三节　自动空调系统 ………………………………………………………… 209
一、自动空调控制 ………………………………………………………… 210
二、自动空调元件位置 …………………………………………………… 210
三、自动空调传感器 ……………………………………………………… 210
四、执行机构 ……………………………………………………………… 212
五、空调控制单元 ………………………………………………………… 213
六、分区空调 ……………………………………………………………… 213
七、自动空调控制面板 …………………………………………………… 214
八、前、后蒸发器总成 …………………………………………………… 214
九、执行元件自诊断 ……………………………………………………… 215
十、故障引导程序 ………………………………………………………… 216
第四节　空调保养和常见维修作业 …………………………………………… 216
一、汽车空调系统的维护与保养 ………………………………………… 216
二、加注制冷剂 …………………………………………………………… 218
第五节　电动汽车空调（扩展学习） ………………………………………… 219
一、半导体式制冷/制热 …………………………………………………… 220
二、热泵型空调系统制冷/制热 …………………………………………… 221
三、驻车加热器制热 ……………………………………………………… 222
四、PTC加热器的电制热方式 …………………………………………… 223
第六节　电动轿车空调制冷方式（扩展学习） ……………………………… 224
一、分体式电动空调压缩机 ……………………………………………… 224
二、整体式电动空调压缩机 ……………………………………………… 224

第九章　中控锁及防盗 ········ 227

第一节　汽车中控门锁 ········ 227
　一、中控门锁的作用 ········ 227
　二、中控锁类型 ········ 228
　三、中控锁直接控制 ········ 229
　四、中控锁电子控制 ········ 229

第二节　铁将军防盗器 ········ 231
　一、防盗系统的功用与种类 ········ 231
　二、加装防盗器方式 ········ 232
　三、铁将军防盗器功能 ········ 232
　四、防盗器遥控中控门锁 ········ 234
　五、原车中控门锁单线负触发电路防盗改装 ········ 235

第三节　发动机防盗止动系统 ········ 237
　一、防盗锁止系统（IMMO）发展 ········ 238
　二、第二代防盗系统组成 ········ 238
　三、第二代防盗系统工作原理 ········ 239

第四节　无钥匙进入及起动系统 ········ 241
　一、什么是 PEPS ········ 241
　二、使用方法 ········ 241
　三、低频定位天线 ········ 242
　四、无钥匙进入系统原理 ········ 243
　五、无钥匙进入系统的应用变化 ········ 244
　六、无钥匙进入的优、缺点 ········ 244

第十章　车窗及后视镜控制 ········ 245

第一节　车窗简介 ········ 245
　一、作用和分类 ········ 245
　二、升降机结构 ········ 245
　三、电动车窗分类 ········ 246
　四、直接控制电动车窗 ········ 247

第二节　车门集中控制基础 ········ 249
　一、电动机换向的基本电路 ········ 250
　二、车门负载功率 ········ 251
　三、车门集中控制负载驱动方法 ········ 252
　四、半桥"三态门"驱动的应用 ········ 254

第三节　汽车电动后视镜 ························· 255
　　　一、功能和操作 ································· 255
　　　二、电动后视镜的结构 ························· 256
　　　三、车内后视镜防眩目原理 ··················· 256

第十一章　电动座椅 ································· 257

　第一节　功能和操作 ································· 257
　　　一、功能 ·· 257
　　　二、电动座椅结构 ······························ 259
　　　三、直接控制型座椅 ··························· 261
　第二节　典型电动座椅 ······························ 263

第十二章　音响和导航 ······························ 265

　第一节　汽车音响系统 ······························ 265
　　　一、汽车音响系统历史 ························ 265
　　　二、汽车多媒体的发展趋势 ·················· 266
　　　三、基础知识 ···································· 266
　　　四、汽车音响的组成 ··························· 267
　　　五、主机（音源）······························· 267
　　　六、功放 ·· 271
　　　七、喇叭 ·· 271
　　　八、收音机天线 ································· 272
　第二节　汽车音响系统检修 ························ 272
　　　一、光盘和磁带的使用和保养 ··············· 272
　　　二、音响噪声的检查与跟踪排除 ············ 273
　　　三、音响解码 ···································· 274
　第三节　丰田汽车音响系统 ························ 275
　　　一、方向盘衬垫开关功能 ····················· 275
　　　二、音响系统电路图 ··························· 276
　第四节　汽车导航系统 ······························ 276
　　　一、复式显示器 ································· 276
　　　二、结构和工作原理 ··························· 278

理论＋实训一体工单 ································· 281

第一章

汽车电源系统

一辆 2013 年 5 月出厂的日产逍客 SUV 车型配 2.0 升发动机，在 2019 年 8 月出现仪表时间在起动时从 12 点开始计时，随后两天出现起动时只有起动机磁力开关动作的"咔咔"声，但曲轴无拖动、转动的征兆，仪表发动机转速和车速表指针抖动。

如果你是接车的修理技术人员，应如何解决本故障，修理方案应如何制定？

能说出蓄电池的作用、原理和检查方法；
能说出发电机的作用、原理和检查方法；
能说出电动汽车的 DC/DC 转换器的作用、原理和检查方法。

能够正确更换蓄电池；
能够使用功率放电计或蓄电池分析仪分析蓄电池电量情况；
能够对蓄电池进行充电的调节操作；
能够进行发电机皮带的检查；
能够就车检查发电机轴承异响，能从车上取下发电机，分解发电机，并更换轴承；
能够对整流器进行检查操作；
能够进行更换电刷、电压调节器的操作；
能够对发电机进行输出电压和输出电流的检查；
能够对电动汽车的 DC/DC 转换器进行输出电压和输出电流的检查。

本章所讲内容包括蓄电池、发电机、直流/直流转换器以及电源如何控制分配，内容将增至 4 个部分，不再是以前教材所描述的蓄电池和发电机，这也是本书区别于其他教材的部分。

第一节　铅酸蓄电池

【完成任务】在同步练习中写出汽车蓄电池的结构组成；写出蓄电池的工作原理；写出蓄电池充、放电时电解液的变化规律和内阻的变化规律。

蓄电池通常用英文 Battery 或 Accumulator 表示，也可缩写为 Batt 或 A，汽车蓄电池一旦连接外部负载或接通外充电电路，即可开始它的能量转换过程。在放电过程中，蓄电池中的化学能转换成电能。在充电过程中，电能被转换成化学能，充、放电过程中的化学反应是可逆的。

一、普通型蓄电池结构

蓄电池单格结构和12V蓄电池符号如图1-1所示。单格电池内有正极板和负极板，正极板上的活性物质是二氧化铅（PbO_2），负极板上的活性物质是海绵状铅（Pb）。蓄电池充、放电过程中，电能和化学能的相互转换就是依靠极板上活性物质和电解液中硫酸的化学反应来实现的。PbO_2 和 Pb 形成的原电池的电动势大约为 2.1 V。通常将多片正、负极板分别并联，用横板焊接，组成正、负极板组。正、负极板相互嵌合，中间插入隔板。在每个单格电池中，负极板的数量总比正极板多一片。技术性能较高的蓄电池极板都比较薄且多孔性好，一方面可以减小蓄电池的体积，另一方面可以使电解液比较容易渗入极板内部，增加蓄电池的容量。实际应用的蓄电池是由 6 个或 12 个单格原电池串联而成的 12 V 或 24 V 蓄电池。6个单格原电池组成的 12 V 铅酸蓄电池符号中，6 条竖长线表示每个单格电池的正极，6 条竖短线表示每个单格电池的负极。每个单格电池电动势为 2.1 V 稍多一点，6 个单格电池串联电动势为 12.6 ~ 12.8 V（但仍称 12 V 蓄电池）。每个单格电池不管做得多大都称 2.1 V，体积大只是增加了容量，但不增加电压。

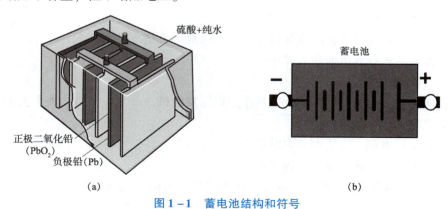

图 1-1　蓄电池结构和符号
(a) 单格电池结构；(b) 6 个单格 12V 蓄电池符号

电解液由纯硫酸和蒸馏水按一定的比例配成，水的密度为 1.0 g/cm³，硫酸的密度为 1.84 g/cm³。蓄电池电解液的密度一般为 1.24 ~ 1.30 g/cm³，使用过程中密度应根据地区、气候条件和制造厂的要求而定。电解液通常在蓄电池厂家配制，总的密度变化趋势是天气越冷，密度应调得越高，也就是硫酸含量需越多，这样可防止结冰。

【完成任务】标称12V的汽车蓄电池，在充足电的情况下是多少伏？＿＿＿＿＿＿。

二、普通蓄电池工作原理

1. 放电过程

当蓄电池充足电时，正极板上的活性物质是二氧化铅，负极板上的活性物质是纯铅。在电解液作用下，发生以下化学反应：

$$PbO_2 + 2H_2SO_4 + Pb \underset{充电}{\overset{放电}{\rightleftharpoons}} 2PbSO_4 + 2H_2O$$

放电前，正极板上的二氧化铅电离为正四价铅离子（Pb^{4+}）和负二价氧离子（O^{2-}），铅离子附着在正极板上，氧离子进入电解液中，使正极板具有2.0 V的正电位。负极板上的纯铅电离为正二价铅离子（Pb^{2+}）和两2个电子（$2e^-$），铅离子进入电解液中，电子留在负极板上，使负极板具有 –0.1 V 的负电位。这样正、负极板之间就有了电位差，这个电位差为2.1 V稍多一点。放电时外电路接通时，在2.1 V的电位差作用下，电流从正极流出，经过负载流回负极。在放电过程中，正极板上的正四价铅离子与电子结合生成正二价铅离子，进入电解液再与硫酸根离子结合生成硫酸铅附着在正极板上，负极板上正二价铅离子与硫酸根结合生成硫酸铅附着在负极板上。

2. 充电过程

把放电后的蓄电池外接充电机或发电机，使蓄电池正极接上发电机的正极，蓄电池的负极接发电机的负极，发电机稳压后的电压为蓄电池电压的110%。例如，蓄电池电压为12.8 V，可采用13.8～14.2 V充电，使蓄电池正、负极发生与放电相反的化学反应。充电时，外加电流每将正极板处两个电子经外电路输送到负极板，则正极板上便有1个正二价铅离子因失去2个电子而成为1个正四价铅离子，再与水反应生成1个二氧化铅分子（附着在正极板上）。而在负极板上，由于每得到2个电子即与1个正二价铅离子结合而生成1个纯铅分子（附着在负极板上）。与此同时，从正、负极上电离出来的硫酸根离子则与水中氢离子结合生成硫酸。所以，充电时水被消耗，而硫酸增多，电解液密度逐渐上升。当充电进行到极板上的物质和电解液完全恢复到放电前的状态时，蓄电池即充电完毕。由于充电后期水电解有氢气（H_2）和氧气（O_2）产生，所以对加水式蓄电池充电时一定要打开加液盖，否则一定会发生胀裂或鼓包变形，也可能炸开。水电解产生的氢气和氧气逸出蓄电池后，电解液浓度变高、液面变低，因此加水式蓄电池要补充纯净的水，不要补充蓄电池补充液，因为这样会加大电解液浓度。

【技师指导】若将蓄电池的正、负极接错充电，会令蓄电池极板快速损坏，同时电解水产生大量氢气（H_2）会胀裂免维护蓄电池的壳体，在这个过程中也可能产生火花，产生爆炸，所以要特别注意。

配置化油器的发动机怠速转速调得很低时，发电机不发电，踏下油门踏板将发动机加速，当发电机的转速达到一定转速时（一般超过750 r/min），由于发电机和发动机皮带轮半径比为1/2，所示发电机超过1 500 r/min时才发电，发电机向蓄电池充电，发动机怠速转速太低将导致蓄电池经常亏电而损坏。

现代汽车采用电控发动机，发动机怠速转速高，日系车发动机怠速转速超过 750 r/min，大众车一般为 840 r/min，所以发动机在怠速时，就为汽车电气系统供电。设计蓄电池主要是为了起动发动机，在发动机工作时，发电机发出的电压比正常蓄电池电压高出 10%，蓄电池的状态是被充电状态。汽车正常工作时使用发电机发出的电流，当出现用电需求超过发电机供电量时，蓄电池才再次向外供电，这种情况在正常行车中极少出现，这也是蓄电池在汽车上使用寿命长的原因。蓄电池内的正、负极板相当于大电容器（此时电解液相当于介质），能够缓和电路冲击电压，保护车上的电子设备。

三、蓄电池内阻

单格铅蓄电池的内电阻包括电解液电阻、极板电阻、隔板电阻和联条电阻，当然单格铅蓄电池的内电阻要乘以电池的单格数。在正常使用条件下，极板电阻很小，只有极板发生硫化故障时，极板的电阻才会明显增大。电解液电阻与电解液的密度和温度有关，密度大、温度低，则电解液的黏度增大、渗透力下降，电解液电阻增大。起动型蓄电池的内阻一般都很小，仅百分之几欧，大电流输出时，内阻压降较小，可满足起动机的需要。

【技师指导】蓄电池的内阻可用蓄电池的开路端电压和蓄电池的端电压进行比较，两者差较多时，说明蓄电池内阻升高。比如，蓄电池开路端电压很高，起动时蓄电池端电压（起动机和正、负极电缆线的电压）较蓄电池开路端电压低得多，可确认蓄电池内阻升高。试验操作可以通过分别在蓄电池的充满电和放完电两种状态，操纵起动机进行蓄电池内阻分压测试。

四、汽车蓄电池种类、型号

1. 常见蓄电池

（1）半免维护干式荷电铅蓄电池，极板组在干燥状态的条件下保存，使用前加入质量百分数为 37% 的硫酸，搁置 15~20 min，调整液面高度和密度至规定标准后，不需要进行充电即可使用。由于极板中含锑，增加了充电产生的气体。对于刚出厂的干式荷电铅蓄电池来说，在汽车正常的情况下两年内不用添加蒸馏水。

（2）完全免维护蓄电池，已加电解液，极板铅栅中的锑被钙代替，减少了产生的气体，同时蓄电池液面上部内装催化剂钯，催化剂钯能促使氢、氧离子结合生成水再返回蓄电池内。免维护蓄电池在整个使用过程中无须补加蒸馏水，因无振动漏液，所以对电极桩和附近机件的腐蚀小。极板铅栅含锑少，自放电也少，可储存两年以上，使用寿命长，一般为普通蓄电池的几倍，耐过充电性能好。免维护蓄电池的过充电电流，在充满电时可接近 0，内阻小，起动性能好。

（3）胶体电池，是把电解液换成二氧化硅和硫酸形成胶体，使极板距离更小，从而减小内阻，耐深度循环放电，同时也有减少水消耗的设计，如果蓄电池过充电产生过多气体时安全阀可以打开。胶体电池适用于长期停用不充电的场合，例如工程车辆。

（4）玻璃纤维网技术电池，是用玻璃纤维网代替隔板，活性物质粘在玻璃纤维网之间，玻璃纤维网的毛细作用和吸湿作用增加了电解液的吸入量。

2. 蓄电池的型号、规格及选用

蓄电池的型号一般都标注在外壳上，其型号的编制由5个部分组成，如风帆（Sail）6—QA—120。

第一位表示串联的单格数，用阿拉伯数字表示。

第二位表示蓄电池的用途，用汉语拼音字母表示，其含义如下：

Q——起动用蓄电池、M——摩托车用铅蓄电池、JC——船用铅蓄电池、HK——飞机用铅蓄电池。

第三位表示极板类型，用汉语拼音字母表示（无字为干封普通极板铅蓄电池），其含义如下：

A——干荷电铅蓄电池、B——薄型极板铅蓄电池、W——无须维护蓄电池。

第4位表示20 h放电率额定容量：用阿拉伯数字表示，不带容量单位。

第5位表示特殊性能，用汉语拼音字母表示：无字为一般性能蓄电池，G——高起动率蓄电池。

例如，6—QA—120表示由6个单格电池组成，额定电压为12 V，额定容量为120 A·h的起动型干荷蓄电池。而6—QW—60为由6个单格电池组成，额定电压为12 V，额定容量为60 A·h的起动型免维护型蓄电池。

【技师指导】 国内电池品牌有重庆万里蓄电池、风帆蓄电池、天津统一蓄电池、湖北骆驼蓄电池、成都川西蓄电池和哈尔滨光宇蓄电池等。国外电池品牌有VARTA蓄电池、AC-Delco蓄电池和BOSCH蓄电池等。

五、蓄电池的容量及其影响因素

1. 放电电流与终止电压的关系

放电开始时，端电压下降较快，中间较平缓，接近放电终了时，又迅速下降。当电压降到1.75 V时（若继续放电，电压将急剧下降到0），若切断放电电流，端电压又上升到一定值。随着孔隙外的硫酸向孔隙内逐渐渗入，孔隙内的电解液密度缓慢增加，端电压可逐渐回升到1.95 V。蓄电池是否放完电，通常以测量其电压来判断，但是，允许终止电压与放电电流强度有关，放电电流越大，连续放电时间越短，允许的放电终止电压越低，见表1-1。

表1-1 放电电流与终止电压的关系

放电电流/A	0.05C	0.1C	0.25C	1C	3C
连续放电时间/h	20	10	3	0.5	5.5
单格电池终止电压/V	1.75	1.70	1.65	1.55	1.5

2. 蓄电池的容量及其影响因素

铅蓄电池的容量是指蓄电池在完全充足电的情况下，在允许放电的范围内对外输出的电量，单位为安培小时（A·h），电池容量用于表示蓄电池对外供电的能力。当电池以恒定电

流值进行放电时，其容量 Q 或 C 等于放电电流和放电时间 t 的乘积，即

$$Q = It$$

式中：Q——蓄电池容量（A·h）；

I——放电电流（A）；

t——放电时间（h）。

蓄电池的容量与放电电流及电解液的温度等因素有关，为了准确地表示蓄电池的容量，要规定蓄电池的放电条件。在一定放电条件下，蓄电池的容量分为额定容量和起动容量。

（1）额定容量

额定容量是指完全充足电的蓄电池在电解液平均温度在 25 ℃ 的情况下，以 20 h 放电率的电流（相当于额定容量 1/20 A 的放电电流）连续放电至单格电压降为 1.75 V 时所输出的电量。

（2）起动容量

起动容量表示蓄电池接起动机时的供电量，有常温和低温 2 种起动容量。蓄电池上一般不标出该值，换蓄电池时请用原车蓄电池，或参考原车电压、容量大小和外形基本相同的蓄电池，销售商也会给出意见。

（3）使用条件对蓄电池容量的影响

蓄电池内的硫酸在极板内的通透性越好，蓄电池的充电和放电越顺利，通透性越差内阻也越大。蓄电池的容量与放电电流、电解液的温度、电解液的密度及极板的结构等因素有关。放电电流过大时，会导致蓄电池容量减小，使用寿命缩短，温度过低放电损坏电池，加水式蓄电池蒸发水少时，人为加入蓄电池补充液加大了电解液密度，使蓄电池容量增加，但也使其黏度增加；多次反复加入的，若密度超过某一值，可使渗透能力降低、内阻增大、端电压及容量减小、自行放电速度加快，并对极板栅架和隔板的腐蚀加剧，缩短使用寿命。一般情况下，采用密度偏低的电解液有利于提高放电电流和容量，同时也有利于延长铅蓄电池的使用寿命。铅蓄电池电解液的密度，应根据用户所在地区的气候条件而定。冬季使用的电解液在不致结冰的条件下，应尽可能使其密度稍低。

六、蓄电池的正确使用

蓄电池的使用方法及注意事项如下：

（1）起动机每次起动的时间不得超过 5 s，如果一次未能起动，应停顿 15 s 以上，等电解液渗入极板后再第二次起动。

（2）一些客车、货车和工程车冬季使用加水式蓄电池，应特别注意使其处于充足电状态，以免亏电使电解液密度降低而结冰；补加蒸馏水应在充电前进行，以便蒸馏水较快地与电解液混合而不致结冰。若蓄电池容量降低，在起动冷态发动机前应进行预热，以减少起动阻力矩。

（3）要经常检查蓄电池电解液的液面高度，若发现电解液不足，应及时进行补充。

（4）要经常检查蓄电池的放电情况，若发现容量不足，应及时充电。

七、蓄电池维护

在维护汽车蓄电池上，驾驶员比修理人员更便利，所以建议驾驶员进行蓄电池的维护，内容如下。

（1）建议驾驶员经常清除蓄电池表面的灰尘污物，防止蓄电池壳体表面的酸泥在蓄电

池外部形成自放电。电解液溅到蓄电池表面时，应用抹布蘸10%浓度的苏打水或碱水擦净。但现实条件下，一般可用清水或饮用的纯清水或热水浇在电极桩和电线夹头出现的氧化物上，此时水会把壳体表面的酸泥冲到车身上，所以最好在电池周围放上抹布拦住流的酸泥水，防止腐蚀车钣金。以上过程最好拆下电缆，防止水流入电缆内芯部，导致电缆内生铜锈，从而起动机起动不良和电缆过热。

（2）对公交车和货车上的加水式蓄电池，应经常疏通加液孔盖上的通气孔，这种蓄电池在轿车上的使用越来越少。应及时检查各单格内电解液的液面高度，如发现不足应及时补充。放完电的蓄电池在24 h内应及时充电，长时间不充电将导致蓄电池损坏。停驶车辆的蓄电池，每2个月应进行1次补充充电（放电程度冬季达到25%、夏季达到50%时即应充电）。

（3）拆卸蓄电池电缆时，应先拆下蓄电池负极，再拆蓄电正极，安装时先安装蓄电池正极，再安装蓄电池负极，这样可防止拆卸扳手碰在前翼子板上与车身搭铁产生火花。

八、蓄电池常见故障诊断

1. 极板硫化

（1）故障现象

蓄电池充满电时，放电不一会就没电，从加水孔内看到极板上有白色大颗粒。蓄电池在开始充电及充电完毕时，电压过高，可达2.7 V以上。蓄电池在充电时过早地产生气泡，甚至一开始充电就有气泡。蓄电池在充电时，电解液温度上升得过快，易超过45 ℃。见到上面任一现象时应进一步进行检测（用高率放电计检测电池），若电压低于标准值，说明电池容量降低。当然，在做电解液密度检查时，密度数据也会下降到低于规定的数值。

（2）故障原因

蓄电池在放电与半放电状态下长期放置，由于硫酸铅在昼夜温差存在的情况下，在电解液中不断有溶解与结晶相反过程的交替发生，产生再结晶，经过多次再结晶，在极板上形成粗大的不易溶解的白色硫酸铅晶体。蓄电池经常过量放电或小电流深放电，从而在极板细小孔隙的内层生成硫酸铅，平时充电不易恢复。电解液液面过低，极板上部的活性物质露在空气中被氧化，汽车行驶时电解液的波动使其接触氧化了的活性物质，生成粗晶粒的硫酸铅。蓄电池初充电不彻底或使用期间不进行定期补充充电，使其在半充电状态下长期使用，极板上的放电产物——硫酸铅长期存在，也会通过再结晶形成粗大的颗粒。电解液不纯或其他原因导致蓄电池自行放电，均会产生硫酸铅，从而为硫酸铅再结晶提供物质基础。

（3）故障排除

蓄电池出现轻度硫化故障，可用小电流长时间过充电，或用全放、全充的充/放电循环方法使活性物质还原，也可用去硫充电的方法消除。对硫化严重的蓄电池向车主建议更换蓄电池才是最好的办法，硫化蓄电池可卖给蓄电池修复机构修复。

2. 自行放电

（1）故障现象

充足电的蓄电池放置不用或车上蓄电池没有用电器时，逐渐失去电量的现象。普通蓄电池由于本身结构会产生一定的自放电，如果使用中自放电在一定范围内，可视为正常现象；

如果超出一定范围，放电就应视为故障。一般自放电的允许范围在每昼夜1%以内，如果每昼夜放电超过2%，就应视为故障。

(2) 故障原因

蓄电池内部自放电：电解液不纯，电解液中的杂质沉附于极板上产生局部放电。蓄电池长期放置不用，硫酸下沉，下部密度较上部大，极板上、下部产生电位差引起自行放电。极板活性物质脱落，下部沉淀物过多，使极板短路。

蓄电池外部放电：蓄电池溢出的电解液堆积在盖板上，使正、负极桩形成回路形成外放电。汽车上有看不见的负载在工作。

(3) 故障排除

发生自放电故障后，应倒出电解液，取出极板组，抽出隔板，再用蒸馏水冲洗极板和隔板，然后重新组装，加入新的电解液重新充电即可使用。

3. 蓄电池容量达不到规定要求

(1) 故障现象

汽车起动时，起动机转速很快地减慢，转动无力；按喇叭声音弱、无力；开启前照灯，灯光暗淡。

(2) 故障原因

使用新蓄电池前未按要求进行初充电；发电机调节器电压调得过低，使蓄电池经常充电不足；经常长时间起动起动机，造成大电流放电，致使极板损坏；电解液的相对密度低于规定值，或在电解液渗漏后，只加注蒸馏水，未及时补充电解液，致使电解液的相对密度降低；电解液的相对密度过高或电解液液面过低，造成极板的硫化。

(3) 故障排除

首先检查蓄电池的外部，看外壳是否良好，有无裂纹，表面是否清洁，极板上是否有腐蚀及污物。如有，则为蓄电池外部自放电故障，根据相应故障予以排除；检查蓄电池搭铁接线，极柱的连接夹子有无松动，蓄电池极柱与极板连接处有无断裂。如有，则为输出电阻过大，电压降低；测量蓄电池的电解液密度，如电解液密度低，说明充电不足或新蓄电池未按要求经过充、放电循环，使蓄电池未达到规定的容量；检查液面高度，如果液面高度不足，且在极板上有白色结晶物质存在，则可能存在极板硫化故障；蓄电池充电后，检查电解液密度，如果出现2个相邻的电池中电解液的密度有明显差别，如在6个单格电池中，5个电池的电解液密度为 1.16 g/cm^3，1个电池的电解液密度为 1.08 g/cm^3，则说明该单格电池内部有短路，不能使用；必要时，检查发电机电压调节器的调节电压。

【技师指导】蓄电池壳体的变形、漏液都可以通过肉眼看到，蓄电池内部短路、开路也可以使用万用表或高率放电计检测出来，而蓄电池发热和内部漏电则不易发现。

第二节　蓄电池技术状况的检查

【完成任务】请对一充足电的加水式蓄电池进行技术状况检查；同时对一亏电、且缺水的加水式蓄电池进行技术状况检查。学习本节后，学生应能够独立完成向蓄电池加注蒸馏水的作业；能用万用表检测蓄电池电压，并能通过电压判断蓄电池的电容量；能用高率放电计测量蓄电池并评判蓄电池质量；能用密度仪检测蓄电池电解液密度。整个过程要注意不要将电解液溅到皮肤或衣服上。

一、蓄电池电解液液面高度的检查

蓄电池电解液液面高度的检查可采用以下 3 种方法，在具体使用时要根据蓄电池的结构形式而定。

1. 塑料条测量法

蓄电池壳体为黑色不透明时，可采用测量电解池高度的方法来检测是否缺电解液。目前教材中的玻璃管电解液高度测量法不方便，实践中可用干净的塑料条或筷子等代替玻璃管插入测量。如图 1-2 所示，用一塑料条插入蓄电池电解液内，并碰到极板的上平面处。提起塑料条，测量塑料条湿的液面高度，即为蓄电池电解液液面高出极板的高度，每个电池的单格要单独测量。标准值为 10～15 mm，过低应补充蒸馏水，使之符合标准。

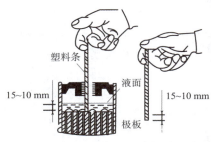

图 1-2　用塑料条测量电解液深度

【完成任务】这个缺水蓄电池的电解液高度是多少？_____。经补加纯净水后高度是多少？_____。过高有什么坏处？_____。过低有什么坏处？_____。

2. 液面高度指示线法

通过观察液面高度指示线可以检查电解液的液面高度，如图 1-3 所示。对使用透明塑料壳体的蓄电池，为检查液面高度，在壳体上刻有 2 条高度指示线，正常液面高度应介于两线之间，低于下线则为液面过低，应加入蒸馏水补充。上限为 UPPER LEVEL，下限为 LOWER LEVEL，透明蓄电池壳还可以看见不同单格电池的液面差异。

图 1-3　用液面高度指示线法检查电解液的液面高度

3. 视液孔窗判断法

部分进口小汽车在电解液加液孔内侧的标准液面位置处开有视孔，检视液面高度，观察液面在孔下面为液面过低，正好与孔平齐时为标准，液面漫过方孔而充满加液口底部以上为过多。

当发现电解液液面低于标准值时，应及时补充蒸馏水，不允许补充硫酸溶液。这是因为电解液液面正常降低是由电解液中的蒸馏水电解蒸发所致。要特别注意不能加注自来水、河水及其他有杂质的水，这样会造成蓄电池自放电的故障。蓄电池漏液加蓄电池补充液时应注意，电解液的腐蚀性极强，溅到皮肤上或眼睛里会受伤。如果皮肤接触了蓄电池酸液要立即用干布吸干，在蓄电池厂内应准备苏打水冲洗，酸液溅到眼睛里要立即用凉水或医用冲眼器冲洗，然后请医生处置。视液孔要和后边的荷电观察孔分开，通常旁边会有注释。

【技师指导】 蓄电池液面高度的检查简单易行，发现蓄电池电解液液面过低，应及时添加蒸馏水。电解液是给只有正、负极板而无电解液的新蓄电池使用。使用过程中，电解液中水蒸发后不能再次补充电解液，以防电解液密度越来越高。

二、蓄电池起动端电压的检测

用高率放电计测量电池的端电压仅适用于电池外带连条的蓄电池，一般为货车蓄电池。高率放电计如图1-4所示，仪器背部有使用说明。3 V高率放电计由一电压表（3 V）和一分流电阻（约0.01 Ω）组成。测量蓄电池所能维持的端电压，并以此来判断蓄电池的贮电情况。12 V高率放电计是一种按汽车起动时蓄电池在短时间内向起动机提供大电流（12 V电系为200~600 A）的检测仪器。

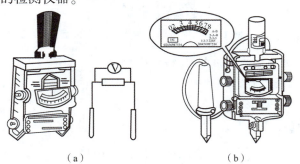

图1-4 高率放电计

(a) 3 V高率放电计；(b) 12 V高率放电计

利用大电流放电时电池内阻的压降来判别电池健康情况的原理是：正常电池内阻很小，电池内电压降很少，在高率放电计上读出的负载电压较高；非正常电池内阻很大，内阻电压降很大，在高率放电计上读出负载电压较低度。

测量时按以下步骤操作：放电叉的两触针紧压在蓄电池单格的正、负极桩上；测量5 s，观察放电计的电压，记录电压值。分别测得6个单格的电压，此时蓄电池是在大电流放电情况下的端电压，各单格的端电压应在1.5 V以上，且能稳定5 s。如果各单格的电压低于1.5 V，但5 s内尚能稳定者则为放电过多，应及时进行充电恢复；如果单格电压低于1.5 V，且5 s内电压迅速下降，则表示有故障；如果单格无电压指示，说明内部有短路、断路或严重硫化故障。表1-2列出了单格电压与放电程度的关系。表1-2中的电压数值：上限适用于新的或容量较大的蓄电池；下限适用于一般蓄电池。

表1-2 高率放电计测得单格电压与放电程度的关系

单格电池电压/V	6格电池电压/V	12格电池电压/V	放电程度/%
1.7~1.8	10.2~10.8	20.4~21.6	0
1.6~1.7	9.6~10.2	19.2~20.4	25
1.5~1.6	9.0~9.6	18.0~19.2	50
1.4~1.5	8.4~9.0	16.8~18.0	75

使用大量程高率放电计时,将蓄电池测试仪连接到蓄电池的正极柱和负极柱上。当负载电流近似为110 A时,必须大于最小电压(9.6 V);如果在测量过程中(最后5~10 s),电压降到规定值以下,则说明蓄电池已过放电或出现故障。

【技师指导】蓄电池起动端电压检查结果也可分析起动机不能起动的原因在起动机上(或阻力过大上)还是在蓄电池上。另外,较新蓄电池放电程度高(容电量变小)可能是发电机发电量不足导致,这一现象在低档车上较为突出。

近几年出现的智能数字型蓄电池专用检测仪(见图1-5)可根据电池类型和电池标准判定蓄电池的性能,有的还附有打印功能。

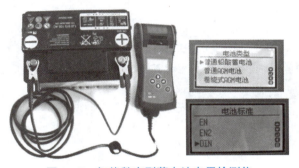

图1-5 智能数字型蓄电池专用检测仪

【完成任务】测试亏电蓄电池时,高功率放电计的指针指在_____位置,表明什么?_____。充足电的电池应在什么位置?_____。

三、蓄电池电解液密度的测量

密度计是利用密度高浮力大的原理,在内部浮子上印有上部数值小、下部数值大的密度数值进行测量的。用密度计测量电解液密度的步骤如下:打开蓄电池的加液盖,把密度计下端的橡皮管伸入单格电池的加液口内,如图1-6所示,用手捏一下橡皮球,再慢慢放开,电解液就会被吸到玻璃管中,注意不要过多或过少吸入电解液,以将密度计浮子浮起而不会顶住为宜,使管内的浮子浮在玻璃管中央(不要相互接触),读密度计的读数。要求读数时,使密度计刻度线与眼睛平齐,将所测量的密度值与上次充电终了的电解液密度值进行对比,根据密度下降的程度来判断蓄电池的放电程度。

近几年来,一些汽车服务站开始应用手持式电解液比重检测仪,它是为测量电解液的浓度而设计的,同时也可以测量乙二醇和丙二醇型防冻液的冰点。图1-7为手持式电解液比重检测仪的外形,只要滴几滴液体在棱镜上,然后向着光观察,通过在镜头内的明暗"分界线"读出溶液的浓度,通过测得的百分比浓度可以非常直观地检测蓄电池内电解液的比重及使用状态。

工作范围:电解液 1.10~1.40 kg/L(精度 0.01 kg/L),防冻液乙二醇或丙三醇 0~50 ℃(精度 5 ℃),玻璃水 -40~0 ℃(精度 10 ℃)。

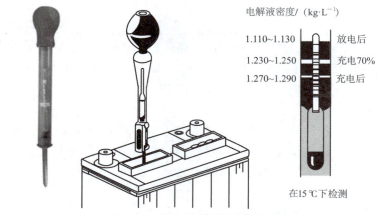

图 1-6 用密度计测量电解液密度

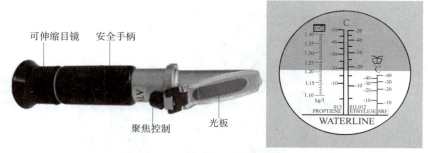

图 1-7 手持式电解液比重检测仪

【技师指导】对于刚进行过强电流放电或刚加过蒸馏水后的蓄电池,不宜进行电解液密度测量,否则会因电解液混合不均而使测量结果不准。另外,根据蓄电池密度检查结果可以分析蓄电池的放电程度。一般情况下,电解液密度每下降 0.01 kg/L,相当于放电 6%。

【完成任务】这个缺水蓄电池的密度计测量数值是多少?_____。比重检测仪的测量数值是多少?_____。这只有电的蓄电池的密度计测量数值是多少?_____。比重检测仪的测量数值是多少?_____。

四、蓄电池容量判断法

1. 荷电观察窗判断法

如图 1-8 所示,有些免维护蓄电池在内部装有 1 个或 2 个指示荷电状况的密度计球,通过观察窗的眼球、眼白颜色来看出蓄电池的健康情况。荷电观察窗只反映所在单格电池的电解液密度,不能准确反映电池的电容量。另外,不同的车的眼球和眼白颜色不一样,看电池观察孔旁边的解释即可,一般的解释如下:蓝色或绿色圆点明显(蓄电池状况良好),表明蓄电池荷电充足(大约 65% 充电);充电不足和需要更换的颜色各厂家不同,例如绿色圆点模糊(荷电不足),如果圆点模糊，蓄电池荷电严重不足；如果圆点呈白色（有的厂家为黄色），给蓄电池再充电也无济于事；如果此"眼睛"是透亮的，是电解液不足。若白色（或黄色）和透亮情况都必须更换蓄电池，注意免维护蓄电池加不了水。

【技师指导】蓄电池一般在汽车上的工作寿命为3a左右，3a后根据放电计测量的平均容量将下降至标称容量的80%~90%，在冬季低温或发动机机油黏度大时，80%~90%的标称容量将导致发动机无法起动。另外，冬季温度低和昼短夜长的特点导致要经常使用暖风机和大灯，易使发电机发电量不足而起动困难。

图1-8 利用蓄电池的荷电观察窗判断容量

【完成任务】这个缺水蓄电池的观察窗的3种颜色分别是什么色？_____。代表什么？_____。不足时是什么色？_____。充足电时是什么色？_____。

2. 万用表测量蓄电池电压判别断电池容量法

目前大多数汽车都装用了免维护蓄电池，不能使用密度计检测蓄电池的充电状态，只能通过蓄电池的电压和高率放电计确定容电量状态。

【技师指导】图1-9为利用万用表测量蓄电池电压，例如在20℃时12.0 V为放电状态（20%或更小），12.3 V为半充电（50%），12.7 V为完全充电（100%）。另外，修理人员和驾驶员常用大灯和仪表照明灯亮度或鼓风机最高挡转速产生的声音大小，以及起动时的起动是否顺利等来判别蓄电池电量也较准确，且比较快和方便，比万用表直观。

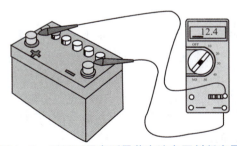

图1-9 利用万用表测量蓄电池电压判断容量

【完成任务】这个缺水蓄电池的电压测量数值是多少？_____。估计容量剩余多少？_____。充足电的蓄电池的测量电压数值是多少？_____。估计容量有多少？_____。

五、电解液纯净度检查

电解液纯度不好时杂质形成局部电池产生自放电，如蓄电池在一昼夜内就会放完电，使用这样的电解液会明显减小蓄电池的容量，缩短蓄电池的使用寿命。检查时要晃动电池，使液体和极板充分融合，再用吸管将电解液吸出看液体是否浑浊和发黑。

若电解液变黑，则电池负极板已经软化，此时该电池不可被修复；若电解液正常，则可以确定电池容量下降的主要原因是极板硫化，这样的电池就可以让铅酸蓄电池修复修理部修复，或卖给铅酸蓄电池修复修理部，加点钱更换新的，毕竟这样不用等。

【技师指导】以上5项检查多数是在加水铅酸蓄电池上才能进行的全面检测，尽管加水铅酸蓄电池多在货车上使用，轿车已多数使用免维护蓄电池，但这5项技能仍需全面掌握，因为电源的性能对于汽车十分重要。

仅从性能上讲，低浓度硫酸蓄电池和薄极板加水式蓄电池更适合做起动蓄电池。

【完成任务】这个加水式蓄电池的电解液是否纯净？＿＿＿＿＿＿。

第三节　蓄电池充电方法

【任务驱动指导】请用一汽车蓄电池专用充电机，为一严重亏电的免维护蓄电池和一严重亏电需要加水维护的蓄电池并联充电，并说出：如何调节充电电流？如何大致确定充电时间？加水蓄电池的充电注意事项是什么？

一、充电方法

蓄电池的常规充电方法有定电流充电和定电压充电，非常规充电方法有脉冲快速充电。

1. 定电流充电法

在蓄电池充电过程中，使其充电电流保持恒定不变，随着蓄电池电动势的逐渐提高，逐步增加充电电压的方法称为定电流充电。当蓄电池单格电压上升至2.4 V（电解液开始冒气泡）时，再将充电电流减小一半后保持恒定，直到蓄电池完全充足。一般对标称容量一致，而实际容量也一致的蓄电池同时进行串联充电。串联充电有较大的适应性，可任意选择和调整电流，适应各种电池情况，比如新蓄电池的初充电，使用中的电池补充充电以及去硫化充电等，其主要特点是充电时间长。

定电流充电时，蓄电池采用串联法，即把同容量的蓄电池串联起来接入充电电源。充电时每个单格电池电压按充足时2.7~2.8 V计算，串联24 V蓄电池数＝充电动机的额定充电电压/（2.7×12），串联12 V蓄电池数＝充电动机额定充电电压/（2.7×6）。所有串联支路的蓄电池，其容量最好相同，否则必须按容量最小的蓄电池来选定充电电流，而容量大的蓄电池则不容易充足或充得太慢。

2. 定电压充电法

在充电过程中，加在蓄电池两端的充电电压保持恒定不变的充电方法，称为定电压充电。汽车上的发电机对蓄电池的充电即为定电压充电。其特点是充电开始，充电电流很大，随着蓄电池电动势的不断增高，充电电流逐渐减小。充电终了，充电电流将自动减小至0，因而不需要人照管。同时，由于定电压法充电速度快，4～5 h 内蓄电池即可获得本身容量 90%～95% 的电量，时间比定电流充电大大缩短，所以特别适合对具有不同容量的蓄电池进行充电。在定电压充电过程中，充电电压对充电的效果影响很大。如果充电电压合适，蓄电池充足电后，充电电流可自动减小至 0。如果充电电压低，蓄电池将永远也充不满电，对蓄电池的使用寿命会产生很大的影响。如果充电电压过高，在蓄电池充满电后还会继续充电，此时的充电即为过充电。过充电将会消耗电解液中的水分，也会影响蓄电池的使用寿命。一般用原车发电机电压调节器的上限电压（14.4 V）即可。定电压充电时，蓄电池常采用并联连接法，要求各并联支路的单格电压总数相等，但各蓄电池的型号、容量以及放电程度则可以不同。但要注意，并联蓄电池的数目必须按充电设备的最大输出电流来决定。

3. 脉冲快速充电法

脉冲快速充电，亦称分段充电法。充电电压的脉冲周期为：正脉冲充电—停充（25 ms）—负脉冲（瞬间）放电或反充—停充—正脉冲充电。该方法的显著特点是充电速度快，即充电时间大大缩短。初充电只需 5 h 左右，补充充电仅需 1 h 左右。采用这种方法充电，还可以使蓄电池容量增加，使极板明显去硫化；但其缺点是出气率高，即充电过程中产生大量的气泡，对极板活性物质的冲刷力强，易使活性物质脱落，因而对蓄电池的使用寿命有一定影响。

二、初充电

新蓄电池或修复后的蓄电池（更换极板）在使用之前的首次充电为初充电。具体操作步骤如下：检查铅蓄电池外壳，拧下加液口盖，检查通气孔是否畅通；按照不同季节和气温选择电解液密度，将选择好的温度低于 35 ℃ 的电解液从加液孔处缓缓加入蓄电池内，液面要高出极板上沿 15 mm；稍等一会后，电解液渗透到极板内部，电解液液面下降，应再加入电解液把液面调整到规定值，准备充电。因为新蓄电池在储存中可能有一部分极板硫化，充电时容易过热，所以初充电的电流选用得较小，充电分为 2 个阶段进行。第一阶段的充电电流约为蓄电池额定容量的 1/15，充电至电解液中有气泡析出，蓄电池电压达到 2.4×6＝14.4 V。第二阶段的充电电流约为蓄电池额定容量的 1/30。初充电接近终了时，电解液密度上升到最大值，并产生大量气泡，电解液呈沸腾状态。这时电池已充满电，应切断电源，以免过充电。

【技师指导】大批量电池充电是不常见的，对电池厂充电间和人员的要求和注意事项更加严格。

三、起动/充电动机

【完成任务】采用起动/充电动机对第二节严重亏电的蓄电池装车进行起动，显然起动机不能工作，用起动/充电动机起动完成后，从蓄电池上拆下起动/充电动机，转由车载发电机给蓄电池充电。

蓄电池在车上发电机正常工作时基本都处于充电良好状态，很少亏电。蓄电池容量下降、发电机不发电、有漏电故障时，将导致起动机无法起动，这时一般没电时先用外部电源起动车辆，然后用自身的发电机向蓄电池充电。对于车下蓄电池充电可以使用起动/充电动机的充电功能。图 1-10 为起动/充电动机的控制面板，一种是有 12 V 和 24 V 及地 3 个端子，另一种是有 12 V 和 24 V、充电负极及起动负极 4 个端子。起动/充电动机可将 220 V 单相交流电或 380 V 三相交流电降压后整流成 12 V 或 24 V 直流电。

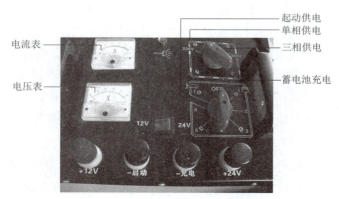

图 1-10　起动/充电动机的控制面板

电压可通过中间的 12 V 和 24 V 切换钮切换，电流可通过电流调节钮顺时针在 1~6 间调节，起动时可逆时针转至 7，电流和电压可通过图 1-11 所示的起动/充电动机仪表测量。

(a)　　　　　　　　　　　　(b)

图 1-11　起动/充电动机仪表

（a）起动/充电动机的电流表；（b）起动/充电动机的电压表

【技师指导】若想用起动/充电动机给车辆电池充电，应摘掉原蓄电池夹头，只给蓄电池充电，防止充电机损坏原车用电器或降低充电电流。在起动车辆时，应注意在起动大功率发动机时，应先快速充电 15 min 左右，再起动发动机，这时蓄电池和起动/充电动机相当于并联起动。对于小功率发动机可直接起动。冬季起动柴油发动机前，应先将其预热塞进行预热后再起动。

四、车下充电注意事项

起动/充电动机在使用时应避免受振动与撞击，不要给结冰凝固的电池充电。在充电前应仔细清洁被充电池，并检测其初始电压。在取下电池充电夹头之前应先关闭电源，防止正、负极夹子互碰打火。

【技师指导】大多数驾驶员在蓄电池不能起动时，才拆下给蓄电池充电，此时蓄电池已是极度亏电。建议每月检测 1 次蓄电池，若显示电量在 60% 以下，应给蓄电池充电。

五、如何更换蓄电池

汽车上单片机数目众多，RAM 中数据也众多，有一些数据是用于下一次起动和行车的，换蓄电池时 RAM 内信息自动消失，会造成很多不必要的麻烦，可以通过在点烟器处插入 12 V 的小容量电源为汽车控制单元供电。有的汽保商会销售数据保存装置，其本质是内置一小容量的可充电电池（如 4.5 A·h），也通过点烟器处插入为控制单元供电。

第四节　交流发电机

一、发电机分类

发电机才是汽车上的真正电源，蓄电池只是电荷寄存装置。发电机在发动机起动后，向除起动机以外的所有用电设备供电，同时还向蓄电池充电。发电机指示灯用来指示蓄电池的充、放电状况。发电机调节器的作用是使发电机在转速变化时，能保持其输出电压恒定。

汽车交流发电机种类繁多、型式各异，可按总体结构、整流器结构和搭铁型式进行分类。

1. 按总体结构分类

按总体结构不同，交流发电机可分为以下几种类型。

（1）普通交流发电机。既无特殊装置，也无特殊功能和特点的汽车交流发电机，称为普通交流发电机，如东风 EQ1090 型载货汽车用 JF132N 型交流发电机。

（2）整体式交流发电机，即机体上装有电压调节器的交流发电机，如蓝鸟、颐达、捷达和桑塔纳等轿车用 JFZ1913Z 型 14 V 90 A 发电机，南京依维柯（1VECO）汽车用 JFZ1912Z 型 14 V 85 A、JFZ1714Z 型 14 V 45 A 交流发电机。

（3）无刷交流发电机，即没有电刷和集电环的交流发电机，如东风 EQ2102 型越野汽车用 JFW2621 型 28V 45A 整体式发电机。这种发电机的结构与普通交流发电机大致相同。其磁场绕组是静止不动的，因此磁场绕组的两端引出线可以直接引出，省去了电刷和集电环，被磁化的爪极在磁场绕组的外围旋转扫描定子三相线圈。

（4）柴油发电机，即采用带真空制动助力泵的交流发电机，如 JFB1712 型交流发电机。

2. 按整流器结构分类

按整流器结构不同，交流发电机可分为以下几种类型。

（1）六管交流发电机，即整流器由 6 个整流二极管组成三相桥式全波整流电路的交流发电机，如解放 CA1091 型载货汽车用 JF1522A、JF1518、JF1526 型 14 V 55 A 交流发电机。

（2）八管交流发电机，即整流器总成由 8 个二极管组成的交流发电机，如天津夏利 TJ7100、TJ7130 型微型轿车用 JFZ1542 型 14 V 45 A 交流发电机。

（3）九管交流发电机，即整流器总成由 9 个二极管组成的交流发电机，如斯太尔（STEYR）汽车用 JFZ2518A 型 28 V 27 A 交流发电机和猎豹（PAJERO）汽车 4G64 型发动机用 14 V 75 A 交流发电机。

（4）十一管交流发电机，即整流器总成由 11 个二极管组成的交流发电机，如捷达、桑塔纳轿车用 JFZ1913Z 型 14 V 90 A 发电机和东风 EQ2102 型汽车用 JFW2621 型 28 V 45 A 发电机。

3. 按磁场绕组搭铁型式分类

按磁场绕组搭铁型式不同，交流发电机分为以下 2 种类型。

（1）内搭铁型交流发电机，即发电机磁场绕组的一端与发电机壳体连接的交流发电机，如东风 EQ1090 型载货汽车用 JF132N 型交流发电机。

（2）外搭铁型交流发电机，即磁场绕组的一端经调节器后搭铁的交流发电机，如捷达、桑塔纳轿车用 JFZ1913Z 型 14V 90A 发电机、东风 EQ2102 型汽车用 JFW2621 型 28V 45A 发电机。目前，大多数汽车都采用外搭铁型交流发电机。

发电机按电枢绕组的连接形式不同可分为 Y 形连接和 △ 形连接；按磁是否事先存在分为永磁式和励磁式，按有无电刷分为有刷式和无刷式。永磁式多用在小型农用车上；汽车上多用励磁式，即先用电产生磁，磁场转动扫描线圈再发电，发的是交流电。

汽车发电机是直流发电机还是交流发电机，如图 1-12 所示，整流前电压波形和整流后电压波形，发电机是交流发电机，发出的电压波形因为有方向变化，不能给汽车使用。交流发电机发出的波形经内置在发电机内部的六管整流器整流后，尽管顶部有点电压大小变化，但方向不变化，经滤波后，这样汽车用电器即可使用，现在就可以称为直流发电机。

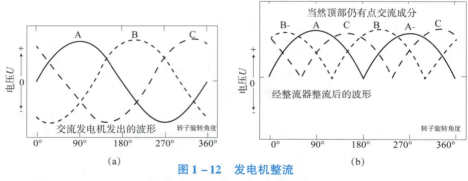

图 1-12 发电机整流
(a) 整流前电压波形；(b) 整流后电压波形

经整流器整流后的波形可以认为是直流电，车用电器标定的额定工作电压都在 12 V，实际发电机发电电压随发动机转速和用电负荷变化而变化，所以需要再加上调压器控制电压在 13.7～14.4 V，电压增大了 25% 左右，既保证了能向蓄电池充电，也保证了用电器会正常工作。

【完成任务】学习完本节后，请说出图 1-11 整流前电压波形和整流后电压波形是如何测得的。

整流前波形：_____。

整流后波形：_____。

因为汽车上电子设备中的二极管、三极管、场效应管、集成电路、电感元件（线圈类元件）、部分电容元件及直流电动机等不能使用交流电，所以需要整流。汽车电器中可使用交流电的有灯泡、继电器等。但灯泡、继电器使用直流电的效果也比使用交流电的效果好，如交流电会造成灯泡忽亮忽暗，甚至烧灯泡，使继电器的触点接触不严发出磁振声。因此必须整流，即把正、反向流动的电流变成同向流动的电流。完成整流只需 6 个二极管，其余二极管起辅助发电和控制充电灯的作用，而与整流无关。

电压调节器是控制发电量大小的电子装置。发电机发出的电压随发动机转速提高而提高,这时会造成用电器电压不稳,并损坏用电器。特别是在电控系统越来越多的今天,电压不正常可导致许多电路板上的元件不能正常工作。为此,发电机上设有随发动机转速提高励磁减小的电压调节器,从而使发电电压基本不变。注意:发电机发电量调节时是随着用电负荷大小变化做相应变化,即用电多时,发电机发出的电量就多,而电压调节器只控制输出电压大小。

过去在发电机上有一与仪表连接的导线。充电指示灯在仪表上的作用是通过"指示灯亮"来向驾驶员指示蓄电池正向外输出电流,即放电,指示灯"熄灭"来表示发电机是向外输出电流,给全车供电,也包括给蓄电池充电。

二、发电机结构

汽车用直流发电机是三相同步交流发电机、整流器、带电刷的电子调压器的集成体。电子调压器可放在发电机外部,称为外置式发电机。图 1-13 为电压调节器部分在发电机内部,称为内置式电压调节器。这里介绍三相同步交流发电机、整流器、电压调节器 3 个部分。

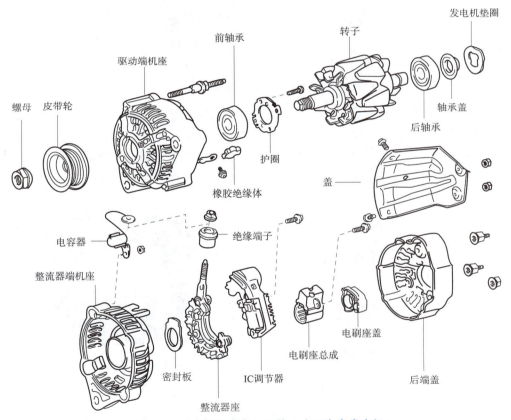

图 1-13 汽车交流发电机组件(丰田汽车发电机)

【完成任务】请说出汽车发电机的主要结构组成:_____、_____、_____(而不是所有的零部件名称)。

1. 交流发电机

三相同步交流发电机由转子总成、定子总成、传动带轮、风扇、前后端盖及电刷等部件组成。

转子作用是产生磁场,图1-14为交流发电机的转子分解图。由低碳钢制成的两块六爪磁极压装在转子轴上,其空腔内装有导磁用的铁心,称为磁轭铁芯上绕有励磁绕组,励磁绕组的两根引出线分别焊在与轴绝缘的2个套装在轴上的集电环上。集电环与装在后端盖内的2个电刷相接触,2个电刷通过引线分别接在2个接线柱上,这2个接线柱即为发电机的F(磁场)接线柱和"-"(搭铁)接线柱。当接线柱与直流源相接时,便有电流流过励磁绕组,从而产生磁场,如图1-15所示的发电机转子产生磁场。发动机拖动爪极轴转动扫描定子线圈,在定子线圈中产生交流电。

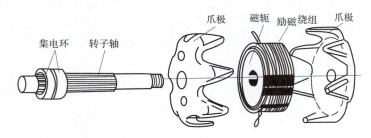

图1-14 交流发电机的转子分解图

定子的作用是产生电流,定子由定子铁芯和定子绕组组成。定子铁芯由相互绝缘的内圆带嵌线槽的圆环状硅钢片叠成。嵌线槽内嵌入三相对称的定子绕组。绕组的连接方法有星形(Y形)和三角形,一般采用星形连接,即每相绕组的首端分别与整流器的硅二极管相接,每相绕组的尾端接在一起形成中性点N。图1-16为定子绕组结构。

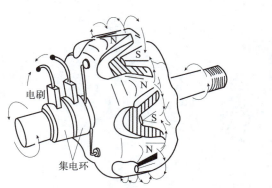

图1-15 发电机转子产生磁场

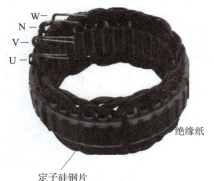

图1-16 Y形连接的定子绕组

一般发电机结构转子有6对磁极,6个N爪极与6个S爪极形成12组磁力线。定子槽数为36槽,定子绕组相数为3相,每个线圈匝数为13匝,绕组连接方法采用Y形连接。1对磁极占6个槽的空间位置(每槽60°电角度),1个磁极占3个槽的空间位置,所以每个线圈2条有效边的位置间隔是3个槽,每相绕组相邻线圈始边之间的距离是6个槽,三相绕组始边的相互间隔可以是2个槽、8个槽、14个槽等。图1-17为交流发电机定子绕组展开图,本图间隔2个槽。

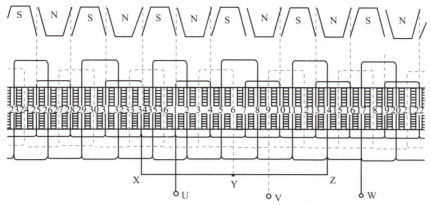

图 1-17 交流发电机定子绕组展开图

交流发电机转子的磁极对数决定了三相定子绕组的个数和定子铁芯的槽数。转子上每对磁极必须对应分布在定子铁芯槽中 3 个绕组的下面，以便产生三相交流电。定子绕组嵌入铁芯槽中用以切割磁力线而产生感应电动势的边称为有效边，每个线圈的 2 个有效边应分别嵌入定子铁芯的 2 个槽中，以便获得感应电动势。

三相绕组的连接方法有星形连接（简称 Y 形连接）和三角形连接（简称 △ 形连接）。当采用 Y 形连接时，三相绕组的 3 个末端 X、Y、Z 连接在一起，连接点称为中性点，3 个始端 U、V、W 作为交流发电机的输出端，如图 1-18（a）所示。当采用 △ 形连接时，一相绕组的始端与另一相绕组的末端连接，共有 3 个接点，这 3 个接点即为交流发电机的输出端，如图 1-18（b）所示。

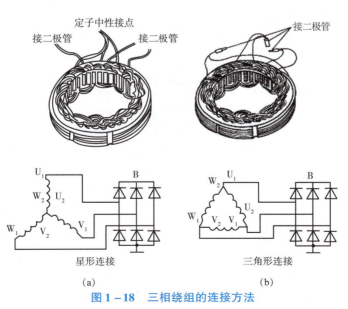

图 1-18 三相绕组的连接方法
（a）Y 形连接和整流器；（b）△ 形连接和整流器

【技师指导】 在36槽发电机中，U、V、W相各占12个槽，每相线圈为6个，转子爪极做成6对，12组磁力线，转子爪极个数与定子每相线圈个数对应，都为6个，这样在转子磁极扫过定子时，可同时扫过6组线圈发电，这时每个线圈相当于1个电池，6个线圈串联电压相加后作为这相的输出。

【完成任务】 请说出汽车交流发电机的主要结构组成_____、_____。

2. 六管整流器

整流器的作用是把三相同步交流发电机产生的三相交流电变成直流电输出，它一般有6个硅二极管接成三相桥式全波整流电路。汽车交流发电机用整流二极管的内部结构和工作原理与一般工业用二极管基本相同，但其外形结构却与一般二极管不同。有的将二极管外壳锡焊到金属散热板上；有的将PN结直接烧结在金属散热板上；有的将二极管做成扁圆形焊在金属散热板上或夹在两块金属板之间，如图1-19（a）所示；有的压装在金属散热板上的二极管安装孔中，如图1-19（c）所示。这些二极管的显著特点是工作电流大，反向电压高。根据汽车行业标准 QC/T 422—2000《机动车用硅整流二极管》规定：ZQ50型二极管的正向平均电流为50 A、峰值电流为600 A、反向重复峰值电压为270 V、反向不重复峰值电压为300 V。

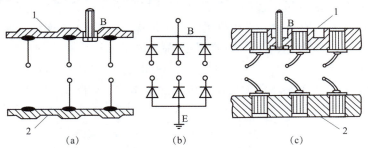

1—正整流板；2—负整流板。

图 1-19　二极管安装示意

（1）正极管

正极管中心引线为二极管的正极，外壳为负极，管壳底部一般有红色标记。在负极搭铁的交流发电机中，3个正极管的外壳压装在元件板的3个座孔内，共同组成发电机的正极，由一个与后端盖绝缘的元件板固定螺栓通至机壳外，作为发电机的相线接线柱B或B+向蓄电池充电。

（2）负极管

负极管中心引线为二极管的负极，外壳为正极，管壳底部一般有黑色标记。3个负极管的外壳压装在后端盖的3个孔内，和发电机外壳一起成为发电机的负极。元件板上二极管的数目：一般交流发电机的整流器采用6个二极管。少数定子槽中有两套定子线圈，采用十二管整流，相当于并联发电。在六管的基础上增加3个小功率磁场（励磁）二极管，专门用来供给励磁电流，这样可以提高发电机的电压调节精度，变成九管发电机。采用磁场二极管后，仅用简单的充电指示灯即可指示发电机的发电情况，节省了一充电指示灯继电器。有些发电机为了提高发电机高速时的输出功率，在十一管的基础上增加了2个二极管，对中性点电压进行整流，汇入发电机的输出端，同时具备上述功能的发电机整流器共有 11 个硅二极管。

【技师指导】大多数教材上介绍在判别这些整流二极管是否损坏时，可采用 kΩ 挡测量二极管的单向导通电阻和反向截止电阻，这种做法只仅在已确认整流板上有二极管损坏时才用万用表去查找是哪个二极管损坏，但不能在不拆发电机前确定整流板上有二极管损坏。真正要判别元件板上是否有二极管损坏，最好用示波器对发电机输出进行示波检查。

三、发电机整流

当外加的直流电压作用在励磁绕组的集电环上时，励磁绕组中就有电流通过，产生轴向磁场，两块爪形磁极磁化，一端是 N 极，另一端是 S 极，形成了 6 对相间排列的磁极。磁极的磁力线经过转子与定子之间的气隙、定子铁芯形成闭合磁路。当转子旋转时，磁力线旋转扫描定子绕组，在三相绕组中产生交流电动势，电压幅值实际很高，在发动机转速高时，甚至达到几百 V。

1. 六管交流发电机整流原理

六管交流发电机的整流装置实际是由 6 个硅整流二极管组成的三相桥式整流电路，如图 1-20（a）为三相交流发电机发出的电压波形。图 1-20（b）为 3 个二极管 VD_2、VD_4、VD_6 组成共阳极组接法，3 个二极管 VD_1、VD_3、VD_5 组成共阴极组接法。每个时刻有 2 个二极管同时导通，其中一个在共阴极组，另一个在共阳极组，同时导通的 2 个二极管总是将发电机的电压加在负荷两端，二极管导通顺序为 1/6T（VD_1、VD_5）—2/6T（VD_1、VD_6）—3/6T（VD_2、VD_6）—4/6T（VD_2、VD_4）—5/6T（VD_3、VD_4）—6/6T（VD_3、VD_5），依此类推，周而复始，在负载上即可获得比较平稳的直流脉动电压。

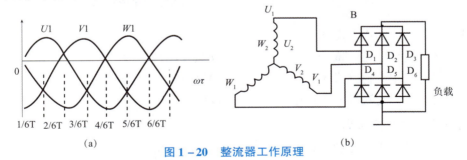

图 1-20 整流器工作原理
（a）三相交流发电机发出的电压波形；（b）整流电路

【完成任务】请说出图 1-19 中"3/6T 时"导通的二极管名称_____、_____。

2. 八管交流发电机的特点

在普通交流发电机的基础上加装 2 个整流二极管，即可组成八管交流发电机。连接在发电机中性点 N 与输出端 B 以及与搭铁端 E 之间的两整流二极管，称为中性点二极管，如图 1-21 中 VD_7、VD_8 所示。八管交流发电机的显著特点是能够提高输出功率，原理如下。

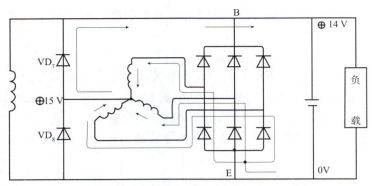

图 1-21　中性点瞬时电压 U_N 高于输出电压 U 时的电流路径

当中性点的瞬时电压 U_N 高于输出电压平均值 U 时，二极管 VD_7 导通，从中性点输出的电流如图 1-19 中箭头方向所示。其路径为：定子绕组→中性点二极管 VD_7→输出端 B→负载和蓄电池→负极管→定子绕组。当中性点瞬时电压 U_N 低于 0 V（搭铁电位）时，二极管 VD_8 导通，流过中性点二极管 VD_8 的电流如图 1-22 中箭头方向所示。其路径为：定子绕组→正极管→输出端子 B→负载和蓄电池→中性点二极管 VD_8→定子绕组。

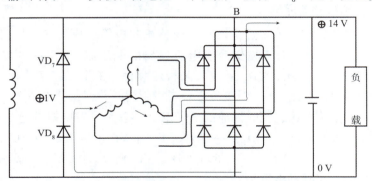

图 1-22　中性点瞬时电压 U_N 低于 0 V 时的电流路径

由此可见，只要在中性点处连接 2 个整流二极管，即可利用中性点输出的交流电压来增加交流发电机的输出电流。试验表明，在不改动交流发电机结构的情况下，加装 2 个整流二极管后，当发电机中高速（发电机转速超过 2 000 r/min，发动机转速大约超过 800 r/min）时，其输出功率与额定功率相比可增大 11%～15%。

3. 九管交流发电机的特点

在普通交流发电机的基础上增设 3 个小功率二极管 VD_7、VD_8、VD_9，即可组成九管交流发电机。装备九管交流发电机的充电系统电路如图 1-23 所示。

当发电机工作时，定子绕组产生的三相交流电动势经 6 只整流二极管 VD_1～VD_6 组成的三相桥式全波整流电路整流后，输出直流电压，向负载供电并向蓄电池充电。VD_7、VD_8、VD_9 与 3 个负极管 VD_2、VD_4、VD_6 组成三相桥式整流电路，专门供给磁场电流，故增设的 3 个小功率二极管称为磁场二极管。九管交流发电机不仅可以控制充电指示灯来指示蓄电池充电情况，而且能够指示充电系统是否发生故障。

当接通点火开关 SW 时，蓄电池电流便经点火开关 SW→充电指示灯→发电机端子

D+→磁场绕组 R_F→调节器内部大功率晶体管→搭铁→蓄电池负极构成回路。此时充电指示灯发亮，指示磁场电流接通并由蓄电池供电。当发动机起动后，随着发电机转速升高，发电机 D+端电压随之升高，充电指示灯两端的电位差降低，指示灯亮度变暗。当发电机电压升高到蓄电池端电压时，发电机 B 端与 D+端电位相等，充电指示灯两端电位差降低到 0 而熄灭，指示发电机已正常发电，磁场电流由发电机自己供给。当发电机高速运转、充电系统发生故障而导致发电机不发电时，因为 D+端无电压输出，所以充电指示灯两端电位差增大而发亮，警示驾驶人应当及时排除故障。

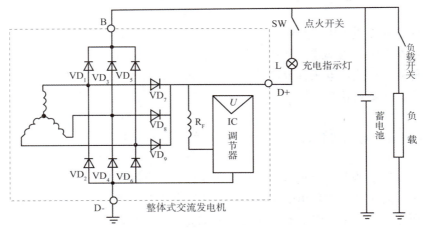

图 1-23　装备九管交流发电机的充电系统电路

4. 十一管交流发电机的特点

整流器总成是有 3 个正极管（VD_1、VD_3、VD_5）、3 个负极管（VD_2、VD_4、VD_6）、3 磁场二极管（VD_7、VD_8、VD_9）和 2 个中性点二极管（VD_{10}、VD_{11}）的交流发电机，即为十一管交流发电机，其充电系统电路如图 1-24 所示。

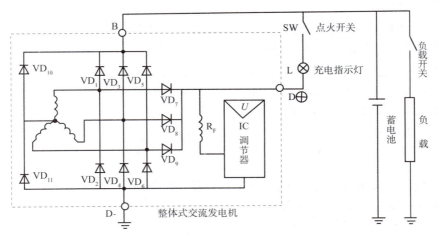

图 1-24　十一管交流发电机充电系统电路

十一管交流发电机是综合八管交流发电机和九管交流发电机的优点设计制造而成的，不仅具有提高输出功率的功能，而且还有反映充电系统工作情况的功能，原理如上所述。国外有采用双套整流器并联的，而在十一管的基础上又增加六管整流器，以增大流过电流，整个发电机共有 17 个二极管。

【技师指导】发电机转子转 1 周，在图 1-20 中，U_1、V_1、W_1 三相发出频率和幅值相一致的电压。对于发动机怠速稳定转速为 840 r/min，可知发动机为 14 r/s，由于曲轴皮带轮和发电机皮带轮的半径关系，可知发电机转速为 28 r/s，在发电机转子转 1 周中，U_1、V_1、W_1 三相各输出 1 次高电压。为了检修整流器二极管，可将示波器时基调至多少？_____。幅值调至多少？_____。

整流后的脉冲直流电中的交流变化值为 0.2 V，大于 0.2 V 说明滤波电容有故障，这个滤波电容可以在发电机内部或外部独立布置，也可以放在电压调节器内部。滤波电容放在电压调节器内部时，要更换电压调节器或发电机总成。如果一些丰田汽车发电机的滤波电容放在发电机外部，可更换这个电容器。

第五节　电压调节器

发电机电压调节器其功用是在发电机转速变化时，自动控制发电机电压，使其在规定范围内保持恒定，防止发电机输出电压过高而烧坏用电设备和导致蓄电池过量充电。同时也防止发电机电压过低而导致用电设备工作失常和蓄电池充电不足。蓄电池最高调节电压是以刚使蓄电池出气泡，但不是大量出气泡时的充电电压，对于 12 V 发电机，输出电压一般控制在（14.0±0.2）V（实际可以控制在 13.3～16.3 V），发电机电压调节器设计时，其调节电压最好随着蓄电池的温度和蓄电池容量也发生变化。

电压调节原理是：当发电机发电电压高时，通过调节器减小励磁电流，使转子爪极上的磁通减少。当发电机发电电压低时，通过调节器增大励磁电流，使转子爪极上的磁通增大。

一、调节器分类

分立元件式电子电压调节器调节磁场电流的方法是利用功率管的开关特性，使磁场电流接通与切断来调节磁场电流。集成电路调节器是利用集成电路（IC）组成的调节器。前者是将二极管、三极管、电阻和电容等电子元件同时制在一块硅基片上，后者是用厚膜或薄膜电阻与集成的单片芯片或分立元件组装而成。

集成电路调节器除具有晶体管调节器的精度可达到（14±0.3）V 或更高外，还可在 130 ℃高温下正常工作。

二、内、外搭铁

发电机内、外搭铁的确定方法是电压调节器控制转子绕组的正极端时为内搭铁发电机，此时转子绕组的负极端接地。电压调节器控制转子绕组的负极端时为外搭铁发电机，此时转子绕组的正极端接地。图 1-25 为发电机搭铁型式。

调节器在使用中应注意调节器与发电机的电压等级必须一致，否则电源系统不能正常工作；调节器与发电机（磁场线圈）的搭铁型式必须一致。

上述形式的发电机与调节器不能互换，否则将会造成发电机电压失调或不发电。所以应先知道车上的调节器是内搭铁电压调节器，还是外搭铁电压调节器，然后再买调节器。这里

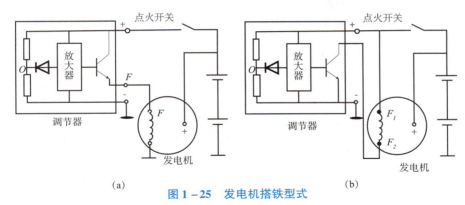

图1-25 发电机搭铁型式
(a) 内搭铁式发电机；(b) 外搭铁式发电机

要分开调节器的端子和发电机的端子。原车调节器壳体上未标或丢失的，可参看图1-25用万用表判别出来。

三、电压检测法

使用电压调节器先判断电压高低是否在控制范围内，然后进行调节。

（1）以蓄电池的正极端电压为基准调节的称为蓄电池电压检测法。

（2）以发电机的输出电压为基准调节的称为发电机电压检测法。

如果用连接导线通常为S端检测蓄电池的端电压来调节发电机的输出电压称为蓄电池电压检测法。在上述基本电路中，前者发电机的引出线可以少一根，但是发电机到蓄电池BAT（B）接线柱之间的电压降较大时，蓄电池的充电电压将会降低，使蓄电池充电不足，因此一般大功率发电机宜采用蓄电池电压检测法。采用蓄电池电压检测法时，若S线断线，调节器便不能检测出发电机的端电压，发电机便会失控。为了克服这一缺点，有些内装集成电路调节器的发电机采取了一定的控制措施。

四、分立电压调节器

电压调节器以稳压管作为电压感受元件，控制末级功率晶体三极管的通、断来调节励磁电流，使发电机电压保持稳定。现在的集成电路调节器可分为非智能型和智能型，但为说明方便原理仍用分立元件说明。对于集成电路式的电压调节器，由于控制原理与分立元件相同，电压调节器损坏实际中没有修理价值，只要会接外围电路即可。

JFT106型晶体管电压调节器属于负极外搭铁式电压调节器，它可与14 V、750 W的九管交流发电机配套使用，也可与14 V、功率小于1 000 W的负极外搭铁式六管交流发电机配套使用。CA1091型汽车用JFT106型晶体管电压调节器电路原理图如图1-26所示。该调节器共有"+""F"和"-"3个接线柱，其中"+"接线柱与发电机的F_2接线柱连接后经熔断器接至点火开关，F_1接线柱与发电机的F接线柱连接"-"接线柱搭铁。

该调节器由电压敏感电路和二级开关电路组成。

R_1、R_2、R_3和稳压管VD_1构成电压敏感电路，其中，R_1、R_2、R_3为分压器，将交流发电机的端电压进行分压后反向加在稳压管VD_1的两端；稳压管VD_1为稳压元件，随时感受着发电机端电压的变化。当交流发电机的端电压在稳压管VD_1上的分压低于稳压管VD_1

的稳定电压值时，稳压管 VD_1 截止；当交流发电机的端电压在稳压管 VD_1 上的分压高于稳压管 VD_1 的稳定电压值时，稳压管 VD_1 导通。可见，电压敏感电路可以非常灵敏地感受出交流发电机端电压的变化，起到控制开关电路的作用。

晶体三极管 VT_6、VT_7、VT_8 组成复合大功率二级开关电路，利用其开关特性控制磁场电路的接通或断开。

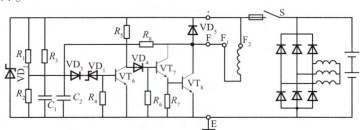

图 1-26 CA1091 型汽车用 JFT106 型晶体管调节器电路原理

（1）起动发动机并闭合点火开关时，蓄电池通过分压器将电压加在稳压管 VD_1 两端，由于此电压低于稳压管 VD_1 的稳定电压值，VD_1 截止，使 VT_6 截止，VT_7、VT_8 导通，这时蓄电池经大功率三极管 VT_8 供给励磁电流，使发电机处于他励状态，建立电动势。

（2）发动机带动发电机，转速逐渐升高。当发电机端电压高于蓄电池端电压时，发电机便由他励转为自励的正常发电工作。由于此时转速尚低，输出电压未达到调节电压值，VT_6 仍然截止，VT_7、VT_8 仍然导通，因此发电机端电压可以随转速和自励电流的增大而升高，逐渐提高输出电压。

（3）当发电机转速升至一定值，使输出电压达到调压值时，经分压器加至稳压管 VD_1 两端的反向电压达到稳定电压值，VD_1 反向击穿导通，使 VT_6 导通，VT_7、VT_8 截止，断开励磁电路，发电机端电压便下降。当发电机端电压下降到调压值以下时，经分压器加至稳压管 VD_1 两端的反向电压又低于稳定电压值，使 VT_6 又截止，VT_7、VT_8 又导通，又一次接通励磁电路，发电机端电压又上升。如此循环，就能自动调控发电机端电压，使其恒定在调压值上。

JFT106 型晶体管调节器中其他一些电子元件的作用如下。

电阻 R_4、R_5、R_6、R_7 为晶体管的偏置电阻。稳压管 VD_2 起到过电压保护作用，利用稳压管的稳压特性，可对发电机负载突然减小或蓄电池接线突然断开时，发电机所产生的正向瞬变过电压起保护作用，并可以利用其正向导通特性，对开关断开时电路中可能产生的反向瞬变过电压起保护作用。

二极管 VD_3 接在电压敏感电路中的稳压管 VD_1 之前，以保证稳压管安全可靠工作。当发电机端电压很高时，它能限制稳压管 VD_1 电流不致过大而烧坏；当发电机端电压降低时，它又能迅速截止，保证稳压管 VD_1 可靠截止。二极管 VD_4 接在 VT_6 集电极与 VT_7 基极之间，提供 0.7 V 左右的电压，使 VT_7 导通时迅速导通，截止时可靠截止。二极管 VD_5 反向并联于发电机励磁绕组两端，起续流作用，防止 VT_8 截止时，磁场绕组中的瞬时自感电动势击穿 VT_8，保护三极管 VT_8。

反馈电阻 R_8 具有提高灵敏度、改善调压质量的作用。电容 C_1、C_2 能适当降低晶体管的开关频率。

【技师指导】在图 1-26 中，若蓄电池正、负极接错，导致蓄电池通过整流板的 6 个二极管和稳压管 VD_2 损坏电压调压器或整流板。

五、集成电压调节器

夏利轿车发电机内装集成电路调节器及充电系统电路如图1-27所示。该发电机调节器是由一块单片集成电路和晶体管等元件组成的混合集成电路调节器,装于发电机内部,构成整体式交流发电机。

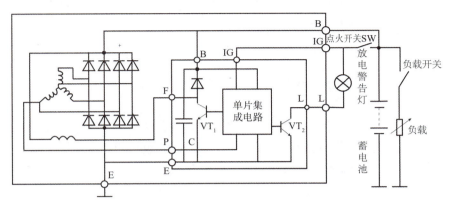

图1-27　夏利轿车用整体式交流发电机电路原理

调节器工作过程如下：点火开关接通且发电机未转动时，蓄电池端电压经接线柱 IG 输入单片集成电路，使三极管 VT_1、VT_2 均有基极电流流过，于是 VT_1、VT_2 同时导通。VT_1 导通，发电机由蓄电池进行他励，磁场绕组中有电流流过，电流流向为：蓄电池正极—接线柱 B + 磁场绕组—VT_1—搭铁—蓄电池负极；导通时，充电指示灯亮，表示发电机不发电。

发电机运转后，其端电压高于蓄电池电动势而小于调节电压时，VT_1 仍导通，但发电机由他励转为自励，并向蓄电池充电。同时，由于 P 点电压输入单片集成电路使 VT_2 截止，故充电指示灯熄灭，表示发电机工作正常。

当发电机电压随转速升高到调节电压时，单片集成电路检测出该电压，于是 VT_1 由导通变为截止，磁场绕组中电流中断，发电机电压下降。当电压下降到略低于调节电压时，单片集成电路使 VT_1 又导通，如此反复，发电机输出电压将被控制在调节电压范围内。磁场电路断路时，P 点电压信号异常，单片集成电路检测到后，控制 VT_2 导通，点亮充电指示灯，以示异常。当发电机的输出端 B 断线时，发电机无输出，导致 IG 点电位降低。当单片集成电路检测到 IG 点电位低于 13V 时，令 VT_2 导通，点亮充电指示灯，同时可根据 P 点电位将发电机端电压控制在 13.3～16.3 V。

【技师指导】非智能集成电压调节器仅能根据采集点（蓄电池正极端子或发电机输出端子）的电压进行电压调节。

【完成任务】根据夏利轿车用整体式交流发电机电路原理图写出 B、IG、L 分别在蓄电池充电和放电时的作用或电流走向，并写出3个缩写的全拼。

【技师指导】 调节器的温度修正功能

蓄电池的温度和充电电压有关,由于温度升高,充电易产生气体,所以充电电压要根据温度进行控制。而充电电流和电压调节器的基板或散热片有关,可用基板或散热片温度参考蓄电池温度,电压调节器进行充电电压修正。

在 0 ℃低温时参考电压范围为 14.6~14.9 V,50 ℃时参考电压为 14.0~14.4 V。大家要注意这是调节器内部元件的温度。

第六节 发电机智能控制技术(扩展学习)

当今汽车对于充电系的输出功率要求相当大,并且还在增加。充电系统必须在各种工况下满足这些要求,不仅调节发电机的转子励磁电流,同时也会干预发动机转速的提升,保证能够对高温或低温的蓄电池快速充电。

一、提高功率的办法

发电机在提高功率输出控制上一般采用如下方法。

1. 改变传动比

如要使发动机低转速时使发电机有较大的功率输出,较好的解决办法是发电机皮带轮的直径变小,改变原来发动机皮带轮和发电机皮带轮传速比为 0.5 的情况(发动机 750 r/min 时发电机 1 500 r/min,发电机开始发电),现在传动比可以更小。

2. 发电机水冷技术

为降低功率电子元件的温度,提高工作电流。法国法雷奥(Valeo)发电机的解决办法是利用发动机冷却液对发电机进行冷却,这样可使发电电流增大至 120~190 A,效率相对提高 10%~25%。

3. 引入智能控制

引入智能控制可使发电机的输出功率不受发动机转速波动和用电负荷的影响。这种精确的控制使得车辆可以采用小一些、轻一些的蓄电池和发电机。

二、智能控制方法

1. 传统电压调节器功能

传统电压调节器能根据车辆的用电负荷需求调节输出电压,与传统发电机电压调节器功能相同。

2. 发电机负载率控制

减小发电机的构造有利于提高发电机的效率,但可能在发动机(或发电机)低转速时出现发电量不足的情况。为防止这种情况发生,在发电机低转速时,电压调节器的末级功率三极管处于常导通时(负载 100%),不能通过调节励磁电流增加发电量时,这时发动机应将电子节气门稍开大(电子节气门非线性控制中的用电负荷控制)。图 1-28 为大众汽车发电机电压调节器,发电机电压调节器端子 DFM 与发动机电脑 DFM 端子连接。

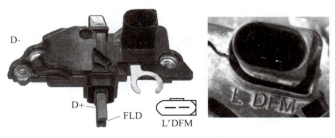

图 1-28 智能电压调节器

【技师指导】高性能发电机和整流器结构和传统发电机相比没有变化，仅智能电压调节器的功能发生了变化，因此故障还是传统发电机易损坏部件的故障。

【完成任务】在图 1-28 智能电压调节器中，L 接_____；DFM 接_____，用于控制发动机转速提升，在非智能发电机中 L 接_____。通过分析或测量 DFM 端子是发动机 ECU 向电压调节器输送信号(是/否)_____；还是电压调节器通过 DFM 向发动机 ECU 输送信号_____，还是双向信号_____。DFM 的汉语名称是_____。

※对于大众汽车带有 DFM 端子的发电机定子绕组采用三角形接法时，由于无中性点，所以不会有中性点二极管。

3. 发动机转速波动控制

在大用电负载突然介入（比如大灯或鼓风机打开）时，发电机的电压调节器若立刻调节励磁电流增大，导致发动机运行阻力增加会产生发动机转速波动。为了减小或避免这种波动，在电压调节器内部采用励磁电流逐渐增加的方法，称为励磁电流斜坡控制。

三、带启/停的发电机控制

1. 用电负荷介入监控功能

通过汽车确定的电器负载，用车载网络单元监控用电器打开，而对应的接口用电器的功率是确定的，这样可确定用电负荷的大小，从而进行精确的发动机怠速转速提升控制，进而消除低怠速时用电器介入引起蓄电池端电压下降导致的怠速粗暴问题。

2. 怠速稳定控制功能

在怠速工况，为稳定怠速转速可减小励磁流，用电负荷大时，可增加怠速工况转速，也可关闭个别用电设备。

3. 减少磁性阻力功能

在汽车起动或急加速时，减小励磁电流，减少磁性阻力，从而减小发动机负载，增加发动机几个马力的功率输出，提高发动机的起动性和行驶加速动力性。

【技师指导】发动机怠速工况转速不稳的主要原因之一是交流发电机的负载发生变化，

发动机电脑检测出发电机的负载变化，从而动态设置怠速工况转矩，这样在一定转速范围内可使怠速工况转速设计得尽可能低，有利于减少油耗和排放。在温度低时，用电器如大灯、后风窗加热、暖风鼓风机打开时用电电流增加，电脑可通知电压调节器增加发电的励磁。

4. 带有发动机启/停功能的发电机 LIN 总线通信

带有发动机启/停功能的发电机 LIN 总线通信即应用在蓝驱型汽车的发电机控制上。这种通信主要用在有 12 V 蓄电池管理系统的汽车，例如法雷奥多功能调节器。采用 LIN 即输出发电机状态信号给发动机 ECU，发动机 ECU 也可向发电机电压调节器发送控制信号，这样的系统需要一个蓄电池传感器。蓄电池传感器安装在蓄电池极桩上，蓄电池传感器可测量蓄电池的电流、电压和温度，要说明的是蓄电池温度是通过测量蓄电池极柱的温度推算出来的，这样的蓄电管理可保证蓄电池总处于较高的充电程度。新的德尔福第四代采用 LIN2.0 通信协议的蓄电池传感器，除了有电流、电压、温度检测功能外，还有荷电状态（State of Charge，SoC）、健康状态（State of Health，SoH）和功能状态（State of Function，SoF）的检测功能。

【技师指导】这种发电机的电压调节器是一种单片机调节器，发电机这时是发动机系统的传感器，同时也是执行器。励磁电流直接由 B＋端子提供，不是由励磁二极管提供，发电机不再有励磁二极管。

5. 电脑的诊断能力

提供的故障信息如下：
（1）电压调节器与发动机电脑之间有无通信；
（2）利用发动机转速信号和发电机一相输出的交流信号对比识别发电机皮带打滑造成的发电机无输出；
（3）能诊断输出电压过低或过高的故障，并从电控发动机电脑内可读出故障的类型；
（4）励磁电路断路或短路造成系统电压不正常、转子或定子线圈故障、二极管故障、与发电机的连线路；
（5）发动机电脑根据故障状态设定进入安全工作模式，发动机电脑点亮发动机故障灯。

✦ 第七节　充电系统性能检查和常见故障诊断

【任务驱动指导】采用功能正常的发电机装在对应实车上进行充电系统的性能检查，由老师指导测量判别故障类型和解决办法，这个过程要注意安全。

一、充电系统的性能检查

1. 目视检查

肉眼检查发电机接线，并手动检查接线是否处于良好状态；细听发电机是否有不正常的噪声；检查发动机运转时发电机是否有不正常的噪声。

2. 检查放电警告灯电路

使发动机暖机后停机，断开所有的附件，将点火开关转到"ON"位置，检查放电灯是否亮。起动发动机，检查放电警告灯是否熄灭，如果放电警告灯不熄灭，应排除放电警告灯电路的故障。

3. 检查无负载充电电路

将电压表和电流表接入充电电路的方法：脱开发电机端子 B 的配线，将它接到电流表的负极（-）端子；在电流表的正极（+）端子与发电机的端子 B 之间接根试验导线，电流测量也可用直流感应钳拾取电流。使电压表正极（+）与发电机的端子 B 连接，电压表的负端（-）接地。使发动机在急速 2 000 r/min 左右运转，电流在 10 A 以下，标准电压在 25 ℃时为 14.0～15.0 V，在 115 ℃为 13.5～14.3 V，如伏特数大于标准值，应更换 IC 调节器。

4. 检查有负载充电电路

使发动机转速以 2 000 r/min 运转，打开大灯远光，鼓风机转速在"HI"位置；检查电流表读数应大于等于 30 A。如果读数小于标准值 30 A，则修理发电机。如果蓄电池电充得很足，有时读数也会小于标准值。

二、发电机的检查和修理

【完成任务】分解发电机，进行发电机的元件检查，并说出修理方法。

1. 转子、转子轴承的检修

在 2 个集电环上测量转子标准冷态电阻一般为 2.8～3.0 Ω，转子与轴相通应更换转子。如果集电环已毛糙或烧伤，应更换转子。集流环最小直径过小应更换转子。图 1-29 为磨损的集电环。

用手检查轴承是否运转阻力不均或磨损，如图 1-30 所示的轴承损坏的发电机，必要时，更换前轴承。后轴承一般在转子轴上，用专用工具拆下轴承盖和轴承（不要损坏风扇）；安装时用专用工具和压力机压入一只新的轴承。

【技师指导】最好在急速工况和急加速时用螺丝刀进行轴承听诊，拆下检查，再次检查可用于确认异响部位是前轴承还是后轴承。

图 1-29　磨损的集电环

图 1-30　轴承损坏的发电机

2. 定子

检查定子线圈的 3 个引出头之间是否导通。如果不导通，应更换定子线圈总成。若三相线圈引出头与定子壳体之间导通，应更换定子总成。

【技师指导】发电机的定子线圈和转子线圈开焊断路情况很少，同时定子线圈与壳体连通或转子线圈与电动机轴接地的故障的情况也很少。

3. 电刷

可向车主咨询汽车发电机的使用时间，比如看汽车里程表，因为电刷和集电环的磨损和里程有关，大多数情况下还是可参考的。电刷的外露长度一般应为 10 mm，如果外露长度小于最小值 1.5 mm，应更换电刷。

4. 电压调节器

图 1-31 为末级三极管击穿导致发电量高损坏的电压调节器。

4. 整流器

利用二极管的单向导通法检查正极侧整流二极管、负极侧整流二极管和其他辅助二极管，但需要拆开发电机。图 1-32 所示为二极管损坏的整流器。

【技师指导】最好在怠速测量发电机的波形，若波形异常，说明有整流二极管损坏，不必知道哪个二极管损坏。图 1-33 为各种故障下的发电机波形。

图 1-31 损坏的电压调节器

图 1-32 二极管损坏的整流器

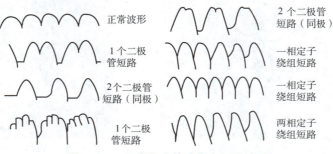

图 1-33 正常和有故障发电机的波形

【完成任务】参考以上内容，结合厂家电路图针对实车测量汽车充电系统电路，测出起动和怠速时电流流向和大小分别为_____
_____；

打开大灯测量电流大小为_____；

提高发动机转速测量电压和电流分别为_____。

采用有不同种典型故障的拆车发电机装在对应实车上，由老师指导测量判别故障类型和解决办法，这个过程要注意发电机的安装和皮带轮的调整。

三、发电机常见故障

硅整流发电机常见故障有发电电压过低或过高、发电机不发电、发电机异响等。

1. 发电电压过低

发电机发电量不足可以通过电压表或充电指示灯来判断，车辆运行时电压表电压低或指示灯亮，表明发电机的发电量不足，主要原因有以下几点：发电机皮带过松、有油污；连线有松动或锈蚀；怠速工况转速过低；调节器工作不良；发电机整流器个别二极管损坏；发电机集电环脏污或磨损严重、电刷与集电环接触不良；发电机定子绕组接线不良，或转子绕组有故障。

【技师指导】实际发电机可靠性也比较高，发电量随着使用时间降低属于正常现象，例如，使用 700 000 km 以上时，电刷变短与集电环接触不良最多，其他原因较少。解决办法是如果有配件，可换电刷和集电环。

2. 发电电压过高

发电机发电量过高一般表现为照明灯泡经常烧损，伴随着蓄电池电解液消耗过快、发电机、点火线圈过热、车上一些无稳压的电子电路损坏，电脑电源电路有稳压电路一般不损坏。

【技师指导】发电电压高，归结原因就是励磁电流不能控制。解决办法是：如果有相应电压调节器的配件，可更换电压调节器；如果没有电压调节器，则更换发电机。

3. 发电机不发电

发电机不发电是最常见的故障，主要表现为充电指示灯常亮、蓄电池电量消耗过快、灯光逐渐变暗等。主要原因有：传动皮带过松或有油污；电刷使用时间较久，电刷接触不良；励磁电路断路或无励磁电流；转子和定子线圈出现短路、断路与搭铁；整流板二极管损坏等。

【技师指导】传动皮带松动，电刷接触不良和调节器内控制励磁的功率管损坏是发电机发电不良的主要原因。解决办法是更换电刷或调节器，或直接换发电机。

汽车采用电控发动机后，从发动机电控单元中用检测仪可读出蓄电池端电压，为判别发电电压低和电压的波动提供了方便的读取蓄电池电压的方法。

4. 发电机异响

发电机使用过程中有时会出现异响，主要有以下原因：整流器噪声、轴承噪声、电枢扫膛声、皮带噪声。

【技师指导】 电动机轴承噪声故障比率较高，特别是皮带轮无压带轮张紧时，传动皮带调得过紧或轴承进水时更易出现。国内一些低档轿车，行驶里程在几万公里左右就经常出现轴承异响，中高档轿车则出现较少。驱动发电机的皮带也经常在换水泵后发出刺耳的噪声。解决办法是：更换发电机两侧轴承或更换发电机总成。

【完成任务】 由测量结果分析发电机处于什么状态，依据是什么，通过什么作业可以使其功能恢复正常。_____

_____。

第八节 电动汽车 DC/DC 转换器（扩展学习）

一、什么是 DC/DC 转换器

DC/DC（Direct Current，DC）是直流/直流转换器的缩写。

燃油车和电动汽车的电气系统（有时被称为辅助子系统）二者的主要区别在于：燃油车的辅助蓄电池由与发动机相连的交流发电机来充电，而电动汽车的 12 V 铅酸蓄电池（有时被称为辅助蓄电池）则由主电源通过 DC/DC 转换器来充电。

电动汽车中 DC/DC 功率转换器其主要功能如下：

单向 DC/DC 把蓄电池高压直流降压为燃油汽车中发电机的直流电压，如 12 V 或 24 V。例如，将 400 V 蓄电池在汽车行驶中降到电动机不能工作的电压，如电压 280 V，DC/DC 直流/直流转换器保证在 280~400 V 变化电压区间内输出稳定的 14 V 电压。

另外，当主蓄电池完全放完电之后，汽车已经不能行驶时，DC/DC 仍能从蓄电池中吸取能量向电动汽车的基本辅助子 12 V 系统提供稳定 14 V 电力，对于 24 V 系统提供稳定 28 V 电力。

二、DC/DC 转换器原理

由于第二代混合动力普锐斯发电机输出额定电压为 DC 201.6 V，因此，需要转换器将这个电压降低到 DC 12 V 来为备用蓄电池充电。这个转换器安装于变频器的内部。12 V DC/DC 转换器原理如图 1-34 所示。

1. 形成交流电

在初级线圈 L_0 侧用 4 个开关管 T_1、T_2、T_3、T_4 振荡出一交流电，方法是：开关管 T_1、T_4 导通 1 次，再让 T_2、T_3 导通 1 次，反复这样将直流电转换为交流电。

2. 整流、滤波

在次级侧的线圈 L_1、二极管 V_5 和线圈 L_2、二极管 V_6 形成 2 个半波整流路，再经线圈 L 和电容 C 形成 LC 滤波电路滤波。电流经 AMD 端子输出，再经 120 A 主熔断丝向 12 V 蓄电池充电。

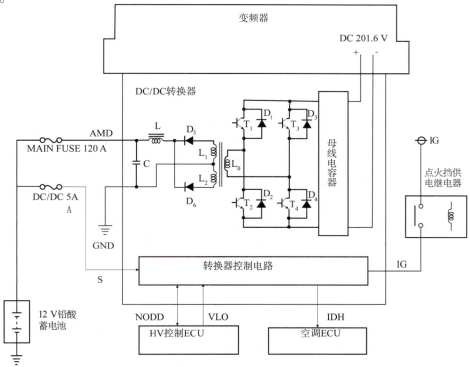

图 1-34　12 V DC/DC 转换器原理

3. 电压反馈

S 端子的作用是监测 12 V 蓄电池的电压，在 12 V 蓄电池的充电电压低时让 DC/DC 提升充电电压。在 12 V 蓄电池的充电电压高时让 DC/DC 降低充电电压。本质相当于传统汽车的蓄电池电压检测法。

【实训任务】用万用表测量 12 V 蓄电池的开路电压和不同工况的端电压，把测得的电压值写入表格，要求精确到小数点后两位。

工况	开路电压	供电开关 OFF	供电开关 ON	供电开关 READY	发动机起动后
电压					

写出 12 V 降压 DC/DC 在什么工况才向蓄电池充电：＿＿＿＿＿＿＿＿＿＿＿＿＿＿＿＿＿＿＿＿＿＿＿＿＿＿＿＿＿。

S（Sensor）端子感应蓄电池端电压，用于 DC/DC 输出电压调节，AMD（Ampere Direct）为直流，VLO（Voltage Low）电压过低，IDH（Input Direct High）输入直流电压高。

【技师指导】传统 S 线是发电机电压调节器进行蓄电池电压检测线,是 Source 电源的缩写。当蓄电池端电压偏离基准值时,电压调节器做出反向的电压调节。AMD 线相当于发电机的 B+线。

第九节 带能量回收系统的发电机控制(扩展学习)

一、车辆能量管理组件

图 1-35 为带能量回收系统车辆的能量管理组件。带有能量管理系统的车辆的发电机装有 LIN 调节器。这种发电机有 2 个插头,一个是 B+插头,另一个是两芯插头,通常一个被 LIN 导线占用,另一个空着。数据总线诊断接口 J533 发送 LIN 信息给 LIN 调节器,该信息根据车载电源状态给出在 12.2 V 和 15 V 之间的额定电压值,该值随后由电压调节器调节励磁电流后,把电压调节出来。如果由于 LIN 导线断路,发电机的电压调节器识别到后,在规定的时间内调节到恒定 14.3 V 的发电机电压。

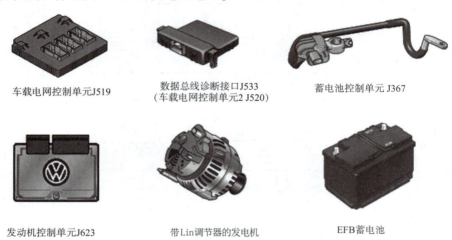

图 1-35 带能量回收系统车辆的能量管理组件

AGM 蓄电池是带有启/停系统汽车的专用蓄电池,但成本较高。EFB(Enhanced Flooded Battery,增强湿式蓄电池)是为了节省成本而使用的一种普通蓄电池。

图 1-36 为蓄电池警告灯的熄灭过程控制。仪表 J285 内的发电机充电指示灯在"端子 15 接通"时亮起,一旦发电机发电,发电机的电压调节器通过 LIN 向 J533 提供充电电压,通过 J533 中的能量管理系统 J520(诊断地址 61),借助发电机内部评估进行发电机检测。J533 通过 CAN 总线将发电情况发给仪表 J285,仪表 J285 将充电指示灯熄灭。对于带有 LIN 发电机的车辆也可读取发电机的故障记忆存储器(诊断地址 61)。

图 1-36 蓄电池警告灯的熄灭过程控制

二、汽车工作模式

图 1-37 为能量管理及回收系统电路元件组成。

图 1-37　能量管理及回收系统电路元件组成

1. 汽车加速模式

汽车加速时，其电路如图 1-38 所示，为了让汽车加速性强，可让发电机的输出电压低于蓄电池电压，比如下降至 12.2 V。此时，发电机的输出电流降低，发动机负荷减小，汽车加速性能强，同时，燃油消耗以及 CO_2 排放也会降低。

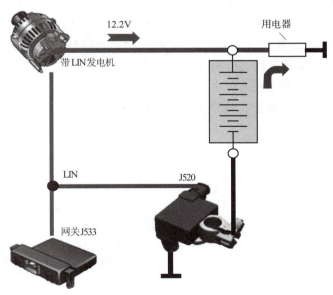

图 1-38　汽车加速模式

工作原理：集成在网关中的蓄电池能量管理模块 J520 通过 LIN 总线与发电机的电压调

节器通信，控制发电机减小励磁电流。

2. 滑行行驶（能量回收）模式

在汽车滑行阶段，如图 1-39 所示，发电机的电压再次升高，重新为蓄电池充电，本质是发动机制动能量转化为电能。

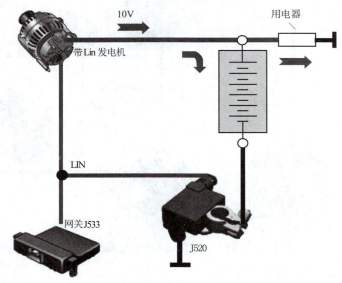

图 1-39 滑行行驶（能量回收）模式

典型制动时能量回收数据如下。

（1）未踩制动踏板时，发动机转速为 1 530 r/min，节气门开度为 20.8%，车速为 35 km/h，发电机的发电量为 45.5 A。踩制动踏板后，发动机转速下降到 1 000 r/min，节气门开度下降到 11.4%，车速下降到 22 km/h，发电机的发电量上升到 69.1 A。

（2）踩制动踏板时，节气门关小，车速下降，发动机转速和发电机的转速同步下降，但是在发电机电压调压器控制提高励磁线圈电流、磁场增强、驾驶员制动车辆时，车身动能通过发电机转化为电能，储存在电瓶中，为下一次发动机起动时提供电能。另外制动时，发电机除了提高发电机的发电电流，同时还提高发电机的发电电压。

第二章
汽车供电控制系统

一辆 2013 年 5 月出厂的日产逍客 SUV 车型配 2.0 升发动机，在 2019 年 8 月出现仪表时间在起动时从 12 点开始计时，随后两天出现起动只有"咔咔"的声音（起动机磁力开关动作声音），但曲轴无拖动转动的征照，仪表发动机转速和车速表指针抖动。

如果你是接车的修理技术人员，应如何找出故障原因，修理方案应如何制定。

能说出无电源控制 ECU 时电源分配的方法；
能说出有电源控制 ECU 时电源分配的方法。

能够检查 ACC（附件挡）继电器工作条件及 ACC 继电器电路；
能够检查 IG（点火挡）继电器工作条件及 IG 继电器电路；
能够检查 ST（起动挡）继电器工作条件及 ST 继电器电路。

第一节 不带电源 ECU 的供电控制

在无电源控制 ECU 的供电系统，点火开关的输出端子由驾驶员旋转操作完成供电控制。由于负载的电流要流经点火开关，所以导致点火开关损坏，同时也会导致一些误操作。

一、点火开关功能

图 2-1 为传统型点火开关和点火开关符号

1. 汽车锁/关闭（LOCK/OFF）

在 LOCK 位，钥匙可拔出（自动变速器在 P 挡），同时方向盘锁死，切断各挡的供电。

2. 附件挡（ACC）

收音机、车灯等可以正常使用，主要给小功率电器供电。

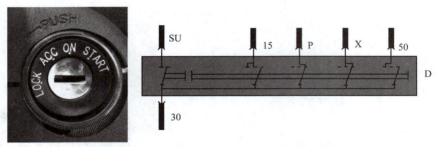

图 2–1 传统型点火开关和点火开关符号

3. 点火挡（ON）

除了起动机外的设备都被供电。在发动机起动后（发电机工作），ON 是汽车正常运行工作挡。

4. 起动挡（START）

起动电动机运转点火（START 挡）时，ACC 位停止其他电器供电，点火完成释放钥匙后会自动返回 ON 位置。

机械钥匙手柄处也可能配有电子防盗芯片，这样在点火开关底座上装有防盗器天线线圈。

二、点火开关供电端子

点火开关直接进行供电控制，一般电进入点火开关后，可从 SU、15、P、X、50 五个端子实现对外供电。如图 2–2 所示，以下为开关的端子输出：

（1）点火开关 30 是常有电端子；
（2）SU 是 Supplement 附件的缩写，在附件挡 ACC 时输出；
（3）15 端子点火开关位于 ON 时输出的挡位；
（4）P 是 Park 的缩写，是钥匙插入后就实现输出的一个挡位；
（5）X 端子为功率用电器供电控制；
（6）50 端子为起动挡输出端子。

机械式点火开关 D 从 30 引脚将电引入开关，从 SU、15、P、X、50 输出，SU、15、P、X、50 分别为附件端子、点火端子、驻车端子、大荷端子、起动端子。点火开关操作从右向左移入共 3 个挡，依次为 LOCK（OFF）、ON 和 START，操作钥匙稍微做顺时针转动，电路图中最左侧的 SU 开关左移工作，但右侧的 ON 开关仍是不接通，再操作钥匙做顺时针转动，点火开关接通 ON，电路图中点火开关左移 1 位，操作钥匙克服钥匙内起动弹簧力的作用做顺时针转动时接通 START 挡，电路图中点火开关向左移 2 位，起动后，驾驶员松开钥匙，钥匙在起动弹簧力的作用下返回 ON 挡。

【完成任务】通过操作机械式点火开关体验各挡在汽车上的反应，打到 ACC 挡，打开收音机看收音机是否工作_____，打到 ON 挡，检查仪表蓄电池警告灯是否亮_____，打到起动挡 START，检查起动机是否工作_____，放手点火开关回到哪个挡位_____，在这个挡位再向 START 挡方向转动一次看是否能转动_____。思考为什么这样设计？

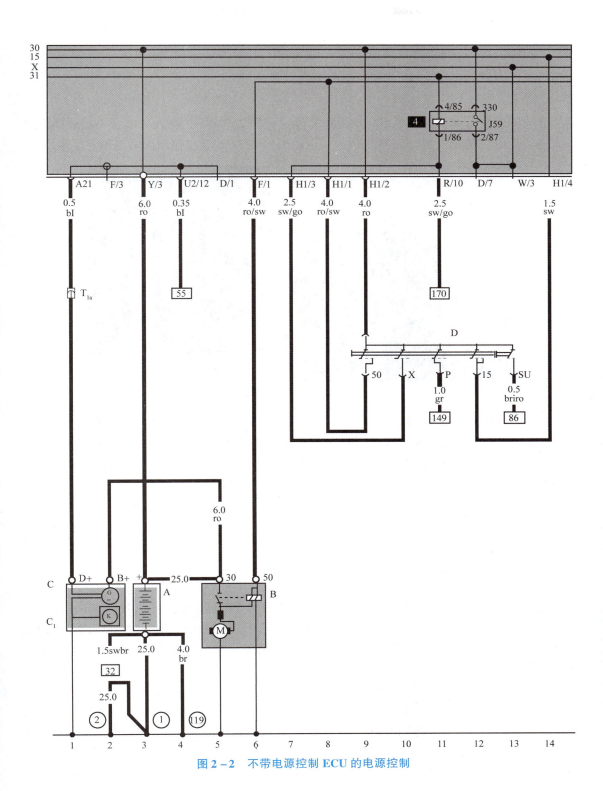

图 2-2 不带电源控制 ECU 的电源控制

第二节 非复位开关电源 ECU 控制（一）

一、电源控制 ECU 的功能

电子钥匙分为不复位开关型和复位开关型（见图 2-3），2 种开关本身不接通供电端子，开关作为信号输入到电源控制 ECU，由电源控制 ECU 通过控制继电器来完成输出。

图 2-3　电子点火开关

典型的不复位开关型钥匙有大众速腾的旋转机械钥匙、迈腾的插入式遥控器。电源控制 ECU 在大众汽车中就是基本电气控制单元 J519（厂家称为电网控制单元）。开关信号输入到电源控制 ECU，一般信号多采用直接输入的方式，而有的系统开关信号经过转向柱控制单元 J527，例如大众速腾。

二、非复位开关形式

带电源控制 ECU 系统，驾驶员操作的供电信号输入有盒置开关式和传统插钥匙的旋转式。

1. 大众迈腾的盒置开关式

带有防盗和中控锁功能的遥控器需要插入电子点火开关内部触发相应的机械触点来产生机械钥匙的作用。比如，开关插入电子点火开关后，向下按第一个深度为 ACC 挡；再向里按到第二深度为 ON 挡；再向里按到最深时（制动踏板踩下）为 START 挡。其开关与位置（Position）有关，如图 2-4 所示。

进入和起动授权开关 E415 功能如图 2-5 和图 2-6 所示，将钥匙压入距离转换成电信号传输至 P 驻车挡、S 附件挡、15 点火挡、50 起动挡；集成有识别钥匙身份的防盗发射和接收读写线圈 D1；N376 断电可将电子钥匙拔出（解除锁止），目的是防止钥匙在车行驶振动中从电子钥匙槽中脱出发生意外，在自动挡车上和拔机械钥匙的控制条件相同，即换挡手柄在 P 挡，释放锁止按钮（内部有开关）；L76 为照明灯。图 2-7 为进入和起动授权开关 E415 电路图。

图 2-4 进入和起动授权开关 E415

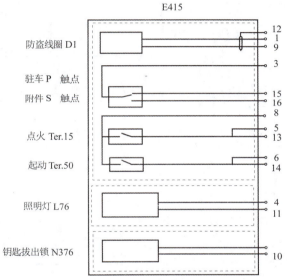

图 2-5 E415 插脚定义

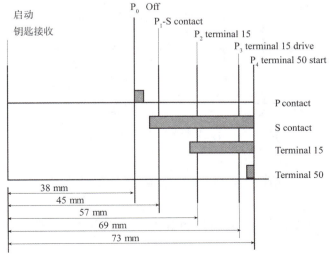

图 2-6 E415 不同位置的接通触点

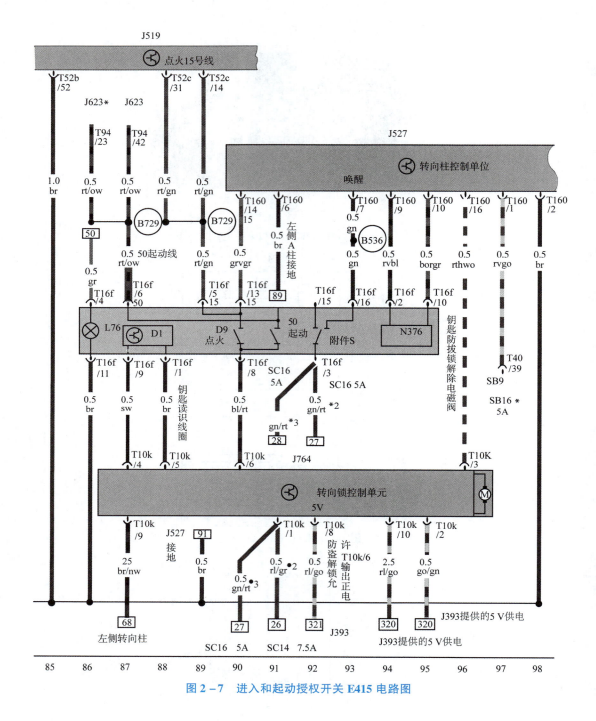

图 2-7 进入和起动授权开关 E415 电路图

第三节 非复位开关电源 ECU 控制（二）

大众速腾电源控制没有专门的电源控制 ECU，而是采用基本电气控制单元 J519 作为电源控制 ECU。

一、点火开关

【完成任务】根据图2-8分析。

请写出点火开关5个输出挡位的名称，点火开关为几挡开关：_____；S开关是几挡开关：_____。

几个挡位分别代表什么意思？50：_____、P：_____、15：_____、X：_____；S：_____。

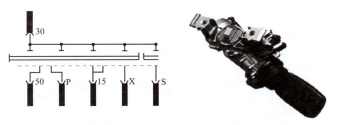

图2-8 大众速腾点火开关电路和点火锁总成

【完成任务】根据图2-9分析。

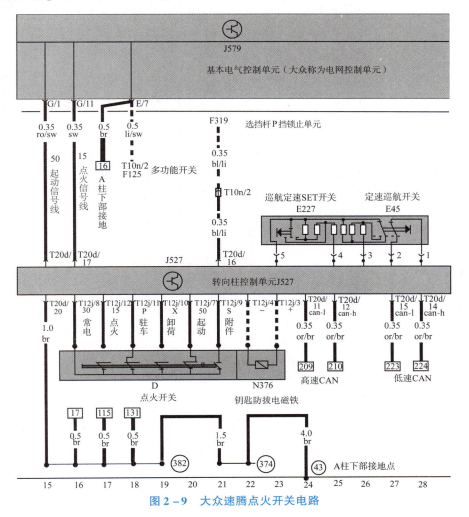

图2-9 大众速腾点火开关电路

N376 名称：_____；作用是什么：_____；受图中哪个开关控制：_____。

S 开关是几挡开关：_____；E227：_____；E45：_____。

二、点火开关各种正电的形成

1. 15 号正电的形成

【完成任务】根据图 2-10，再结合图 2-9 分析。

车内 15 号供电继电器 J329 工作过程：_____
_____。

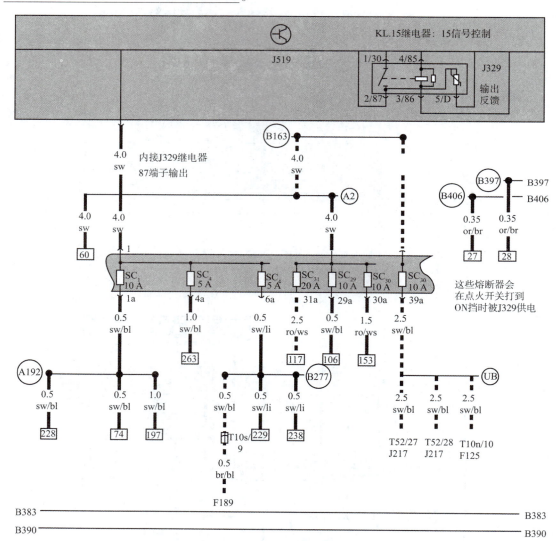

图 2-10　15 号正电的形成

2. 50 号正电的形成

【完成任务】根据图 2-11，进行 50 号正电的形成原理图分析。钥匙 50 端子对起动继电器 J682 的控制过程：_____
_____。

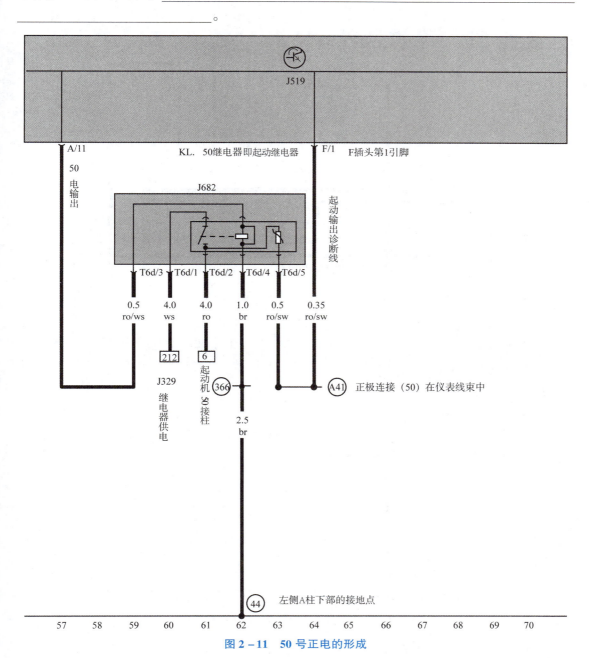

图 2-11　50 号正电的形成

3. 75 号正电的形成（X 卸荷正电）

【完成任务】根据图 2-12，进行 75 号正电的形成（X 卸荷正电）原理图分析。车内 X 线供电继电器 J59 工作过程：_____。

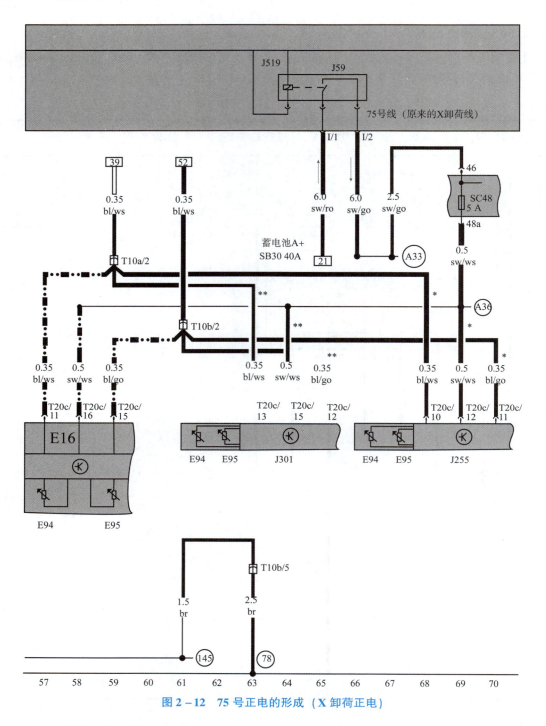

图 2-12　75 号正电的形成（X 卸荷正电）

4. P 正电的形成（停车正电）

【完成任务】若图 2-9 中点火开关位于 P 位时，J527 将 P 位信号经 CAN 总线给 J519，J519 接通 J329 继电器，实现 15 号线接通。_____

____。

5. S 触点正电的形成 (86S)

【完成任务】若图 2-9 中点火开关位于 S 位时，J527 将 P 位信号经 CAN 总线给 J519，J519 接通 J329 继电器，实现 15 号线接通。_____。

第三章

汽车起动系统控制

一辆 2005 年款大众捷达轿车在 2017 年 11 月份报修,有时需要起动几次发动机才能成功。经检查,起动机起动后感觉起动电动机齿轮伸出,电动机高速转动,但发动机运转无力,转速不高。

如果你是接车的修理技术人员,应如何解决本故障,修理方案应如何制定。

能说出起动机的构造元件名称和作用;

能说出起动电路的工作过程;

能说出起动机外围电路的工作类型。

能够用 30 和 C 端口短接方法,检查起动的故障位置是在起动机电动机,还是在磁力开关电路;

能够更换起动机电刷;

能够判别起动机单向离合器故障,并更换起动机单向离合器;

能够在车下对检修好的起动机进行磁力开关测试、电动机测试以及异响测试。

第一节 起动机

一、作用和分类

1. 作用

过去司机靠摇把拖动发动机曲轴转动起动汽油机或柴油机,现代汽车多采用电动机代替人力拖动。另外,对于大功率的柴油发动机,可采用先起动辅助汽油机再起动柴油发动机的方法。

发动机的起动机可分为 12 V/24 V 低压直流起动机和三相交流起动机两种。三相交流起动机用在混合动力汽车上，交流电压为几百伏，也称高压起动机。

2. 分类

起动机是起动系的重要组成部分，而且种类繁多，大致有以下几种类型。

（1）按结构分类

1）普通起动机。普通起动机的特点是传动机构无减速、电动机定子用电磁励磁，无特殊结构和装置，如东风 EQ1090 型汽车配用的 QD124、QD1212 型，解放 CA1090 型汽车配用的 QD1215 型和桑塔纳轿车配用的 QD1225 型起动机均为普通起动机。

2）永磁起动机。电动机定子用永磁磁铁，电动机磁极用永磁材料（铁氧体或如铁硼等）制成，由于取消了磁场线圈，因此结构简单、体积小、质量小，如奥迪100型轿车配用的起动机。

3）减速起动机。减速起动机分为圆柱齿轮减速或行星齿轮减速。传动机构设有减速装置的起动机，电动机可采用高速、小型、低力矩电动机，质量和体积比普通起动机可减小30%～35%。其缺点是：结构和工艺比普通起动机复杂，如切诺基吉普车配用的 DW1.4 型永磁式减速型起动机，奥迪100型轿车5缸增压型发动机用起动机以及丰田皇冠（CROWN）轿车用日本电装（DENSO）11E14 型起动机。

（2）按控制方式分类

1）机械控制式。由手拉杠杆或脚踏联动机构直接控制起动机的主电路开关来接通或切断主电路。由于机械控制式要求起动机、蓄电池靠近驾驶室而受到安装和布局的限制，且操作不便，因此已很少采用。

2）电磁控制式。用点火起动开关或按钮控制电磁铁，再由电磁铁控制主电路开关来接通或切断主电路。由于电磁铁可进行远距离控制，且操作方便省力，因此现代的汽车大都采用。

（3）按传动机构啮入方式分类

1）强制啮合式：依靠电磁力或人力拉动杠杆机构，拨动驱动齿轮强制啮入飞轮齿圈。工作可靠性高，现代汽车广泛采用。

2）惯性啮合式：驱动齿轮借旋转时的惯性力啮入飞轮齿圈，工作可靠性较差，已很少采用。

3）电枢移动式：依靠磁极磁通的电磁力使电枢产生轴向移动，将驱动齿轮啮入飞轮齿圈，结构比较复杂，东欧国家采用较多，如太脱拉 T111、T138、斯柯达 706R、却贝尔 D250、D420、D450 等汽车。

4）齿轮移动式：依靠电磁开关推动电枢轴孔内的啮合杆，使驱动齿轮啮入飞轮齿圈，如奔驰 Benz2026 型越野汽车用博世（Bosch）KB 型起动机。

将不同的控制方式与啮合方式进行组合，可以成为不同类型的起动机，如将电磁控制方式和强制啮合方式组合，成为电磁控制强制啮合式起动机。

二、结构组成

直流电动机的作用是产生力矩，为获得较大的起动力矩，一般采用直流串励式电动机，由于电动机工作电流大、力矩大、工作时间短（一般为 5～10 s），因此要求零件的力学强度高,电路电阻小。

起动系由起动机及控制电路组成。起动机用来产生力矩,并通过小齿轮驱动发动机的飞轮转动,使发动机起动;控制电路用来控制起动机的工作。起动机由直流电动机、电磁开关、传动机构(拨叉、单向离合器)组成,其结构组成如图 3-1 所示。起动机控制电路后面作详细介绍。

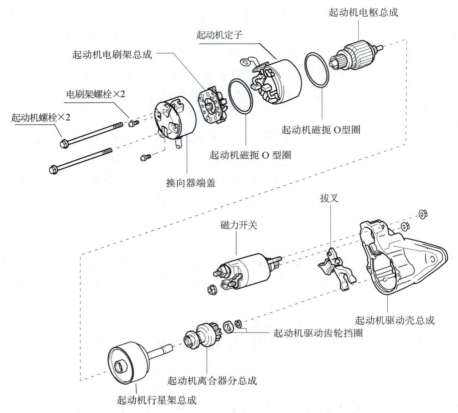

图 3-1 减速起动机组成(丰田 8A-FE 发动机起动机)

【完成任务】根据图 3-1 写出丰田 8A-FE 起动机 3 个主要机构名称:_____、_____、_____。同时说明哪些元件归到哪个机构。

三、构造和原理

行星齿轮啮合式减速机构如图 3-2 所示。行星齿轮啮合式减速机构结构紧凑、传动比大、效率高。由于其输出轴与电枢轴同心、同旋向,电枢轴无径向载荷,可使整机尺寸减小。除了结构上增加行星齿轮减速机构外,行星齿轮啮合式减速起动机的轴向位置结构与普通起动机相同,因此配件可通用。

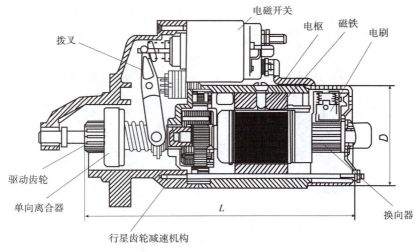

图 3-2 行星齿轮啮齿式减速机构

1. 直流电动机构造和工作原理

直流电动机由磁极、电枢、换向器等组成，电枢绕组与磁场绕组串联的直流电动机又称为串励式直流电动机。

(1) 定子励磁磁极

磁极由固定在机壳上的磁极铁芯和磁场绕组组成，如图 3-3 所示，一般采用 4 个磁极，功率大于 7.35 kW 的起动机采用 6 个磁极。

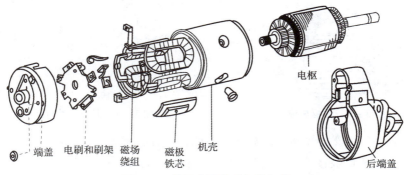

图 3-3 普通直流电动机的组成

励磁绕组一端接在外壳的绝缘接线柱上，另一端与 2 个非搭铁电刷相连，其内部电路的连接如图 3-4 所示。起动机工作时，通过电枢绕组和磁场绕组的电流达到几百安或更大，因此其磁场绕组和电枢绕组一般采用矩形断面的裸铜线绕制。

(2) 转子电枢

电枢由外圆带槽的硅钢片叠成的铁心和电枢绕组组成，图 3-5 为电枢总成。换向器由许多换向片组成，换向片的内侧制成燕尾形，嵌装在轴套上，其外圆车成圆形。换向片与换向片之间均用云母绝缘。电刷和装在电枢轴上的换向器用来连接磁场绕组和电枢绕组的电路，并使电枢轴上的电磁力矩保持固定方向。电刷用含铜石墨制成，装在端盖上的电刷架中，通过电刷弹簧保持与换向片之间的适当压力。

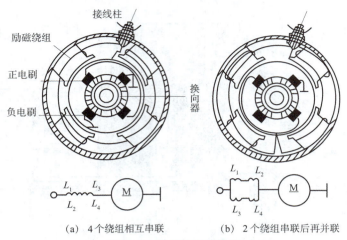

(a) 4个绕组相互串联　　　(b) 2个绕组串联后再并联

图 3-4　励磁绕组的接法

4个磁极的电动机装有4个电刷，其中2个与机壳绝缘，接励磁绕组的尾端，电流通过这2个电刷进入电枢绕组，另外2个为搭铁电刷，通过电枢绕组的电流通过这2个电刷搭铁。

（3）直流电动机的工作原理

1）直流电动机的工作原理概述。直流电动机是将电量转变为机械能的设备，它根据载流导体在磁场中将受到电磁力作用而运动的原理进行工作。直流电动机的原理如图3-6所示。

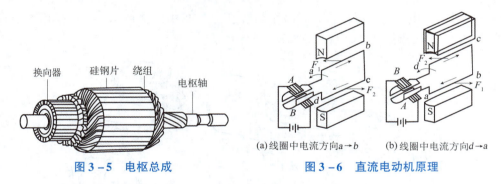

图 3-5　电枢总成　　　　　图 3-6　直流电动机原理

在磁场中放置一线圈，线圈的两端分别与两换向片连接，两电刷分别与两换向片接触，并与蓄电池的正极和负极接通。电流方向为：蓄电池正极、正电刷、换向片、线圈、负电刷、蓄电池负极，如图3-6（a）所示。线圈中的电流方向为 $a \to d$，由左手定则可以确定导体 a、b 段所受的作用力 F_1 向左，c、d 段所受的作用力 F_2 向右（$F_1 F_2$ 与大小相等，方向相反），整个线圈受到逆时针方向的力矩作用而转动。当线圈转过半周，如图3-7（b）所示，换向片 B 与正电刷接触，换向片 A 则与负电刷接触，线圈中的电流方向变为 $d \to a$，线圈受力矩作用仍按逆时针方向转动。这样在电源连续向电动机供电时，其线圈就不停地按同一方向转动。

实际的电动机中为了增大输出力矩和运转均匀，电枢采用多匝线圈，换向片的数量也随线圈绕组匝数的增多而增多。

2）影响起动机功率的主要因素。影响起动机功率的主要因素有蓄电池的容量、温度和接触电阻。蓄电池的电容量越小，供给起动机的电流越小，于是产生的力矩越小，导致功率减小。环境温度主要是通过影响蓄电池的内阻而影响起动机功率。温度降低，蓄电池的内阻增加，容量减小，起动机的功率明显下降。故冬天对蓄电池适当保温，就可以提高起动机功率，改善起动性能。接触电阻大、导线过长及截面过小，都会造成较大的电压降，使起动机的功率减小。

2. 传动机构

传动机构由驱动齿轮、单向离合器、拨叉、啮合弹簧等组成，安装在起动机轴的花键部分。起动时，传动机构使驱动齿轮沿起动机轴移出与飞轮齿圈啮合，将电动机产生的力矩通过飞轮传递给发动机的曲轴，使发动机起动；起动后，飞轮转速提高，将通过驱动齿轮带动电动机轴高速旋转，引起电动机超速。因此，在发动机起动后，传动机构应使驱动齿轮与电动机轴自动脱开，防止电动机超速。传动机构中，结构和工作情况比较复杂的是单向离合器，它的作用是传递电动机力矩，起动发动机，而在发动机起动后自动打滑，保护起动机电枢不致飞散。常用的单向离合器主要有以下几种。

（1）滚柱式单向离合器

1）构造。滚柱式单向离合器如图3-7所示，驱动齿轮与外壳制成一体，外壳内装有十字块和4套滚柱、压帽和弹簧。十字块与花键套筒固连，壳底与外壳相互扣合密封。

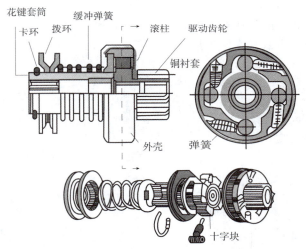

图3-7 滚柱式单向离合器

花键套筒的外面装有啮合弹簧及衬圈，末端安装拨环与卡圈。整个离合器总成套装在电动机轴的花键部位上，可做轴向移动和随轴转动。在外壳与十字块之间，形成4个宽窄不等的楔形槽，槽内分别装有一套滚柱、压帽及弹簧。滚柱的直径略大于楔形槽窄端，略小于楔形槽的宽端，因此当十字块作为主动部分旋转时，滚柱滚入窄端，将十字块与外壳卡紧，使十字块与外壳之间能传递力矩；当外壳作为主动部分旋转时，滚柱滚入宽端，则放松打滑，不能传递力矩。

2）工作过程。起动时，拨叉动作，将离合器推出，驱动齿轮啮入飞轮齿圈后，电动机通电，带动十字块旋转。由于十字块处于主动状态，迫使4套滚柱滚入窄端。受力分析如图3-8（a）所示，起动时滚柱将十字块与外壳卡紧，传递力矩，驱动曲轴旋转，起动发动机。起动后，飞轮齿圈带动驱动齿轮与外壳高速旋转，当转速超过十字块时，就迫使滚柱滚入宽端打滑，如图3-8（b）所示，各自自由转动，起着飞散保护作用。

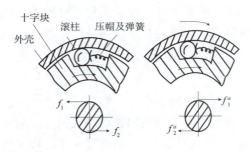

图 3-8 滚柱的受力分析
(a) 起动时；(b) 起动后

【技师指导】 汽车起动机上基本都用滚柱式单向离合器，使用多年后会导致冷车时起动打滑，即小齿轮与齿圈啮合，电动机也转了。但两者发生松脱，重新起动滚柱换位后也可能不松脱，热车一般这种松脱趋势会变小，这种情况下可更换单向离合器，一般花费 50 ~ 100 元，时间为 20 min；也可花三四百元更换起动机。

(2) 摩擦片式离合器

中等功率和大功率的起动机多采用摩擦片式单向离合器。它是通过摩擦片的压紧（传递力矩）和放松（防止飞散）来实现离合的，其结构和工作原理如图 3-9 所示。

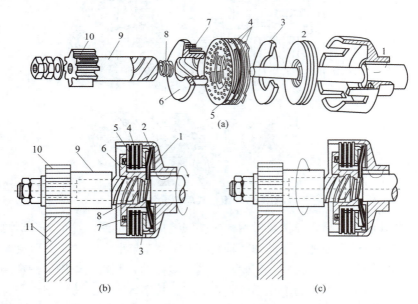

1—外接合毂；2—弹性圈；3—压环；4—主动摩擦片；5—从动摩擦片；6—内接合毂；7—小弹簧
8—减振弹簧；9—齿轮柄；10—驱动齿轮；11—飞轮。

图 3-9 摩擦片式离合器结构和工作原理
(a) 结构；(b) 压紧；(c) 放松

1) 构造。外接合毂 1 用半圆键装配在电动机轴上，弹性圈 2 和压环 3 依次沿电动机轴装入外接合毂中。主动摩擦片 4（青铜材料）的外凸齿装入外接合毂 1 的切槽中，从动摩擦片 5（钢制）的内凸齿插入内接合毂 6 的切槽内。内接合毂的内圆切有螺旋花键，并装在电动机的驱动齿轮柄9的三线螺旋花键上。齿轮柄则自由地套在起动机轴上，其内垫有减振弹簧8，并用螺母固定，以防从轴上脱落。

2）工作过程。起动时，当驱动齿轮啮入飞轮齿圈后，电动机通电旋转，内接合毂由于螺旋花键的作用向右移动，摩擦片被压紧而将起动机的力矩传给驱动齿轮。当发动机的阻力矩较大时，内接合毂会继续向右移动，增大摩擦片之间的压力，直到摩擦片之间的摩擦力足够传递所需的起动力矩，带动曲轴旋转，起动发动机。

起动后，驱动齿轮被飞轮齿圈带动，其转速超过电枢转速时，内接合毂沿螺旋花键向左退出，摩擦片之间的压力消除。这时驱动齿轮虽然高速旋转但不会带动电枢，起飞散保护作用。

（3）弹簧式单向离合器

1）构造。弹簧式单向离合器的构造如图3-10所示。

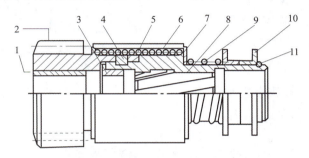

1—衬套；2—驱动齿轮；3—挡圈；4—月形圈；5—扭力弹簧；6—护套；
7—垫圈；8—传动套筒；9—缓冲弹簧；10—移动衬套；11—卡簧。

图3-10 弹簧式单向离合器的构造

传动套筒套装在电枢轴的螺旋花键上，驱动齿轮则套在电枢轴的光滑部分上，两者之间由2个月形键连接。月形键可使驱动齿轮与传动套筒之间不能轴向移动，但可相对转动。在驱动齿轮柄与传动套筒外面包有扭力弹簧，其两端内径较小（每端内径较小部分的长度占弹簧总长度的1/4），分别箍紧在齿轮柄和传动套筒上。扭力弹簧有圆形截面和矩形截面，外部有护圈封闭。

2）工作过程

起动时，电枢轴带动传动套筒旋转，扭力弹簧顺其旋转方向扭转，圈数增加，内径变小，将齿轮柄与连接套筒包紧成为整体。于是，电动机的力矩传给驱动齿轮，带动曲轴旋转，起动发动机。

起动后，驱动齿轮转速高于电枢转速，扭力弹簧被反向扭转，内径变大，齿轮柄与连接套筒松脱，各自转动（齿轮柄被飞轮齿圈带动高速旋转，传动套筒随电枢低速旋转），使发动机力矩不能传给电枢，起飞散保护作用。

3. 减速装置

起动机电枢旋转时，通过齿轮减速装置将力矩传递至单向离合器的起动机称为减速起动机。减速是指在电枢轴与单向离合器之间加装一套减速装置（减速比为3~5），将电动机的转速降低、力矩增大后驱动齿轮。当电动机功率一定时，提高电动机的转速，降低电动机力矩，可分为普通齿轮减速和行星齿轮减速。

（1）普通齿轮减速装置

一些柴油货车或轿车为降低成本采用平行轴外啮合齿轮减速装置,该装置中设有 3 个或 2 个齿轮。3 个齿轮式有电枢轴齿轮、中间齿轮(惰性轮)及减速齿轮,其结构组成如图 3 – 11 所示。

(2)行星齿轮减速装置

采用行星齿轮减速装置,该装置中设有 3 个行星轮、1 个太阳轮(电枢轴齿轮)及 1 个固定的内齿圈,其结构组成如图 3 – 12 所示,啮合关系如图 3 – 13 所示。

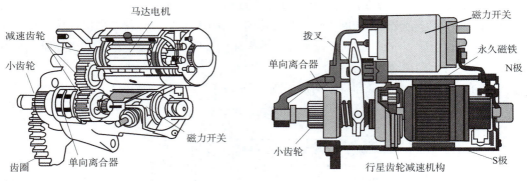

图 3 – 11　普通齿轮减速结构组成　　图 3 – 12　行星齿轮减速机构结构组成

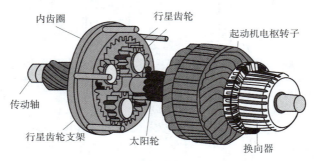

图 3 – 13　行星齿轮减速机构的啮合关系

行星齿轮支架是具有一定厚度的圆盘,圆盘和驱动齿轮轴制成一体。3 个行星齿轮连同齿轮轴一起压装在圆盘上,行星齿轮在轴上可以灵活转动。驱动齿轮轴一端制有螺旋键齿,与离合器传动导管内的螺旋键槽配合。太阳轮制成 11 个齿,压装在电枢轴上,并保持与 3 个行星齿轮同时啮合。用塑料铸塑的内齿圈制有 37 个齿,3 个行星齿轮在其上滚动。内齿圈的外缘制有凸起,嵌放在后端盖上的凹坑内,以保持固定。该齿轮的减速比为

$$i = 1 + Z_2/Z_1 = 1 + 37/11 = 4.4$$

式中　Z_1——太阳轮齿数;

　　　Z_2——内齿圈齿数。

第二节　起动机控制电路

控制装置的作用是控制驱动齿轮与飞轮齿圈的啮合与分离;控制电动机电路的接通与切断。常用的控制装置有机械式和电磁式,在现代汽车上,起动机均采用电磁式控制电路,电磁式控制元件也称磁力开关。

一、磁力开关

磁力开关本质上是一螺线管继电器,只不过在移动的铁芯上又加了拉动拨叉。磁力开关上有3个接线柱,分别是2个主电路接线柱端子常电30和控制端子50,另一个接线柱是磁力开关把电引入直流电动机。磁力开关内部有两个线圈,名称为吸引线圈和保持线圈。两线圈外接磁力开关的端子50,吸引线圈的另一端接起动机开关主接线柱端子30,经保持线圈的另一端搭铁。活动铁芯与拨叉通过调节螺钉相连,固定铁芯的中心装有推杆,其上套有接触盘、活动铁芯及推杆,接触盘上装有复位弹簧。图3-14为QD254型内啮合式减速起动机结构。

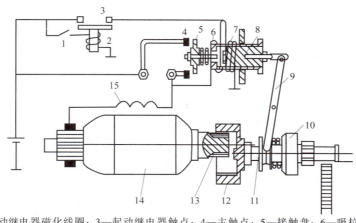

1—起动开关;2—起动继电器磁化线圈;3—起动继电器触点;4—主触点;5—接触盘;6—吸拉线圈;7—保持线圈;8—活动铁芯;9—拨叉;10—单向离合器;11—螺旋花键轴;12—内啮合减速齿轮;13—主动齿轮;14—电枢绕组;15—励磁绕组。

图 3-14 QD254 型内啮合式减速起动机结构

二、起动继电器

装用起动继电器的目的是:减小流过点火开关的电流,防止点火开关烧损。起动继电器有4个接线柱分别接起动机、电池、搭铁和点火开关,点火开关与搭铁接线柱之间是继电器的电磁线圈,起动机和电池接线柱之间是继电器的触点。接线时,点火开关接线柱接点火开关的起动挡,电池接线柱接电源,搭铁接线柱直接搭铁,起动机接线柱接起动机电磁开关上起动机接线柱。汽油车的起动继电器通常是12 V,由于给磁力开关的用电电流较小,形状与普通继电器大多相同。柴油车的起动继电器通常是24 V,由于给磁力开关的用电电流较大,形状与普通继电器可能有较大差别。

三、起动机控制电路

1. 磁力开关控制电路

点火开关打至起动挡,图3-14中的起动开关1接通,起动继电器磁化线圈2通电,起动继电器触点3接通。电流经磁力开关50号接线柱(起动机磁力开关供电控制接线柱)进入吸拉线圈6和保持线圈7,经保持线圈7的电流在起动机磁力开关上搭铁。吸拉线圈6电流励磁绕组15后,经电刷再搭铁。两线圈通电后产生较强的电磁力,克服弹簧弹力使活动铁芯8移动。一方面通过拨叉9带动驱动齿轮移向飞轮齿圈并与之啮合,另一方面推动接触盘 5 移向常电 30 和输出两主接线柱触点，在驱动齿轮与飞轮齿圈进入啮合后，接触盘将两个主触点接通，使电动机通电运转。

2. 电动机工作电路

在驱动齿轮进入啮合之前，由于经过吸引线圈的电流经过电动机，所以电动机在这个电流的作用下会产生缓慢旋转，以便于驱动齿轮与飞轮齿圈进入啮合。在两主接线柱触点接通之后，蓄电池的电流直接通过主触点和接触盘进入电动机，使电动机进入正常运转，此时通过吸引线圈的电路被短路，因此吸引线圈中无电流通过，主触点接通的位置靠保持线圈来保持。发动机起动后，切断起动电路，保持线圈断电，在磁力开关内弹簧的作用下，活动铁芯回位，切断电动机的电路，同时也使驱动齿轮退出与飞轮齿圈的啮合。

起动机工作时电流大、转速高，因此在使用起动系统时，应当注意以下几点。

1) 每次接通起动开关使用起动机的时间不得超过5 s，连续两次接通起动机应间隔15 s以上，当连续 3 次接通起动机仍不能起动发动机时，应查明原因并排除故障后，再接通起动开关进行起动。

2) 接通起动机时，如测量的蓄电池端电压低于 9.6 V，则说明蓄电池存电不足或有硫化、短路等故障，应及时补充充电或更换电池。

3) 汽车每行驶 6 000~7 500 km，应检查起动机工作是否正常，有无异常噪声；每行驶12 000~15 000 km，应检查起动机外观、导线连接与紧固情况是否正常。

【技师指导】发动机起动的最低转速要保证曲轴位置传感器输出可识别的信号。发动机旋转阻力受发动机式样（排气量，汽缸数，压缩比，周期数，行程，气门数等）、变速器油黏度、在变速器油底壳内油面以下齿轮数目多少、工作温度及发动机油底壳润滑油黏度的影响。

起动机的功率取决于蓄电池的容量，小容量蓄电池即使配高功率起动机也不能发挥实力；电缆铜线上若产生铜锈，会使电阻通大，导致线电压降增大和电缆线过热，减少了起动机的输入电压。

当知道了起动机总成内部电路工作原理后，修理人员应多分析起动机外部电路，以后只分析起动机外部的电路即可。

【完成任务】请根据你分解的起动机，完成表 3-1 任务：起动机分解。

表 3-1 任务：起动机分解

任务	结果	任务	结果
定子是感应型还是永磁型		找到磁力开关的常电 30 接线柱了吗	
单向离合器采用哪种类型		找到磁力开关的控制接线柱 50 了吗	
是哪种减速起动机		找到定子线圈的接线柱 C 了吗	

四、30 号端子断电继电器

蓄电池正极与起动机磁力开关 30 号电源接线柱连接的这条大电流电源线，始终是带电的,由于起动机在起动时瞬间的电流很大(可达几百安培,甚至上千安培),因此基本上都未设置熔断器等保护装置,若安装、维护或使用不当,极易引发自燃事故。另一种故障是当起动机磁力开关内的两个触点烧熔短接而不能断开,或者起动机驱动齿轮与发动机飞轮齿圈不能回位断开,此时起动机不受点火开关的控制而处于长期通电,因起动机电枢线圈匝数少,通过大电流发热而损坏起动机,若不及时断开蓄电池正极点电源,甚至会发生火灾。

如图3-15所示的30号端子断电继电器外形,继电器4个接线柱功能的标注为:A端就近接蓄电瓶正极;B端经大电流导线接起动机磁力开关电源接线柱;C端接点火开关起动挡;D端接蓄电瓶负极或搭铁;故障指示灯在C、D之间。

当起动开关闭合时CD线圈导通使A、B端内部开关导通,蓄电池电压经A、B接点到磁力开关常电30号接线柱供电。起动开关断开后,A、B内部断开,因此B端连接起动机的大电流导线无电源电压,从而彻底解决了蓄电池电压与起动机连接的大电流导线长期带电的不安全缺陷,并可大大减少汽车在行驶途中或停车时发生的自燃事故。

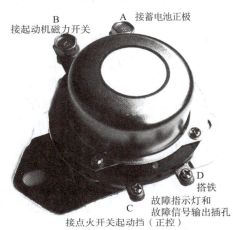

图3-15 30号端子断电继电器外形

其功能如下:30号接线柱断电继电器与磁力开关常电30号接线柱间无工作电流,起动开关刚开的一瞬间这段线上有几毫安的故障诊断电流,监控元件内置在继电器内部。当与起动机连接的大电流导线任一点因某些原因搭铁短路时,监控装置内设的故障自诊断电路立即自动保护,并随即输出一故障信号。在这种状态下,若接通起动开关,因监控装置内部已保护,B端无电压输出,起动机不工作。若将此故障信号用一根导线接到驾驶室仪表台上,可为驾驶员提供故障信息,为检修此类故障提供方便。

若起动机磁力开关两个触点烧熔短接而不能断开,或者起动机驱动齿轮与发动机飞轮齿圈不能回位断开而使起动机磁力开关触点闭合,监控装置立即自动保护,并随即输出一故障信号。在这种状态下,若接通起动开关,起动机也不工作,从而保护起动机,还可避免因起动机烧毁而引发的火灾事故。

在起动过程中,若与起动机连接的大电流导线任一点搭铁短路,监控装置立即自动保护,A、B端内部开关断开。监控装置只在起动开关闭合的较短时间内工作,断开起动开关后监控装置不工作。

一旦指示灯有故障信号输出,驾驶员看到故障灯亮后应熄火。

【完成任务】若一无"30号接线柱断电继电器"的货车准备加装此继电器,以图3-15为例应如何装?_____。另外故障指示灯亮,停车后,应如何检修?_____。

五、汽车的起动电路

【任务驱动】采用实车测量起动电路,并说明该车属于哪种类型。

除起动机本身电路以外的起动系电路称为起动系的控制电路。起动系的控制电路随车型的不同而有所不同,起动机的外围控制电路分为如图 3-16~图 3-18 所示的 6 种情况。

1. 起动电路分类

(1) 按变速器配置可分为手动变速器的起动电路和自动变速器的起动电路

为了防止起动机引起车辆前移危险,驾驶上要求变速器在空挡起动,一般不用空挡开关串入起动电路。自动变速器上设计有操纵手柄在 P、N 挡时才能将起动控制电路接通,若起动继电器,起动继电器的线圈可串入防盗器的防盗继电器上。

(2) 按控制方式可分为直接控制和间接控制型

直接控制是点火开关起动挡直接控制起动机磁力开关电路,也可通过起动继电器控制。间接控制型是点火开关起动挡仅作为一路输入,P 或 N 挡位中的一个作为另一路输入,两者逻辑相"与"同时成立时,输出一路控制电流送往磁力开关,完成起动控制。例如起动挡、P 或 N 挡位两路信号输入起动继电器后控制起动电路(如大众配自动变速器的起动电路)。三路"与"的情况是再加入 BRAKE 制动开关信号(如大众配备 DSG 自动变速器的起动电路);四路"与"是把防盗器输出作为一路信号,一般不这样做是因为前三路是防止起动时发生意外事故,具有共性,而第四路即使工作,也不能起到防盗的作用,因为起动机可以在发动机舱内起动机上短接起动,事实上防盗功能起动后,信号输入发动机控制单元控制停止向点火器、喷油器、油泵继电器的驱动信号,阻止发动机着火设计居多。

2. 典型起动电路举例

(1) 直接型起动电路

1) 手动变速器起动机电路。直接型手动变速器起动机电路和自动变速器起动电路,分为带起动继电器和不带起动继电器,如图 3-16 (a) 和图 3-16 (b) 所示。

如图 3-16 (c) 所示,一般后装防盗器的起动系统,防盗器内的继电器开关电路可接入起动继电器线圈电路的搭铁回路上,即经防盗器外部的常闭继电器触点后再搭铁。

2) 自动变速器起动电路。如图 3-16 (d) 所示,装用自动变速器的车辆只有操纵手柄在 P 挡和 N 挡才能起动起动机。带自动变速器的起动机控制电路,按多功能开关形式可分为普通型和编码型。普通型多功能开关位于变速器壳体上,磁力开关的电流要流过多功能开关。

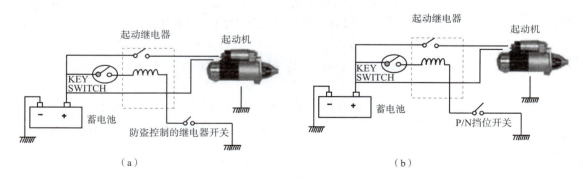

图 3-16 直接型起动电路

(a) 直接型起动继电器 + 防盗器;(b) 直接型自动变速器的起动电路

(2) 间接控制型起动电路

1) 自动变速器带编码式多功能开关的两路控制起动电路。图3-17 (a) 为大众汽车 AG4 自动变速器起动电路，编码式多功能开关把 P 挡或 N 挡的信号输入起动继电器，起动信号输入由点火开关起动挡输出。编码式多功能开关多位于变速器壳体上，少数车多功能开关位于变速器内部的电脑板上，磁力开关的电流不流过多功能开关，多功能开关识别 P 挡和 N 挡后控制起动继电器工作。起动继电器和倒车继电器在大众车里通常集成在一起。

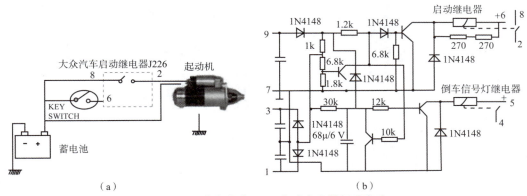

图 3-17　大众汽车 AG4 自动变速器起动电路
(a) 起动继电器 J226 外部电路；(b) J226 继电器内部电路

【技师指导】图 3-17 (b) 为大众 AG4 自动变速器起动机及倒车灯继电器 J226 的工作原理图。J226 位于中央熔断丝盒继电器板上，为组合式继电器。倒车信号灯继电器控制倒车信号灯开关，起动继电器可保证发动机只能在 P 和 N 杆位起动。继电器中 2、5 脚接电源正极，点火开关打到起动挡时，6 脚供电，7 脚接搭铁。4 脚接倒车信号灯，8 脚接起动机，1、3、9 脚接控制单元 J204 和多功能开关 F125，5、4 脚之间为倒车继电器触点，2、8 脚之间为起动继电器触点。

当 9 脚为低电平时，5、4 脚不通，2、8 脚也不通，倒车信号灯继电器开关和起动继电器开关均断开，对应 D、3、2、1 挡。当 9 脚为高电平时，1、3 脚也同时为高电平时，5、4 脚接通，倒车信号灯继电器开关闭合，倒车信号灯亮，而 2、8 脚不通，起动继电器开关断开，对应 R 挡。

当 9 脚为高电平时，1、3 脚不同时为高电平时，5、4 脚不通，倒车信号灯继电器开关断开，而 2、8 脚接通，起动继电器开关闭合，对应 P、N 挡。

2) 自动变速器三路间接控制起动电路

如图 3-18 所示，J623 为发动机 ECU、J682 为供电继电器、J710 为起动继电器，电路中由 J623 控制供电继电器 J682 和起动继电器 J710 完成起动机外围电路的控制。

三路输入信号是智能点火开关全部按入电子点火锁 E415 产生的起动挡 50 线信号、变速器操纵手柄在 P、N 挡、制动踏板踏下，制动灯开关闭合。发动机控制单元 J623 收到 3 个信号控制 J682 供电继电器和 J710 起动继电器。

由于点火开关采用插入式一键起动，为了起动电路工作可靠，设计有模拟点火开关起动挡开关的起动供电继电器 J682。在图 3-18 中设计了监测继电器工作的反馈线，将起动信号反馈给电脑 J623 的 T94/74 引脚，这样在 2 个继电器线圈串联通电时，电脑 J623 的 T94/74 引脚应收到高电位，否则说明 2 个继电器有 1 个有故障。采用 2 个继电器开关串联的目的是为了防止其中 1 个继电器触点开关熔焊出现不能断开的情况，导致起动电路出现无法退出工作的危险情况。同时，这样的电路设计还有一优点，在传统的没有一键起动的汽车上，汽车驾驶员在起动车辆后依靠发动机起动后的突然振动来判断发动机已起动，从而放开对点火开关的控制。对于双继电器控制起动电路，在发动机电脑通过发动机转速传感器 G28 识别出发动机已经起动后，迅速控制供电继电器 J682 和起动继电器 J710 退出工作，防止在发动机起动后仍向起动机供电的现象发生。

【完成任务】

实车测量起动电路后，归纳该车辆的起动属于哪种类型_____。
实车起动电器元件的车上位置：有/无机械点火开关_____。
有/无起动继电器_____。
起动继电器采用哪种方式控制_____。

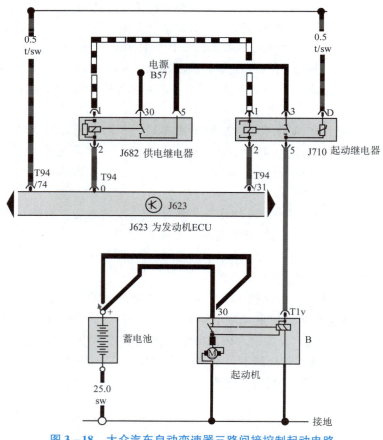

图 3-18 大众汽车自动变速器三路间接控制起动电路

【技师指导】如图 3-18 所示，大众汽车起动电路中采用供电继电器 J682 和起动继电器 J710 串联的结构形式时，控制 ECU 可以是发动机控制单元 J623，也可以是汽车电气控制单元 J519。

第三节　起动机检修和性能测试

一、起动机检修

【任务指导】采用实车起动机拆装，参照本节检修方法，这样才能保证装配和调整是正确的，其中应润滑保养的项目一并指出，确保装回的起动机无故障。为减小损耗可采用服务站有故障的起动机拆装，查找出故障后，用互补修理法修复，并上车测试。

1. 检查起动机电枢总成

起动机电枢总成检修如图 3-19 所示。

【完成任务】请按图 3-19（a）检查电枢，万用表显示为：_____Ω，说明什么？_____。

请按图 3-19（b）检查电枢，万用表显示为：_____Ω，说明什么？_____。

【完成任务】请按图 3-19（c）检查换向器失圆度，失圆度为：_____，标准为小于 0.05 mm，测量结果说明什么？_____。请按图 3-19（d）检查换向器直径，测量直径为：_____mm，标准为磨损 1 mm 后应更换电枢，是否需要更换电枢？_____。检查换向器脏污和表面烧蚀。如果表面脏污和烧蚀，用砂纸（400 号）打磨或车削；如果失圆度超过最大值，车削修复。

【完成任务】请按图 3-19（e）清除凹槽杂物，检查换向器凹槽深度为：_____，标准为大于 0.2 mm，测量结果说明什么：_____。如果凹槽深度小于最小值，使用锯条刮削或更换电枢。

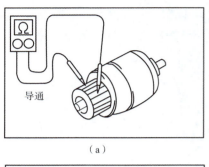
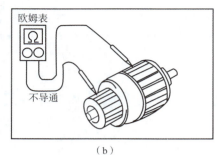
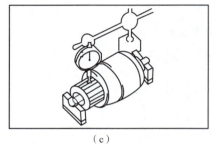
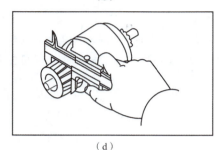
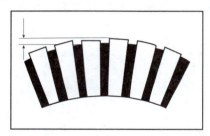

图 3-19 起动机电枢总成检修

(a) 检查电枢；(b) 检查换向器和电枢线圈铁芯；(c) 检查换向器最大失圆度；
(d) 检查换向器直径；(e) 换向器深度检查

2. 检查定子

起动机定子检修如图 3-20 所示。

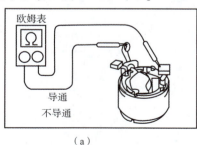
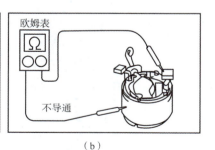

图 3-20 起动机定子检修

(a) 定子绕组检查；(b) 定子搭铁检查

【完成任务】请按图 3-20 (a) 检查定子绕组，万用表阻值为：_____Ω，说明什么？_____。

请按图 3-20 (b) 检查定子搭铁情况，电阻为_____Ω，测量结果说明什么？_____。是否需要更换定子？_____。

3. 检查电刷

起动机电刷检修如图 3-21 所示。

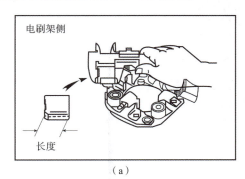
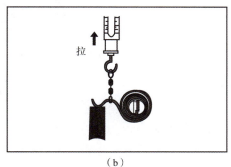
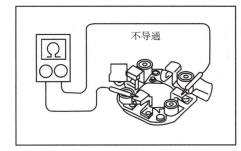

图 3-21 起动机电刷检修

(a) 测量电刷长度测量；(b) 测量电刷弹簧的安装载荷；(c) 测量正、负极电刷架

【完成任务】请按图 3-21（a）测量电刷长度：_____mm，若最小长度标准为 9.0 mm，如果长度小于最小值，更换起动机磁轭或电刷架，并用砂布研磨。

【完成任务】请按图 3-21（b）测量电刷弹簧的安装载荷：_____N，若最小安装载荷为 8.8 N，是否需要更换弹簧？_____。

请按图 3-21（c）测量正、负电刷架电阻为：_____Ω，说明什么？_____。

4. 检查起动机离合器总成

起动机离合器总成检修如图 3-22 所示。

【完成任务】请按图 3-22 检查起动机离合器，顺时针转动驱动齿轮，检查能自由转动。逆时针转动驱动齿轮，检查锁止。如果必要，更换起动机离合器。检查的结果是：_____。

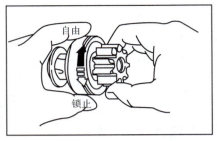

图 3-22　起动机离合器总成检修

5. 检查电磁开关总成

起动机电磁开关总成检修如图 3-23 所示。

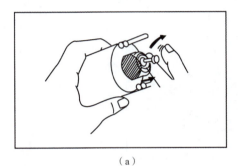
（a）

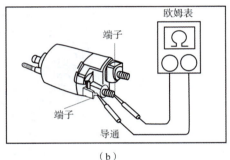
（b）

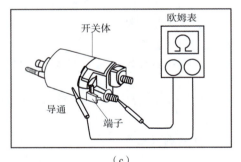
（c）

图 3-23　起动机电磁开关总成检修

(a) 检查活动铁芯；(b) 检查牵引线圈；(c) 检查保持线圈

【完成任务】请按图 3-23（a）检查活动铁芯的运动情况，推入活动铁芯，活动铁芯应能快速恢复原位。如果不能，更换电磁开关。检查结果是否需要更换活动铁芯：＿＿＿＿＿＿＿＿＿＿＿＿＿＿＿＿＿＿。

请按图 3-23（b）检查牵引线圈电路，端子 50 和 C 之间应导通，电阻为：＿＿＿＿＿Ω，说明什么？＿＿＿＿＿＿＿＿＿＿＿＿＿＿＿＿＿。

请按图 3-23（c）所示，检查保持线圈，检查端子 50 和开关外壳电阻为：＿＿＿＿＿Ω，说明什么？＿＿＿＿＿＿＿＿＿＿＿＿＿＿＿＿＿。

二、起动机性能检查步骤

起动机的性能检查试验是修理后装车前必做的试验，其步骤如图 3-24 所示。
下面的测试必须在 5 s 内完成，以防止烧坏线圈。

（1）进行拉动测试

1）图3-24（a）所示，从端子C断开导线。

2）如图所示，将蓄电池连接到电磁开关上，检查离合器小齿轮是否拉出。如果小齿轮不移动，应更换磁性开关总成。

（2）进行保持测试

如图3-24（b）所示，在上述（1）条件下断开端子C的负极导线，检查小齿轮是否仍然拉出。如果小齿轮往里缩回，应更换磁性开关。

（3）检查离合器小齿轮复位

如图3-24（c）所示，断开起动机体上的负极（-）导线，检查离合器小齿轮是否返回内部。如果小齿轮不回位，应更换磁性开关。

（4）进行空载测试

1）如图3-24（d）所示，将导线连接到端子C上。扭矩为9.8 N·m。

2）用台钳夹住起动机。

3）将蓄电池和电流表连接到起动机保持起动机不变动，将蓄电池（+）端子接安培表，然后再将安培表与起动机的端子50和30连接。将蓄电池（-）端子与起动机连接。用小齿轮向外移动来检查起动机旋转是否平滑和稳定，并读取安培表的读数，1.6 kW型电流表应在90 A以下（此时起动机电压降为11.5 V）。

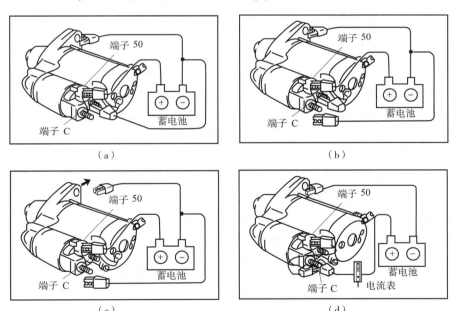

图3-24 起动机总成性能检查步骤

(a) 进行拉动测试；(b) 进行保持测试；(c) 检查离合器小齿轮复位；(d) 进行空载测试

【完成任务】

起动机测试为什么必须在5 s内完成？_____。

拉动测试在测试哪些部件的什么功能？_____。

保持测试在测试哪些部件的什么功能？_____。

进行空载测试在测试哪些部件的什么功能？_____。

第四节　起动系统故障诊断

【任务驱动】采用实车起动电路，更换起动电路中的部分组成元件，如采用：容量不足的蓄电池；有缺陷的点火开关；有故障的起动机；有故障的起动继电器；产生铜绿的蓄电池电缆；接触不严的蓄电池夹子；松动的发动机或变速器搭铁螺钉等，并组合电源系统故障。通过声音推断机械部件、电气部件的运动，有理有据地确认故障。

一、起动机不转

1. 故障现象

打点火开关至起动挡，起动机不转。

2. 判断步骤与方法

（1）查看蓄电池的状况和电源导线连接情况。

1）按喇叭或开前照灯，若喇叭响声变小或前照灯灯光暗淡，说明蓄电池容量过低（使用年限过长或发电机不发电造成）或电源导线接触不良；

2）蓄电池良好，应对蓄电池的正极线、搭铁线及各接线柱和总电源开关进行检查，若有脏污或松脱，应清洁或紧固。

（2）用螺丝刀当导线短接起动机电磁开关上的 2 个粗接线柱（这时起动机应转动，但甩轮甩不出来，所以不用担心发动机被起动）。若起动机不转且无火花，说明电动机有故障，应解体检修；若起动机运转，说明电动机正常。

（3）用螺丝刀或普通线径的导线连接电磁开关上的蓄电池主接线柱和起动机接线柱（吸引及保持线圈流入端，这时起动机应转动，甩轮能甩出来，发动机可能被起动）。若起动机不工作，说明电磁开关有故障，应进一步检查电磁开关；若起动机工作，说明起动机电磁开关良好。通过上述检查，可以认定起动机有无故障。故障一般出在控制电路中。

（4）用导线短接起动继电器的点火开关与电池接线柱。若起动机工作，说明点火开关及其连线有故障；若起动机不工作，说明继电器及其连线有故障。电路故障可用试电笔或试灯沿起动控制电路逐点查找，直至找到故障部位。

【技师指导】用螺丝刀短接的方法是最方便、快捷且对车没有什么损坏的方法。起动时电动机不工作（没有声音）多为 KEY SWITCH 内部断开或接触不良，熔断丝断也时有发生，蓄电池不良放电和端子接触不良也多发生。起动时"哒咯哒咯"响而发动机不起动多为 EARTH 线接地不良，或 BATT（+）、（-）端子连接及氧化而接触不良。

二、起动机转动无力

1. 故障现象

起动机转动缓慢无力，带动发动机困难，接通起动开关后，起动机只有"咔嗒"一声并不转动。

2. 判断步骤与方法

（1）检查蓄电池容量和电源导线的连接情况。

（2）在确认蓄电池容量足够，线路连接良好的情况下，用螺丝刀短接起动机电磁开关的2个主接线柱，如果短接后起动有力，说明起动机电磁开关内主触点和接触盘接触不良；如果短接后起动仍然无力，则可认为电动机有故障，或其搭铁不良，需进一步拆检。

（3）在接通起动开关后，起动机有连续的"咔嗒"声。如果短接起动机电磁开关的两个主接线柱，起动机转动正常，说明电磁开关保持线圈断路或短路。

【技师指导】起动机起动时啮合状态下发动机旋转吃力的现象，可能为蓄电池正极或负极夹子未拧紧，发生腐蚀和BATT本身放电不良，蓄电池接地线接地不良及未拧紧、腐蚀、喷漆造成绝缘现象。

三、起动机空转

1. 故障现象

接通起动开关，起动机只是空转，不能带动发动机运转。

2. 判断步骤与方法

（1）起动机空转时，有较轻的摩擦声音：起动机驱动齿轮不能与飞轮轮齿啮合而产生空转，即驱动齿轮还没有啮合到飞轮轮齿中，电磁开关就提前接通，说明主回路的接触盘行程过短，应拆下起动机，进行起动机接通时刻的调整；或为飞轮上的齿圈在飞轮上滑转。

（2）起动机空转时，有严重的碰擦轮齿的声音：说明飞轮轮齿或起动机驱动齿轮严重磨损，应拆下起动机进一步检查，根据实际情况更换驱动齿轮或飞轮轮齿。

（3）起动机空转时，速度较快但无碰齿声音：说明起动机单向离合器打滑，即驱动齿轮已经啮入飞轮轮齿中，但不能带动飞轮旋转，只是起动机电枢轴在空转，应更换单向离合器总成。

第五节　汽车漏电故障诊断（扩展学习）

汽车漏电是造成汽车无法起动的主要原因之一，漏电电路的存在会导致下一次起动时出现无法起动的故障，同时电控单元也会因供电电压过低无法上电运行。在汽车电路中，对应的漏电负载电路称为隐蔽性负载电路，漏电电路通常具有隐蔽性，对它们的故障诊断通常用测量静态电流的方法。

一、蓄电池放电的因素

请根据图3-25分析导致蓄电池放电的因素。

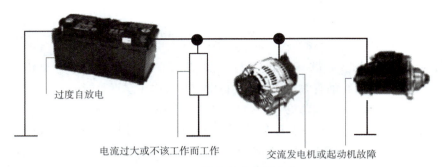

图 3-25　蓄电池放电的因素

【完成任务】请列出蓄电池放电的内因：_____。
请列出蓄电池放电的外因：_____。
请列出可能工作的用电器：_____。

为防止修理后仍出现返工，造成客户满意度下降，一定要三方面全做检查，如蓄电池用放电计测量容量、发电机要测量充电电流、查找关闭失效或未关闭的用电器。

二、静态电流测量法

静态电流测量的目的是找到产生漏电的用电器，并排除这个负载故障。

【技师指导】由于驾驶员下车锁车、远离汽车后，汽车上的时钟和防盗控制单元，以及一些其他控制单元仍在工作，也可能存在关闭失效的用电器造成的用电器工作，比如座椅加热、后风窗加热和后备厢灯等，这个电流称为静态电流。

较少的控制单元过去的静态放电电流通常为 30~40 mA。现在控制单元的功耗大幅度降低，车辆静态电流多在 15 mA 左右，当然如控制模块过多，静态电流也可能比 15 mA 大一些，可针对正常无故障的具体汽车测量作为对比。

为了保证正确测量静态电流的数值，一定要创造驾驶员离车后的条件，这些条件称为静态电流测量的前提条件，具体如下：

(1) 点火开关关闭；
(2) 将全车用电器开关全部关闭；
(3) 车门上锁，对仅有中控锁功能，而无防盗的汽车；
(4) 防盗上锁，对有无钥匙进入的车辆要距车一定距离，否则车上控制单元会一直检测电子钥匙，并试图通信，以及有人拉动开门的手柄等，都会导致静态电流降不下来；
(5) 对于有前机盖开启开关的汽车，要人为将前机盖开启开关按下，否则在锁车时会发生声光报警，测量完静态电流后，记得在开启前机盖锁之后，再将机舱盖放下，否则可能损坏机舱盖的机械锁。

1. 在线电流表测量

为保证在连接测试导线时，电流不可中断，所以要先将蓄电池正极 B 和接地点之间接一保证工作的续流导线，如图 3-26 所示。拆开蓄电池的接地导线，如图 3-27 所示。

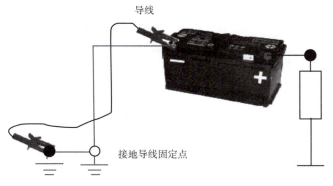

图 3-26　跨接续流电缆

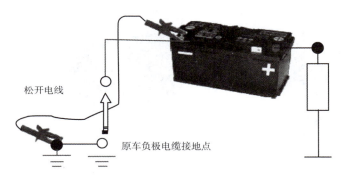

图 3-27　断开原车负极电缆

拆下续流导线，将电流测量表串入负极导线来测量电流，如图 3-28 所示。

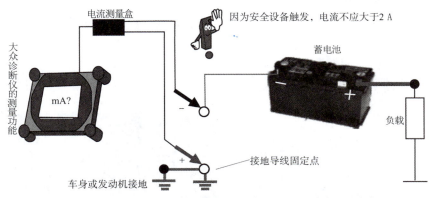

图 3-28　直接电流测量法

【技师指导】过去在测量漏电电流后，要通过拔熔断丝的方法观察漏电电流是否消失来查找漏电电路，现在的汽车很多电路若通过这样的方法将会导致生成故障码，也可能影响测量结果。在直接测量电流的方法中，也可不采用跨接续流电缆的方法。方法是：在电流测量仪器的 2 个测量探头同时放在负极上，在拆开负极电缆时，一个不动，另一个跟随拆下的负极电缆，这种方法称为双笔分开跟踪测量。但这个方法需要操作技巧，如果操作时手不稳很容易造成蓄电池断电,导致前功尽弃,造成时间和人力成本的浪费,所以实际中还是多用跨接续流导线的方法。此外,若在正极操作时,不如在负极操作容易,主要是因为负极接地点易于拆开跨接续流导线。

2. 电流钳测量法

使用大众汽车诊断仪 VAS5052/VAS5051B,测量电流时要切换到测量模式,即万用表和示波器模式。电流钳测量电流法主要用于测量起动机的起动电流,采用电流钳测量电流是最为方便的测量方法,测量方法如图 3-29 所示。但对于一般放电电流小于 100 mA 的情况下,电流钳测量方法不精确,反而容易引起较大的错误,同时量程小的电流钳未必一定精度随着就高,有时量程 100 A 的电流钳比 50 A 的电流钳更为精确。

工作中电流钳可用于粗测电流,一旦测量电流较小时,可再换万用表电流挡测量。

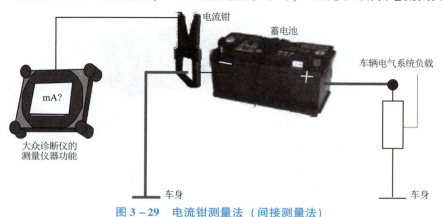

图 3-29 电流钳测量法(间接测量法)

3. 熔断丝电压测量法

熔断丝电压测量电流法如图 3-30 所示。测量熔断丝电压,查表推出电流,该方法的注意事项如下:

(1) 原厂熔断丝才能保证阻值准确;
(2) 针对支路电流测量较有效。

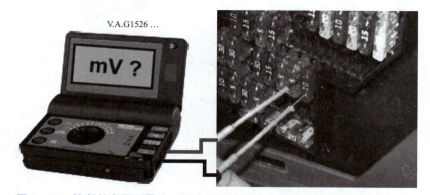

图 3-30 熔断丝电压测量法(图中万用表笔串有测量工具套件 VAG1594C)

如果有不该工作的电路工作或应该工作的电路电流变得过大,在故障查询期间,以最好不要拆下任何熔断丝为原则。保证原漏电电路工作不受易断电、重新上电的影响,也避免生成其他故障。

通过测量用电设备的熔断丝可知哪条工作电路正在工作,这个电压是熔断丝的电阻与电流的乘积,由于不同额定熔断丝的电阻不同。厂家内部一般提供不同额定熔断丝的信息或可参考的表格。虽然不同型号熔断丝的电阻不同,生热对电阻仅有微小电阻的影响,因此,电压和电流可以类推。表3-2为德国大众汽车熔断丝型号、电压(mV)和电流(mA)的关系,也说明类推是可行的。

熔断丝电压法测量是现在推荐的方法。实际工作中,由于厂家未提供用电流多少为正常,这时可通过一台正常的车进行对比测量。若发现过大,说明有不正常的用电器存在工作。

表3-2 德国大众汽车熔断丝型号、电压和电流的关系

电压/mV7	型号									mA
	小型5A	小型7.5A	小型10A	标准5A	标准10A	标准15A	标准20A	标准25A	标准30A	
0.1	6	10	14	7	13	23	30	47	62	
0.2	12	20	28	13	27	45	61	94	123	
类推	类推	类推	类推	类推	类推	类推	类推	类推	类推	
10	600	997	1 421	660	1 338	2 263	3 047	4 691	6 159	

【完成任务】组织漏电电流的测量,请分别使用上述3种电流测量方法,可暂不设用电器漏电故障。比较3种测量方法的优缺点。在完成用续流电缆辅助的直接电流法测量后,再完成不用续流电缆的技巧性直接电流法测量。

【技师指导】采用测熔断丝电压测量法,通过表格查找电流的方法,好处是不断电测量电流,可以保证全车用电器状态不变;防止断电后重新上电导致车上的一些负载由于苏醒而工作,进一步增加静态电流。

4. 通过网关检查车辆上的CAN总线活动

通过VAS 5051用网关中的引导型故障查询功能/引导功能检查CAN总线活动。对于较老的车型,可通过万用表或示波器(建议)测量CAN—LOW,检查舒适系统CAN的活动。

测量总线的方法能测量总线是否休眠,不休眠的总线说明有元件在工作,这个工作的元件在消耗电流,此种方法不能确定故障点,其测量方法如图3-31所示。

关闭点火开关,离车锁车后,低速和高速总线进入休眠状态。通常,低速总线休眠时间较短,一般为几秒。动力总线要用较长时间,有时达到10 min以上,要有耐心才能从示波器中看到波形进入休眠。

将图3-31中的万用表换为示波器即可示波测量总线是否进入休眠,进入休眠时电流会下降到最小电流,这个最小电流才是静态工作电流。实际中也可不测总线工作情况,直接等

待电流由较大下降到正常的静态电流,若等待时间较长电流还降不下来,要再用示波器检查总线的工作情况。

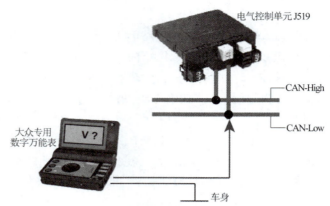

图 3-31　万用表(或示波器)总线测量法

5. 熔断丝示波法

熔断丝示波法是笔者亲身实践得出的新的诊断方法,对一些在这个熔断丝下游的用电器有控制开关控制或查找虚接电路时非常有用,而不必测量用电器两端。

根据欧姆定律,电流的瞬变会导致流过熔断丝的电压产生相应变化,通过示波器测量熔断丝波形也是判别故障的一种方法,特别是在有动态控制的电路时很好用,在线路虚接检查时需要人为摇动线束看波形查找虚接部位。

熔断丝示波法在检察其他电路故障时也非常好用,这种方法不仅可以知道被测电路的动态变化,还可知道变化发生的时刻和现象对应时的参数变化情况,主要指变化的方向(电流是增大,还是减小)。

三、如何问诊

对于任何诊断工作,工作前问诊都是十分重要的,以下方面的询问将会有助于你快速发现问题:

(1) 蓄电池的使用时间和起动机的起动能力是否越来越弱?
(2) 这种故障现象是首次发生,还是更换电池后还发生?
(3) 什么时间发生?什么地点发生?什么情况发生?发生频率如何?
(4) 对车进行哪些改装后发生?
(5) 是否有未关闭的用电器?比如驻车灯或示宽灯等。
(6) 请客户重新展示离车操作手法等。

第四章
汽车点火系统

一辆 2011 年款大众迈腾 B7 配有缸内直喷燃油系统,仪表发动机故障灯点亮,诊断仪显示有失火故障。

如果你是接车的修理技术人员,应如何解决本故障,修理方案应如何制定?

能说出点火系统的发展过程;
能说出火花塞的结构和实际使用的影响因素;
能说出机械式分电器的结构和点火提前角的调节原理;
能说出电子式分电器的结构和点火提前角的调节原理;
能说出电控点火系统组成及点火提前角的调节原理;
能说出缸内喷射发动机燃油压力传感器的作用;
能说出曲轴位置传感器和凸轮轴位置传感器在点火系统工作原理上的作用。

能够检查火花塞,并能在成组更换火花塞过程中正确操作力矩;
能够检查高压线,并能在成组更换高压线中不出现乱缸操作;
能够检查分电器总成元件,并能在更换分电器总成过程中调节点火提前角;
能够检查点火线圈,并能更换点火线圈。

第一节　传统点火系统简介

【完成任务】说出过去三代传统点火系统的名称分别是什么?_____、_____ 和_____。现代汽车点火控制系统是由什么系统控制?_____。

火花塞跳火(击穿)的原理如第一章所述是利用变压器初级和次级线圈的匝数不同实现升压,不过电子开关(晶体三极管或场效应管)何时断开初级线圈,在次级线圈产生高压和高压的能量控制在现代电控发动机上具体是如何实现并未深入讨论。

在讲解现代汽车点火系统之前，简单介绍早期汽车是如何控制点火的。

早期汽车点火控制包括机械触点式点火系统、磁感应点火系统和霍尔点火系统。

一、机械触点式点火系统

如图4-1所示，机械触点式点火系统由分电器总成（包括分电器分电部分、断电器部分、真空离心装置）、点火线圈、高压线、火花塞和点火开关组成。如图4-2所示，分电器轴在发动机凸轮轴的驱动下转动，分电器的下半轴和上半轴采用由转速控制的离心飞块实现上半轴与下半轴角度上的错位，不同转速上半轴和下半轴错位的角度不一样，发动机转速越高上半轴超前下半轴角度越大，上半轴和凸轮是一体的，凸轮上有跟发动机缸数相等的凸轮用于顶开断电臂，从而产生触点的开闭，控制初级线圈通/断电。

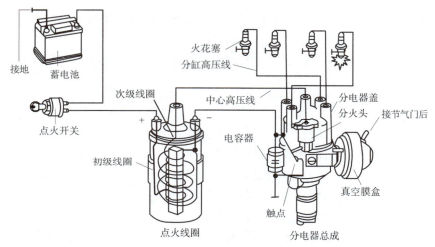

图4-1 机械触点式点火系统组成

【完成任务】试讲述机械触点式点火系统的工作原理：_____。

真空调节机构是个真空膜盒，膜盒上有根通往发动机化油器节气门体后的真空管，发动机节气门体后部真空度大时，膜盒上的拉杆拉动断电器下部的支架逆时针转动，使断电臂提前被凸轮顶开，实现断电。在点火线圈中互感出的高压经中心高压线至分电器内的分火头，分火头转动时把高压电分至分电器内的6个旁电极，高压通过旁电极到分缸高压线，最终到达火花塞，经电离的空气，电流从缸体搭铁构成回路。电容器可以防止烧白金触点。其电流工作原理可描述为：初级电路由蓄电池→点火开关→初级线圈→断电器→分电器壳体→车身地；次级电路由次级线圈→中心高压线→分火头→分缸高压线→火花塞→缸体→地。

【技师指导】传统点火提前角＝辛烷值调节器确定的初始角＋（离心机构和真空机构确定的动态角）。

离心点火提前角和真空点火提前角是2个随工况变化的动态角。点火时刻即白金触点开关断开的时刻，白金触点开关断开时刻由发动机转速和发动机节气门后的真空度决定。具体是发动机转速高时上半轴超前下半轴实现提前点火。发动机急速时，节气门体的真空度大，也要实现提前点火。在节气门全开时，真空膜盒控制真空点火提前角达到最小。

为了适应不同汽油标号和发动机缸内压缩比发生变化的影响，设计上要允许分电器壳体转动，这时壳体上会有刻度，所以也称辛烷值调节器。在出厂或修理厂修理时，可调节辛烷值调节器转动一定角度，以适应不同汽油标号和发动机缸内压缩比发生变化。辛烷值调节器本质上是分电器壳体上的一长条孔，用螺钉固定分电器壳体在发动机缸体上。在进行初始点火提前角调节时，修理人员一手控制节气门进行急加速或急减速操作，另一手转动分电器壳体，若听见有轻微的发动机爆燃声，用螺栓锁死分电器壳体，这样就确定了初始的点火提前角。

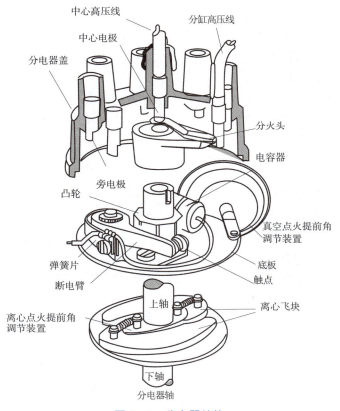

图4-2 分电器结构

传统点火提前角控制方法：在发动机空载急踩油门时，正时枪测量发动机的点火提前角，可看到点火提前角是先减小后增大，原因是在急踩油门时，空气质量轻、惯性小，迅速占领进气管，使进气管绝对压力上升，点火提前角变小，发动机转速上升后，进气管绝对压力下降，点火提前角又向提前方向变化，加之发动机转速上升后，离心点火提前角变大，两者确定的点火提前角整体变大。图4-3为机械式点火提前角数字化后的脉谱图，它显示出机械触点式点火系统的整体变化规律。

急速时进气管真空度大（绝对压力小）即负荷小，需要控制真空点火提前角。若发动机转速较低，离心点火提前角较小，两者决定的最后点火提前角较小。

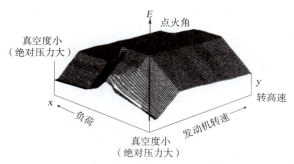

图4-3 机械式点火提前角数字化后的脉谱图

发动机在部分负荷时,节气门开度小,发动机转速高,进气管真空度较大,点火提前角较大,加之发动机转速很高,离心提前角也大,两者决定的最后点火提前角达到最大。

发动机在上坡时,进气管真空度小,绝对压力大,真空提前角较小,但发动机转速较高,两者决定的最后点火提前角也较大。

点火系统的点火能量即初级线圈的电流的大小,传统点火系统可通过调节支架在支架底板上的位置实现,但范围较窄,特别是多缸发动机可能提供的触点闭合时间不够,初级线圈的电流不能在发动机高转速时达到最大值。同时,传统点火系也不能在发动机低速时实现初级线圈内电流的最大限制。

二、电磁点火系统

传统点火系统有机械触点损坏较快、点火能量较低等诸多缺点,被后来出现的电磁点火系统和霍尔点火系统取代,这2种点火系统在1998年之前,即我国不能生产电控发动机前使用,全国最后一批化油器汽车在2001年9月停止销售。

电磁点火系统和霍尔点火系统是在分电器凸轮上把分电器内凸轮做成信号轮,信号轮轮齿或窗口个数与发动机缸数对应。图4-4所示为磁感应式点火系统组成,当分电器转动时,信号轮扫描传感头,产生磁脉冲信号或霍尔信号,信号给点火模块,点火模块控制末级功率晶体管,末级功率晶体管控制初级线圈电路断开产生高压。点火提前角由分电器内的离心机构和真空机构控制,也有辛烷值调节器。

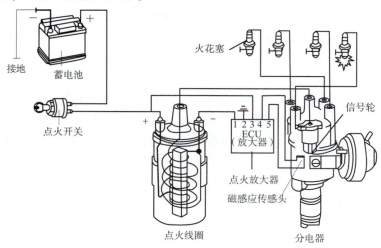

图4-4 磁感应式点火系统组成

2 种点火系统在点火模块内增加了低速初级线圈的恒流控制单元和停车初级线圈断电控制单元等。初级线圈恒流控制实现了能量控制,停车断电保护防止分电器信号轮恰好停在点火模块的末级三极管导通的状态。

磁脉冲式点火系统从分电器内分出 2 根线,有正、负之分。

磁感应式点火系统的工作原理:点火开关向点火线圈和点火模块供电,磁感应传感器的传感头受分电器轴上的信号轮扫描,产生近似正弦的信号输出,点火模块接收信号后,控制点火模块内部的末级三极管,末级三极管控制点火线圈负极端导通或截止。

磁感应式点火系统点火模块内增加了恒流控制单元和停车断电控制单元,大大提高了点火系统的性能。但磁感应点火系统的点火提前角仍采用真空和离心机械式点火提前机构进行控制,仍有辛烷值调整器。

【完成任务】 试讲述磁感应点火系统的工作原理:_____
_____。

三、霍尔点火系统

图 4-5 为捷达化油器汽车的霍尔点火模块,图 4-6 为捷达化油器霍尔点火系统组成,霍尔式点火系统则分出 3 根线,端口引脚以 +、0、- 标定,分别为霍尔电源,信号输出和接地。

霍尔点火系统工作原理:点火开关向点火线圈和点火模块供电,霍尔传感器由点火模块供电,分电器轴转动,扫描霍尔传感器,信号由霍尔传感器 0 脚输出,点火模块接收霍尔信号后,控制内部末级三极管,末级三极管控制点火线圈负极端导通或截止。

图 4-5 捷达化油器汽车的霍尔点火模块

霍尔点火系统点火模块内虽然增加了闭合角控制单元、恒流控制单元等,并大大提高了点火系统的性能。但霍尔点火提前角仍采用真空和离心机械式点火提前机构进行控制,仍有辛烷值调节器,其主要缺点如下:

(1) 点火提前角的控制不精确,考虑影响点火提前角的因素(如发动机水温)不全面;
(2) 为了避免大负荷时的爆震,必然采用妥协方式降低点火提前角;
(3) 仍脱离不开机械控制范围造成点火提前角脉谱图山顶较平缓。

1997 年,我国开始大量采用电控发动机控制的微机点火系统,截至 2001 年 9 月,我国不再生产霍尔点火系统。现代微机控制点火系统在点火正时控制上更加精确,同时还保留了霍尔点火系统的闭合角控制、恒流控制和停车断电控制功能。微机控制点火系统除能随发动机转速控制初级线圈的通电时间外,还可以通过电子手段控制发动机各工况时的点火提前角,使发动机在动力性、经济性、加速性和排放等方面达到最优。

微机控制点火系统主要由下列元件组成:第一是监测发动机运行状况的传感器;第二是处理信号、发出指令的微处理机;第三是由响应微机发出指令的点火模块、点火线圈等组成。该点火系统主要有以下优点:

(1) 废除真空、离心点火提前装置,由发动机负荷信号和发动机转速信号代替控制基本点火提前角。

实际点火提前角 = 初始点火提前角 + 基本点火提前角 + 修正点火提前角。

动态的实际点火提前角由微机控制,从而使发动机在各种工况下都可以最佳地调整点火时刻,而不影响其他范围的点火调整。

(2)修正点火提前角中最主要的是爆燃修正。一旦爆燃,电脑推迟点火提前角,它保证在各种工况下将点火提前到发动机刚好不致产生爆震的范围。

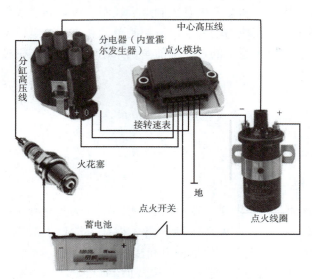

图 4-6　捷达化油器霍尔点火系统组成

【完成任务】试讲述霍尔点火系统的工作原理：＿＿＿＿＿＿＿＿＿＿＿＿＿＿＿＿＿＿＿＿＿＿＿＿＿＿＿＿＿＿＿＿＿＿＿＿＿＿＿。

第二节　微机控制点火系统基础

微机控制点火系统像霍尔点火系统是一个独立的系统,点火功能是电控发动机微机控制功能中的一个功能。

一、最佳点火提前角的确定

因点火提前角的大小会对发动机油耗、动力、排放污染、爆燃情况以及行驶特性等产生较大影响,而影响点火提前角大小的两个最主要因素就是发动机的转速和负荷(节气门体后的真空度),即传统点火系统介绍的离心点火提前角和真空点火提前角,其他为修正量。

根据汽车实际运行状况及不同工况的各种要求,在实验室将获得各种工况下的最佳点火提前角数据,将其写在微机的存储器中。例如,在发动机怠速运转时,最佳点火提前角就是使有害气体排放量最低、运转平稳和油耗最小的点火提前角;而在部分负荷范围,主要要求提高行驶特性和降低油耗;而在大负荷工况,重点是提高最大扭矩,避免产生爆燃。图4-7为存于存储器中一标准的三维点火特性曲脉谱图,图中的3个轴分别代表发动机转速、负荷和点火提前角。若已知转速和负荷即可从图4-7中 z 轴找出相应的最佳的基本点火提前角。

【技师指导】由于过去的书籍在对化油器理论讲解时，提到节气门开度是负荷。很多人总是认为节气门开度是负荷信号，事实上节气门开度是反映驾驶员动力需求的信号。

从传感器角度讲，发动机的进气歧管真空度小时，表明发动机负荷大。若汽车装有进气歧管压力传感器，则负荷由压力传感器确定。若装有空气流量计，则由空气流量计确定。从控制系统内部讲，根据空燃比公式，进气量可以推出基本喷油量，基本喷油量由基本喷油时间决定，所以基本喷油时间也可代表负荷。

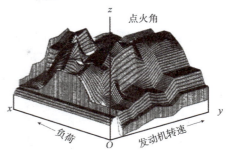

图4-7 微机基本点火提前角脉谱图

之所以称为基本点火提前角，是因为不能直接用作点火提前角，如果直接用这个角，与传统的真空和离心机构确定的点火提前角就没有太大分别。实际点火提前角的确定依据厂家的控制方法。下面以丰田汽车电控点火系统为例，讲述其实际点火提前角的控制方法。

丰田汽车依据：实际点火提前角 = 原始设定点火提前角 + 基本点火提前角 + 修正点火提前角。这个计算方法在发动机起动时并不适用，起动时点火提前角通常为负值，主要是考虑利于起动。

1. 原始设定点火提前角

原始设定点火提前角也称为固定点火提前角，其值为上止点前10°。

2. 基本点火提前角

基本点火提前角储存在微机的存储器ROM中，它分为怠速的基本点火提前角和正常行驶时的基本点火提前角。怠速的基本点火提前角，是指节气门位置传感器的怠速触点闭合时的基本点火提前角。其值又根据空调是否工作而略有不同，空调工作时其基本点火提前角为8°，不工作时其值为4°。也就是说在同样怠速运转时，空调工作时，其实际点火提前角将从上止点前14°增加到18°，以防因空调负荷使发动机运转不稳。

正常行驶的基本点火提前角，是指节气门位置传感器怠速触点打开时的基本点火提前角。其值是微机根据发动机的转速和负荷（用进气量表示），从微机的ROM中进行查表，选出最佳点火提前角。

3. 修正点火提前角

原始设定点火提前角加上基本点火提前角所得点火提前角，必须根据相关因素加以修正。修正点火提前角具有暖机和稳定怠速两种点火提前特性，分述如下。

（1）暖机点火提前角

暖机点火提前角是指在节气门位置传感器怠速触点闭合（电子节气门体的位置在最小开度时），微机根据发动机冷却水温进行修正点火提前角。当冷却水温较低时，必须增大点火提前角，以促使发动机尽快暖机。

为使怠速稳定运转，例如使用空调或使用动力转向时，微机控制增大点火提前角。

点火提前角的修正值除上述暖机修正和怠速稳定性修正外，其他点火提前角的修正信号还包括空燃比反馈修正和爆燃修正。

（2）空燃比反馈修正

装有氧传感器的电子控制燃油喷射系统，微机根据氧传感器的反馈信号对空燃比进行修正。随着修正喷油量的增加和减少，发动机的转速在一定范围内波动。为了提高发动机转速的稳定性，在反馈修正喷油量减少时，点火提前角反应要适当地增加。

（3）爆燃修正

爆燃修正如图4-8所示，在通过曲轴和凸轮轴位置传感器及爆燃传感器确定某缸爆燃后，实际点火提前角会快速推迟，不爆燃时再缓慢提前。读数据流观察点火推迟角，点火提前角有推迟说明爆燃传感器的信号传给微机（电脑）后正在进行爆燃修正。

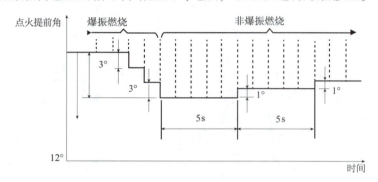

图4-8 爆燃修正

当微机计算出的实际点火提前角超过最大或最小点火提前角的允许值时，则微机以最大或最小点火提前角的允许值进行调整。其他车系的点火提前角控制可参考丰田车系。

当传感器检测出发动机的转速和负荷有变化时，微机即使点火提前角做出相应的改变，发动机每旋转1周，微机即可计算并输出1次点火提前角的刷新数据。

图4-9为最佳点火设置的逻辑选择流程图，不同车系可能略有差别。

二、点火能量控制

点火能量控制也称为闭合角控制，闭合角控制即点火线圈初级大功率晶体管导通时间的控制。有的车系根据电源电压从点火模块内存储器中查得到导通时间。发动机运转的转速越高，发电电压在调节范围内越高，所以电压可以反映发动机转速。这样设计是考虑发动机转速和初级线圈的电感抗都与蓄电池电压有关系，可简化设计。

该系统能使初级电流尽可能快地增长到预设的最大值，然后保持这一数值。初级电流的实际值被反馈到电路的控制级，并预先设置在放大器模块中。

初级电流限制可以保证不会有过大的初级线圈电流损坏点火系统，同时它也是恒定能量系统的一部分。在这一电路中，使用了一电阻值低、功率值精度高的电阻器，该电阻器与功率晶体管以及点火线圈串联。有一电压传感电路跨接在该电阻器上，可以获取预设电压（与电流成正比），这将使输出级保持电流值不变。图4-10为闭合角闭环控制系统框图。

发动机初级电流切断功能是在点火开关接通，发动机不起动工作时，由简单的定时电路在1 s后切断输出级电流。

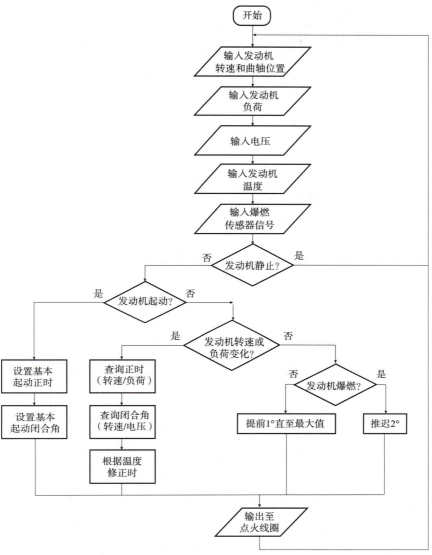

图 4-9 最佳点火设置的逻辑选择流程图

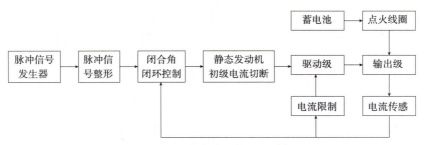

图 4-10 闭合角闭环控制系统框图

三、微机控制点火系统

以大众捷达轿车控制点火的方法为例来介绍微机点火系统，其他发动机控制方式与其基本相同，电脑进行点火正时控制工作步骤如下。

（1）点火提前角确定

例如，在某种运转状态下，电脑综合发动机转速信号（决定离心点火提前角）、发动机负荷信号（决定真空点火提前角）从存储器中取出基本点火提前角，这个基本点火提前角经其他如发动机水温、节气门怠速开关状态、氧传感器的反馈信号、外加负荷如空调介入、动力转向介入、变速换挡介入、用电器负荷介入等修正信号修正。如果有爆燃发生，最后还要经过爆燃传感器确定的爆燃推迟角修正，假设此工况最后这个最佳点火提前角为30°，30°为下面的备用数据。

（2）压缩上止点前72°信号确定

如图4-11所示的点火时刻控制原理，由于点火发生在压缩上止点前，因此，凸轮轴位置传感器的信号要提前向电脑反映信号，这个信号比最大点火提前角还要提前，比如，大众汽车的凸轮轴位置传感器信号在1缸的压缩上止点前72°出现。

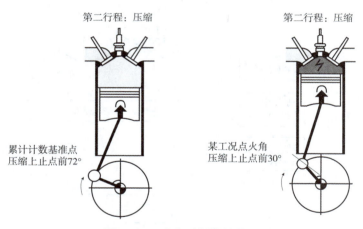

图4-11　点火时刻控制原理

（3）1°计算机时间计算

利用曲轴转速计算出在此转速下，曲轴转动1°曲轴转角需要多少计算机时间，由72-30=42，推出当微机收到72°信号后，再等42个1°所需计算机时间即可控制初级线圈的开关管断开，从次级线圈互感出高压。

【完成任务】大众汽车发动机在某节气门开度下，发动机转速为1 200 r/min，查询这瞬间工况的点火提前角为24°，试问从微机收到72°信号后，微机需要多长时间开始点火？_____。

第三节 大众汽车点火系统

【任务驱动指导】 以大众捷达、高尔夫或奥迪 1.8T 实车作为对象,通过示波器观察点火系统工作的控制信号。

一、捷达 ATK 两阀发动机

1997 年末,一汽大众停止生产化油器车型的汽车。1998 年以后,一汽大众生产的大众电喷发动机直接采用无分电器点火系统,大众无分电器点火系统分为双缸同时点火式和单缸独立点火式,大众汽车从此宣布分电器点火系统终结。捷达轿车采用双缸同时点火方式,图 4-12 为捷达 1.6 LATK 发动机点火系统电路图。双缸同时点火系统就点火而言,如果四缸发动机点火顺序为 1—3—4—2,点火线圈 1、3 缸配一次级点火线圈,2、4 缸配一次级点火线圈。图 4-13 为双缸同时点火线圈和点火模块。

发动机两个汽缸共用一点火线圈,即一点火线圈有两高压输出端,分别与 1 个火花塞相连,负责对 2 个汽缸点火。汽缸在配对选择时,应注意当一个汽缸处于压缩行程时,另一个汽缸应为排气行程。必须确保在排气行程中所产生的点火火花既不点燃要排出的残余废气,也不点燃刚要进来的新鲜的混合气。双缸同时点火的缺点是对点火提前角调整的范围有一定的限制。

当初级电流接通时,次级线圈中会感应出 1~2 kV 系统并不需要的电压,它的极性与点火高压的极性相反。对于分电器点火系统来说,由于分电器中心有碳棒做的中心电极和旁电极的间隙,可以有效地消除这种现象。当两火花塞串联在一起时,两火花塞间隙很大,消除开关跳火现象,所以不需要在点火线圈上再附加二极管。对于单缸独立点火的系统来说,一般是在点火线圈中串联一二极管来避免初级线圈通电跳火。

【完成任务】 画出捷达轿车电控发动机双缸同时点火系统的内部电路图,并说出工作原理。

请在捷达双缸同时点火线圈上找到 A、B、C 和 D 标记,并根据图 4-13 所示,插上实车的高压线,插对高压线的现象是什么:_____,插错高压线的现象是什么:_____。

【技师指导】 捷达双缸同时点火线圈壳体开裂会引起点火能量不足。

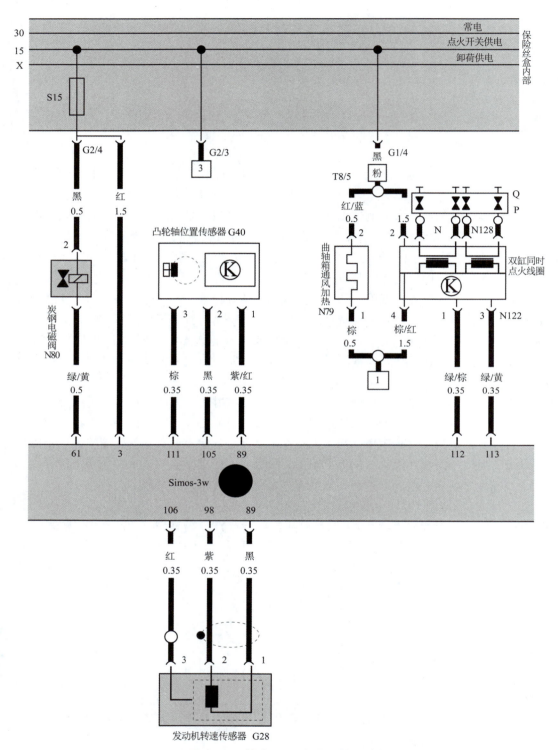

图 4-12 捷达 ATK 发动机点火系统电路图

图 4 – 13　双缸同时点火线圈和点火模块

曲轴位置传感器 G28 识别曲轴位置和发动机转速信号。当曲轴上的信号轮扫过磁感应式传感器 G28 时，产生交变电压信号，其频率随发动机转速变化而变化。控制单元根据交变电压的频率识别发动机转速，齿圈与传感头间隙、齿圈材质等对信号的影响。G28 有静电屏蔽线，可减弱外界电磁场对信号的影响。

曲轴位置传感器 G28 为控制单元提供发动机转速信号及 1、4 缸上止点前 72°参考点信号，这 2 个信号可确定喷油时刻、点火时刻、点火顺序、怠速稳定控制、发动机最高转速控制、超速切断控制、油泵继电器控制等。

在一些紧急情况下，例如曲轴位置传感器（发动机转速传感器）失效后，发动机控制单元 J220 将凸轮轴的位置信号作为系统的后备信号使用。曲轴位置传感器信号中断时，对于五阀发动机是停转，对于两阀发动机可继续运转，但动力性受影响，发动机发闷，主要是由于凸轮轴信号产生的发动机转速信号的精度太低。因为作为备用信号使用后，曲轴转动 2 周才刷新 1 次点火提前角，所以其只能暂时代替曲轴位置信号。

二、双缸同时点火控制

1. 1 缸压缩上止点前 72°信号

图 4 – 14 为凸轮轴位置传感器 G40 的位置。由于曲轴转两周，凸轮轴转 1 周的特点，同时，凸轮轴和进气门、排气门所处的位置关系是确定，凸轮轴位置信号确定 1 缸压缩上止点前 72°信号。设计时信号轮安装在凸轮轴上，当活塞位于压缩上止点前 72°时，信号轮即可扫描霍尔传感头。

图 4 – 14　凸轮轴位置传感器 G40 的位置

图 4-15 为霍尔传感器 G40 的电信号产生原理,霍尔式传感器 G40 由 ECU 供电,随凸轮轴一起旋转的触发轮控制触发三极管,从而拉低电脑内的高电位。具体来说,三极管不导通时,信号线为高电位 12 V(根据电脑内的电源高低而定),一旦饱和导通信号线为低电位接近 0 V。高、低电位变换点的时刻反映了凸轮轴位置。

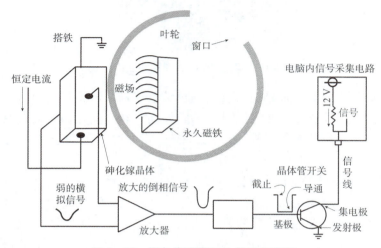

图 4-15 霍尔传感器 G40 的工作原理

【完成任务】根据图 4-15,分析发动机电脑内的电源 12 V 下边的上拉电阻的作用。
如果末级三极管不导通,发动机电脑接收_____电位;
如果末级三极管导通,发动机电脑接收_____电位。

2. 曲轴转速信号

发动机转速是电控系统中重要的输入变量之一。图 4-16 为发动机转速和曲轴位置传感器 G28,为简化名称,一般称为曲轴位置传感器 G28,G28 传感器不但产生发动机转速信号,同时也产生 1 缸上止点前 72°。其中,曲轴转 2 周一信号是 1 缸压缩上止点前 72°信号,另一信号是 1 缸排气上止点前 72°信号。

图 4-16 发动机转速和曲轴位置传感器 G28 的位置

图 4-17 为发动机转速传感器 G28 和信号轮。曲轴信号轮上有 60 个齿位，实际 58 个齿，微机采集到的每个齿形的正向波形或负向波形均代表曲轴转过 3°（60×60=3 600），经转化变成曲轴转 1°需要的计算机时间，称为 1°计算机时间。72-30=42，计算机延时 42 个 1°时间开始断开初级线圈的电子开关。曲轴信号轮少两齿部分会在 1 缸上止点前 72°扫过 G28，因缺口较大，会产生突变信号。

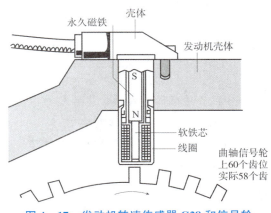

图 4-17　发动机转速传感器 G28 和信号轮

【技师指导】汽车发动机起动着车后，曲轴转速很高，大多数车系为降低成本，曲轴位置传感器都采用磁感应式，德国汽车的信号轮采用 60 齿位、58 齿形式，这种结构在欧洲有统一的趋势；而丰田车系为 36 齿位、34 齿形式。少数现代汽车曲轴位置传感器采用了两线电流型霍尔式传感器，如美国通用的别克汽车（三线霍尔式传感器用在凸轮轴上）。

【完成任务】根据图 4-17 所示，分析 58 个齿，1 个齿代表的角度是多少？_____。余下 2 个齿缺代表多少度？_____。

3. 凸轮轴、曲轴信号的波形与点火对应关系

图 4-18 为凸轮轴信号和曲轴信号的波形与点火的关系（4 缸发动机）。G40 和 G28 信号的波形在 G40 和 G28 信号重合时为 1 缸压缩上止点前 72°，事实上单独 G40 信号出现就确

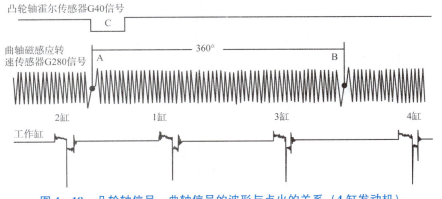

图 4-18　凸轮轴信号、曲轴信号的波形与点火的关系（4 缸发动机）

定了1缸压缩上止点前72°，因此，G28信号单独出现时确定4缸压缩上止点前72°，这点很重要，它为爆燃控制和以后的汽缸不做功控制提供依据（前提是所配发动机ECU有不做功控制功能）。

【技师指导】如果点火系统采用分电器点火，正确安装分电器后，分电器中的分火头将自动指向对应的汽缸的火花塞。这时ECU不需要曲轴的位置信息，但需要凸轮轴位置和曲轴转速信息。

【完成任务】
你认为使用示波器进行哪两项调整最重要？_____和_____。高压感应钳使用方法，你会吗？_____。你用什么时基和幅值发现了3个波形？_____
_____。停车后，拆下曲轴位置传感器看发动机能否起动工作，为什么？_____
_____。再拆下凸轮轴看发动机能否起动工作，为什么？_____。若发动机起动工作了，对发动机有什么影响？_____。分析这样设计的好处：_____
_____。

三、单缸独立点火方式

1. 单缸独立点火方式概述

1999年，一汽奥迪就开始在1.8T AWL发动机上采用单缸独立点火方式，单缸独立点火方式需要提供更多的信息给ECU，使它能够确定哪个点火线圈应该被触发。为此，系统必须获得凸轮轴的位置信息。

霍尔传感器G40位于发动机汽缸盖上或凸轮轴正时齿轮的后侧，采集发动机1缸压缩上止点前72°信号。发动机控制单元通过此传感器判别1缸在压缩行程。确定爆燃所在缸、确定喷油顺序。信号中断后不能识别爆燃所在缸，发动机爆燃控制从单独调节变为控制模式，即点火提前角均向后推迟约15°。齿形皮带错齿，记忆为传感器有故障。

2. 点火线圈结构

点火线圈由一块铁芯构成，形成封闭的磁回路，并且有塑料外壳。在壳体内，初级绕组直接安装在铁芯的绕线管上，其外部缠有次级绕组。为了提高抗击穿能力，将绕组制成盘式或盒式（见图4-19）。为使两级绕组之间以及绕组同铁芯之间实现有效绝缘，壳体内灌满环氧树脂。这种设计形式可与各个应用机型相匹配。

由于增压发动机压缩终了的汽缸压力较高，放电较为困难，因此所需击穿电压较高，导致实际中点火线圈损坏的概率很高。

3. 单缸独立点火方式电路图

图4-20为奥迪1.8T发动机点火系统。

【技师指导】分电器点火系统中，用示波器的高压感应钳可以测量高压线的电压波形，通过分析点火波形可确定故障点。在单缸独立点火系统中，没有分电器和点火线圈之间的中心高压线，也没有分缸高压线时，这时高压测量必须用专用感应元件。

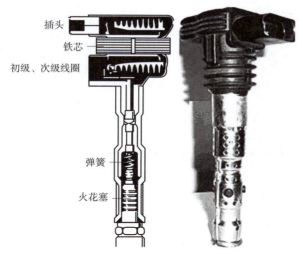

图4-19 奥迪1.8T的点火线圈和点火放大器

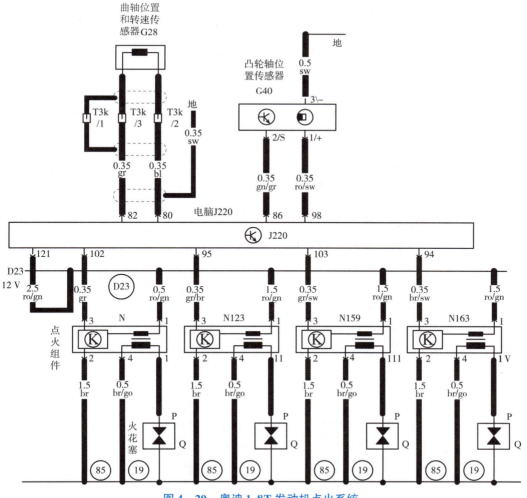

图4-20 奥迪1.8T发动机点火系统

单缸独立点火系统中每个汽缸安装一线圈和一放大器,由控制单元按点火次序触发。这种分电器系统可以灵活安装,用于任何缸数的发动机上,而且它在点火提前角的调整方面也没有任何限制。但是必须注意的是,这种型式的分电器必须安装同步装置,同步信号由凸轮轴传感器 G40 产生。

【完成任务】能够画出奥迪汽车电控发动机单缸独立点火系统的电路图,并写出工作原理。

单缸独立点火系统没有高压线,无法进行高压线吊火,若给你一备用火花塞,如何判别高压火是否产生?

第四节 日产汽车分电器点火控制

一、日产分电器点火系统简介

日产车系公爵、光荣、蓝鸟、阳光等,以及国内红旗世纪星引进的日产发动机等上都有一分电器,发动机控制单元从分电器上获得上止点提前信号和转速信号。

【技师指导】由于分电器点火系统电脑不需要知道下一次高压火分给谁,因此,只需凸轮轴产生一上止点前信号,再有一能确定曲轴转1°需要多少计算机时间的传感器,这个信号实际取自分电器内的凸轮轴信号。

二、日产分电器结构

图 4-21 为日产四缸发动机信号盘结构和信号发生器的位置,双光电传感器在分电器内,它由信号发生器和带光孔的信号盘组成,信号盘安装在分电器轴上,其上外侧有 360 条缝隙(光孔),产生 1°信号,内侧间隔 90°分布着 4 个方孔,产生 180°(曲轴转角)信号,其中有一较宽的方孔是产生 1 缸上止点对应的 180°信号,而其余的对 3、4、2 缸的上止点对应的 180°信号。

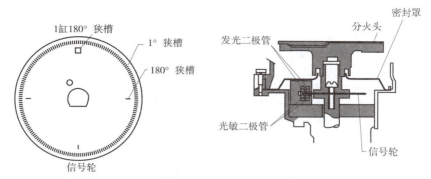

图 4-21 日产 4 缸发动机信号盘结构和信号发生器的位置

光电信号发生器固装在分电器壳体上,主要由两发光二极管、两光敏二极管和波形处理电路组成。两发光二极管分别正对着两光敏二极管,发光二极管以光敏二极管为照射目标。信号盘位于发光二极管和光敏二极管之间,当信号盘随发动机凸轮轴运转时,因信号盘上有方孔,则产生透光和遮光的交替变化,造成信号发生器输出表征曲轴位置和转角的脉冲信号。

当发光二极管的光束照射到光敏二极管上时,光敏二极管受光后产生电压;当发光二极管的光束被遮挡时,光敏二极管产生电压为0。将光敏二极管产生的脉冲电压送至波形电路放大整形后,发动机即向发动机电脑输送曲轴转角的1°信号和180°信号。因信号发生器安装位置的关系,180°信号在活塞上止点前70°输出。发动机每转2圈,分电器轴转1圈,则1°信号发生器输出360个脉冲,360个脉冲表征了曲轴720°转角。

三、点火系统电路

日产车系的1°信号非常准确,点火基准信号输入电脑后,电脑只要数1°信号的高低电位个数即可。图4-22为日产蓝鸟U13发动机点火系统电路,以四缸发动机U13为例,国内红旗世纪星4、6缸VG20发动机有相同原理,公爵、光荣也与VG20的发动机原理基本相同。

如图4-22所示,起动时的转速信号触发电脑4脚内部搭铁,日产发动机控制单元(简称ECCS)主继电器向电脑38、47脚供电,同时向分电器供电,电脑39脚是传感器搭铁,22、30与31、40分别为判缸信号和1°信号。点火开关供电加到电脑36脚,同时给点火线圈供电,电容是防止点火线圈的电磁场,干扰无线电系统,影响接收效果。电脑的1脚在判缸信号和1°信号控制下控制功率晶体管,电脑的107、108、116、6、13脚为搭铁。电脑通过3脚判断在1脚触发三极管后,若三极管可靠地开和关,3脚的电位会与1脚对应变化,电脑通过这种对应变化来判断点火放大器的好坏,电阻只是限流作用。

值得注意的是,这种车没有点火模块,只有点火放大器。

带分电器的点火系统由于分电器拆装后,信号轮和传感头之间的位置发生变化,所以要通过正时枪在怠速检测点火提前角的正确性。不正确时,可以转动分电器壳,直到暖机后的正时为怠速点火角10°~12°。

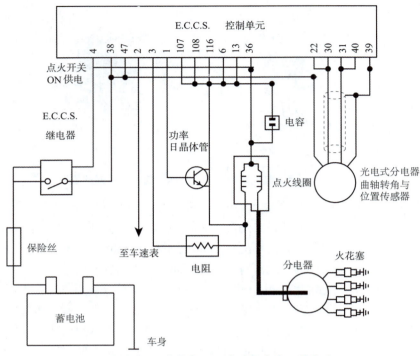

图 4-22　日产蓝鸟 U13 发动机点火系统电路

【完成任务】请画出日产发动机分电器点火系统的结构示意图，并说出工作原理；对于光电式分电器点火系统，急速时，捕捉凸轮轴转速信号、1 缸波形提前标记和其他 3 缸的波形提前标记的完整波形，并将所用的时基和幅值记录下来＿＿＿＿＿＿。分析这样设计的好处：＿＿＿＿＿＿＿＿＿＿＿＿＿＿。

第五节　丰田汽车分电器点火系统

【任务驱动指导】能进行分电器中心高压线吊火操作，能进行点火初始角的调节操作。能正确插分电器点火系统的分缸高压线。

一、丰田 5A – FE 发动机

丰田 5A – FE 发动机是基于 8A – FE 发动机基础把排量由 1.3 L 加大到 1.5 L 的四气门、双顶置凸轮轴发动机，与 8A – FE 相比只是增大了缸的行程。

二、点火系统组成

图 4 – 23 为凸轮轴位置 G 传感器和点火线圈装在分电器内。曲轴位置传感器装在发动机曲轴前部，如图 4 – 24 所示。发动机仍保留传统的分电器点火系统。在分电器内部，分电器轴上信号轮 G 转子产生基准信号；曲轴上的信号轮 36 个齿位，实际上只有 34 个齿。36 个齿位代表曲轴 360°，每个齿代表 10°。

点火系统的工作过程如下：发动机电脑从分电器内接收 G 信号，同时从曲轴信号轮上接收转速和曲轴位置信号。通过 IGT 引脚步触发点火模块内的波形变换电路，控制功率管的导通和截止，从而控制初级线圈的通、断，在次级产生高压经高压输出端至分电器盖内，到达分火头顶部，分火头转动把高压火分至各个工作缸。

图 4 – 23　分电器内的点火线圈和 G 传感器

图 4 – 24　曲轴位置传感器

三、点火控制电路

点火模块（点火器）内的恒流控制电路。一方面，恒流控制电路通过监测恒流电阻上的电压降控制功率管的导通角，既使初级点火线圈能提供足够的点火能量，又能防止初级线圈过热。另一方面，当功率管损坏或初级线路有故障时，功率管不能导通和截止时，恒流控制电路通过失效保护电路把初级线圈不能正常导通和截止的信号反馈给电脑。图 4 – 25 为丰田 5A/8A 发动机点火系统框图。

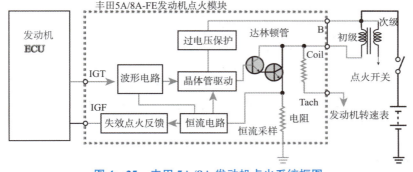

图 4 – 25　丰田 5A/8A 发动机点火系统框图

丰田车很多重要电子元件的引脚，为便于记忆，采用英文缩写。例如，B = Battery（蓄电池）；C = Coil（线圈）；IGF = Ignition Feedback（点火反馈）、F = Feedback（点火反馈）；EXT =

EX（输出）、T=Tachometer（发动机转速表）；G=凸轮轴位置信号；IGT=Ignition Trigger（点火触发）、T=Trigger（点火触发）；NE 中的 N 代表转速、E=Engine（发动机）。图 4-26 为丰田点火模块上的英文缩写。

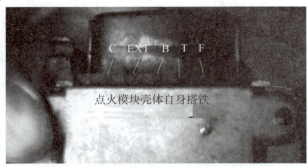

图 4-26　丰田点火模块上的英文缩写

【技师指导】丰田点火模块位于发动机舱右侧的减振器座附近，由于点火模块外壳搭铁，易出现壳体搭铁不良的故障。

【完成任务】画出丰田 8A-FE 发动机分电器点火系统的结构示意图，并说出工作原理；怠速时，用示波器捕捉 G、NE 信号和高压信号，并将所用的时基和幅值记录下来 _____；并用手机照下波形分析，描述其特征：_____；

写出点火模块的端子字母缩写的英文 C _____；EXT _____；B _____；T _____；F _____。

【技师指导】夏利三缸汽车和丰田科罗拉采用分电器点火系统，尽管分电器点火系统是较早的点火系统，但在实践中，教师对分电器点火系统的掌握反而不足，主要是因为分电器点火系统有易出错的高压线插错和点火正时调整不正确的故障。在更换分电器总成后，在调节点火正时过程中，大多数老师由于未经过实践，只知道转动分器，并不知道要先将发动机 1 缸调节到压缩上止点，插入分电器轴至凸轮轴齿上，但要保证分电器的分火头在分电器盖 1 缸线位置，合上分电器起动，等发动机水温正常时，用正时灯检查正时是否为 12°，不是则调整分电器壳体。当曲轴前部皮带轮处和后部飞轮处无正时刻度时，无法用正时枪确定点火正时的情况下，可采用左手急加速节气门，右手转动分电器，听燃烧是否有轻微的爆燃声音（类似柴油机车上坡的声音）的方法。

第六节 其他点火系统举例

一、一点火模块内置多个放大器

奥迪1.8T的点火线圈和点火模块做成了一体，微机给个微弱的驱动信号即可起动。下面介绍单独点火模块的直接点火系统。如图4-27所示的点火模块内有4个放大器，分别对应4个点火线圈，4个点火线圈分别对应4个缸，为了表达清楚，仅画了1个缸的信号线和1个缸的点火线圈。二极管的作用是防止晶体管放大器在导通时造成缸内点火。

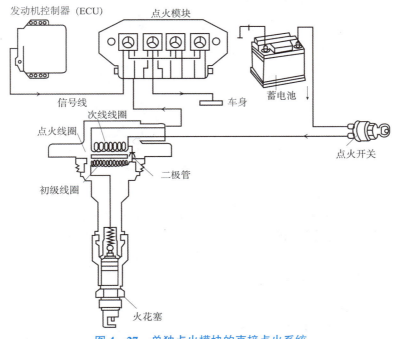

图4-27 单独点火模块的直接点火系统

二、带正时偏差的单缸双火花塞系统

梅赛德斯－奔驰（Mercedes-Benz）公司在发动机上使用的EI系统中，为进一步优化尾气排放、使发动机工作安静平顺、热功释放充分，在发动机转速小于2 000 r/min的低负荷工况用两个火花塞同时点火，在中间负荷到高负荷两个火花塞的点火正时可相差点10°曲轴转角。

图4-28为单缸双火花塞系统。奔驰M112/M113发动机的每个汽缸都有一套点火线圈，每套点火线圈有2个独立的点火线圈（包含2个初级线圈和2个次级线圈）、2个火花塞，点火线圈安装在摇臂罩盖上，用一短的高压线和火花塞相连。当点火开关位于RUN和START的位置时，2个初级绕组全供电，由电脑控制的那个初级绕组先断电。2个独立的次级绕组和火花塞相连，汽缸中的2个火花塞分别被称为A火花塞和B火花塞，独立的点火线圈能够保证发动机的高速性能和对各个汽缸的单独控制。

双火花塞系统能够保证燃烧更完全，特别是能保证汽缸壁附近的燃烧完全，有利于减少

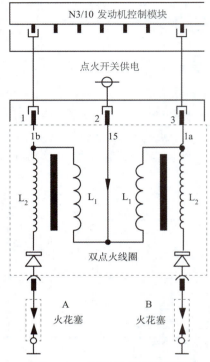

图 4-28 单缸双火花塞系统

污染排放。这个系统在混合气被 EGR 气体稀释后,还能保证可靠。在发动机中等负荷和大负荷工况下,两火花塞的点火时间略有差距,以防止汽缸压力升高太快,产生爆震燃烧。两火花塞的点火时间差距在 0°~10°曲轴转角内。为了防止一个火花塞比另一个火花塞磨损快,两火花塞轮流领先点火,首先 A 火花塞先点火,然后 B 火花塞先点火,然后是 B,然后是 A,然后是 A,然后是 B,是 B……。

三、点火模块集成在微机内部

点火模块也可集成在微机里,江铃全顺用的 4G64 发动机就是如此。图 4-29 为微机内置点火模块。

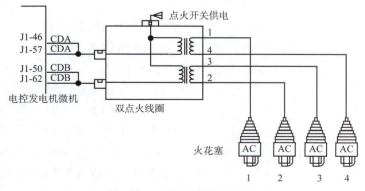

图 4-29 微机内置点火模块

第七节 汽缸不做功的判断

【任务驱动指导】 人为做出单缸不做功故障,以示波器观察发动机曲轴位置传感器信号,看转速信号的变动情况,然后通过检测仪查看是否有不做功故障码出现。

一、汽缸不做功的判断基础

汽缸在不喷油、不点火、气门关闭不严等情况下不能正常做功,这样的故障对汽车的危害很大,所以有必要判断出哪个缸正在不做功,一旦判断出哪个缸正在不做功即停止这个缸的喷油。停止喷油可以防止未燃的混合气进入排气系统,避免造成排气管放炮,烧坏三元催化器,造成堵塞和烧坏氧传感器,同时防止未燃汽油沿活塞进入油底稀释机油造成拉缸,也防止因发动机动力不足造成驾驶员进一步加大油门使油耗升高、发动机高温开锅、变速器油温过高等故障。

【技师指导】 在发动机动力不足的情况下,一方面,驾驶员本能地会加大油门(操作电子加速踏板)来弥补发动机动力不足。这样一来节气门虽然开大了(发动机电脑控制电子节气门),但实际上发动机转速并不高,进气管内压力高,压力传感器误认为进气量多,自动加大喷油量。另一方面,由于不做功汽缸不消耗氧气,氧气直接进入排气管内与一部分汽油在排气管内发生氧化反应,即放炮,但氧气仍剩余较多,导致氧传感器误认为混合气稀,信号传给电脑后,电脑加大喷油量,以致混合气更浓,直到氧传感器达到调整上限+25%,即增加25%的喷油量。

汽缸不做功主要由点火系统和喷油系统引起。点火系统如点火放大器模块损坏、火花塞烧损、火花塞积炭导致火弱、高压线帽和点火线圈漏电等。喷油系统出现一缸不喷油,发生氧传感器加大全部缸的喷油量,动力下降也应立刻修理。

二、失火率与排放的关系

点火系统故障是导致不做功的主要原因。图4-30为燃烧失火对HC、CO、NO_x(三元气体)排放的影响。限制标准为纵坐标100,很显然,车在不失火时元元气体排放都低于限制值100%。

失火率在3%时,HC的排放值比限定值多出1倍;CO排放值比限定值多出许多;NO_x的实际排放值比新车时的排放值少了许多。

目前常用的失火检测方法有监控点火模块末级功率三极管的失火检测方法和检测曲轴转速变动的失火检测方法。

三、监控末级功率三极管的失火检测方法

图4-31为丰田初级点火反馈技术。当点火模块回路中的功率三极管进入放大状态不能正常截止时,点火模块内的点火监测电路得不到功率三极管交替导通和截止的信号,ECU也得不到点火模块的反馈信号(IGF),ECU判定点火系统发生故障。此时ECU立即采取措施,使喷油器停止喷燃油射,防止损坏三元催化器。

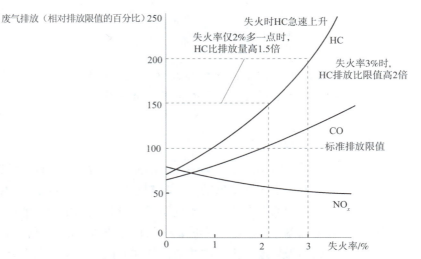

图 4-30 燃烧失火率与三元气体排放的影响

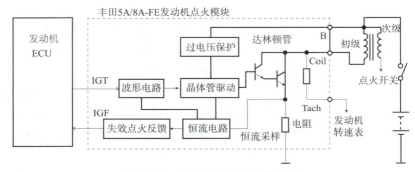

图 4-31 丰田初级点火反馈技术

如果由于某种原因,偶尔出现 1 次不正常信号,诊断系统并不判定为故障。一般不正常信号必须持续一段时间,才判定为故障。例如,电脑 6 次以上通过 IGT 触发点火模块,点火模块连续 6 次没有 IGF 信号输入 ECU,这时判定为故障。

初级点火反馈技术只能确定初级三极管造成不点火的故障,这种故障更换点火模块即可排除。初级点火反馈技术在"初级"正常通/断时,由于高压线断路或漏电、火花塞漏电或积炭、点火线圈开裂或断路等就不能确定"次级"是否真正在汽缸内点火,更谈不上其他因素,如喷油嘴不喷油、气门关闭不严等造成的缸内不做功。

【完成任务】急速工况时,捕捉 IGT、IGF 信号和高压电信号,并将所用的时基和幅值记录下来 _____;并将 IGT、IGF 信号和高压电 3 个波形放在一起分析。

描述特征:_____。

四、检测曲轴转速变动的失火检测方法

汽缸不做功必定伴随着短时间的转矩下降,其结果是曲轴转速的下降。早期监测曲轴转速微小变化是很困难的,因为发动机在低负荷的高转速时,不做功仅使相邻 2 次点火间隔延

长千分之二。因此,电脑硬件的速度和电脑软件的计算必须极其精确才能确定不做功汽缸。现在中高档轿车管理系统的故障监测功能相当强大,确定不做功汽缸已不是难事。图4-32为缸内不做功的检测方法。

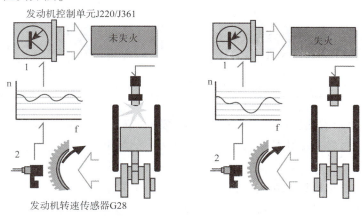

图4-32 缸内不做功的检测方法

与检测爆燃缸的原理相同,通过检测曲轴转速变动所在相位,可确定不做功汽缸的位置。在图4-33中,3缸不点火或不喷油时CD段时间延长,电脑判定为3缸失火,开始对第3缸进行断油控制。

【技师指导】汽缸做功稍差时,电脑不能判定为不做功故障。不做功识别和初级电路三极管通/断监测是完全不同的,注意区别。另外,实际发动机电脑内存储不做功故障码时,可能是这个缸出现了不点火故障,也可能是这个缸喷油器不喷油造成的。

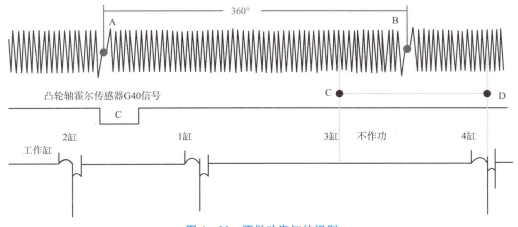

图4-33 不做功汽缸的识别

因实际中不做功多由失火引起,所以不做功也称失火故障。

大众发动机转速传感器G28把转速变化情况传给发动机电脑J220/J361(J220为BOSCH产品、J361为SIMOS产品)。假设电脑根据G28和G40判定3缸点火后发生转速变化,则判定为3缸发生失火故障。表4-1为一汽大众GOLF A4发动机失火识别故障码。

表 4-1 一汽大众 GOLF A4 发动机失火识别故障码

故障代码	故障（部件）描述	故障排除
16685	1 缸失火识别	检查高压线及火花塞 检查点火线圈 用 03 功能检查各缸喷嘴
16686	2 缸失火识别	
16687	3 缸失火识别	
16688	4 缸失火识别	

从表 4-1 中可以看出，一汽大众 GOLF A4 发动机有失火识别功能。一旦出现某缸不做功，发动机电脑通过转速变化情况会立刻检测到失火的汽缸，同时把失火汽缸的故障码存储起来。

故障排除中已指出可以用执行元件诊断 03 功能检查对应缸的喷油嘴，最好在喷油嘴上接二极管，应闪亮；也可用穿心螺丝刀监听喷油器开启的电磁异响声。

【技师指导】并不是每一台发动机的管理系统都有失火检测的功能。若想知道哪款车有这样的功能，可以看修理资料的故障码表。若有失火识别故障码出现，则本车的管理系统软件就有失火识别功能。知道有这项功能，可以根据此功能的故障存储数据判断故障，使判断更准确。对于没有失火识别功能的发动机管理系统，可借助火花塞的外观和温度来判断。但在判断失火缸的过程中会很浪费时间，建议先用激光测温仪直接打在排气歧管上或火花塞根部，依据是不做功汽缸歧管的温度比做功汽缸要低得多。同时，测量火花塞根部温度时，不做功汽缸火花塞的温度比做功汽缸要低得多，此法可节省时间。

【完成任务】
人为制造不做功和做功弱失火故障，怠速工况时用示波器捕捉凸轮轴信号、曲轴信号和二次高压信号，并将所用的时基和幅值记录下来＿＿＿＿＿＿；并通过测温仪测量火花塞尾部温度为多少：＿＿＿＿＿＿；找出人为制造不做功的汽缸：＿＿＿＿＿＿
＿＿＿＿＿＿；

用大众专用 VAS5052 检测仪检查是否有失火故障码：＿＿＿＿＿＿。

第八节 点火系统检查

【任务驱动指导】任务驱动时，设定故障要反映实际可能故障，最好采用从服务站收集来有故障的点火放大器、高压线、分电器等进行任务驱动。

任务驱动可分为以下类型：
（1）信号驱动故障；
（2）漏电造成的点火能量不足；

（3）分电器点火系统正时不正确；

（4）点火放大器过热不稳定或损坏；

（5）分电器点火系统的霍尔集成电路损坏；

（6）缸内点火工作条件不正常，如缸压和混合气等条件不足。

一、点火系统检查技能

在分电器点火系统中，通过吊火测试，能够判别故障在初级电路还是次级电路，并能进行细分的判别操作；

能够进行分电器点火系统点火正时调整操作；

在双缸同时点火系统中，通过"备用火花塞吊火测试"，能够判别故障在初级电路还是次级电路，并能进行再细分的判别操作；

在单缸独立点火系统中，通过"备用火花塞吊火测试"，能够判别故障在初级电路还是次级电路，并能进行细分判别操作；

能够通过急加速测试点火系统点火能量不足；

能够通过发动机和排气管的燃烧噪声、发动机的抖动，以及排气管的烟态和味道识别发动机缸内点火系统的状态；

能够进行火花塞的间隙检查和漏电的检查操作，并能进行火花塞的更换；

能够进行损坏的旧高压线电阻检查和漏电的检查操作，并能进行成组高压线的正确更换；

能够进行损坏的旧点火线圈和放大器的电阻检查和漏电的检查操作，并能进行点火线圈和放大器的更换；

能够操作示波器或发光二极管检查点火驱动是否正常。

初级电路故障时，检查点火线圈和点火模块是否有12 V电源，然后检查点火模块是否搭铁良好，实践中的故障多为点火模块外壳搭铁不良。如果电源和搭铁良好，检查触发信号，可以用二极管串电阻测试，应闪亮；也可用示波器测试约为5 V和0 V的方波信号，若无方波信号，检查电脑是否有电源和搭铁。电脑有电源和搭铁时，检查凸轮轴位置传感器和发动机转速传感器的信号，以上是实际中最简洁的方法。

若有火判断是次级电路故障，此时检查点火线圈，测试分火头漏电、分电器盖漏电、分缸高压线漏电故障、火花塞积炭旁路等。

【技师指导】在分电器点火系统，当凸轮位置信号轮安装在分电器内时，点火正时能通过转动分电器壳体调整。在带分电器的点火系统中，由点火线圈产生的高压电要通过分电器传递到需要点火的汽缸的火花塞上，由于系统使用电子装置实现分电器的点火角控制功能（传统为真空机构和离心机构），分电器内不再有真空提前角调节机构和离心点火提前角调节机构，但初始点火提前角功能还是要手动调节的，所以仍要转动分电器壳体进行点火正时调整作业。

二、火花塞检查

【技师指导】火花塞的中心电极和接地电极电阻应为无穷大，但由于积炭、汽油、机油或燃烧后的添加剂堆积在白陶瓷体上，导致中心电极和接地电极之间的电阻变小，但至少也要大于最低标准限值 10 MΩ。通过加速发动机到 4 000 r/min 一段时间，让高速气流冲刷火花塞，然后检查火花塞，火花塞电极应是干的；若是湿的，且其他缸的火花塞正常，应检查火花塞的螺纹和中心白陶瓷体是否损坏。

如果各缸都是湿的，则检查点火线圈点火能量是否正常。通过中心高压线对缸体跳火，火花为红色时为点火线圈故障，蓝色时为点火线圈正常。分缸高压线对缸体跳火，火花为红色时为分电器盖、分火头漏电，根据高压线对应的分火头和分电器盖检查。实际多为分火头和分电器盖漏电。分电器盖在凸轮轴前端固定，易发生开裂漏电、放炮、冒黑烟等故障。

电极间隙过大、过小故障。电极标准间隙为 1.1 mm，最大间隙为 1.3 mm。间隙过大时，点火线圈易损坏；间隙过小时，易造成积炭和积油火花能量不足。

实际中火花塞积炭、积油，汽油或机油中的添加剂使火花塞陶瓷体变成红棕色导致形成导电层，只要清洗掉火花塞陶瓷体的堆积物仍可使用，不过修理人员通常不愿意这样去做，而建议更换火花塞，因为导致火花塞陶瓷体堆积物出现的故障原因并没找到。

拧紧火花塞时力矩过大将导致陶瓷体开裂漏电，甚至陶瓷体从火花塞尾部像子弹一样飞出。高压线嘴开裂时，会出现火花塞与缸体之间在跳火，洗车后或下雨后打不着车。

火花塞裙部被红棕色的氧化物覆盖，表现为高车速时有耸车或加速耸车，就像供不上油的感觉。

【技师指导】若火花塞陶瓷绝缘体上积炭或火花塞陶瓷绝缘体上被红棕色的氧化物覆盖，会出现高速缺火现象。这是因为高车速时汽缸内温度极高，火花塞陶瓷绝缘体上的红棕色的氧化物电阻随温度升高阻值变小，这样在高速时击穿氧化物而出现中心电极和接地电极之间火弱甚至缺火现象，这种现象在侧电极为负极的线圈分配式的双缸同时点火系统中的火花塞更容易出现。

分电器式点火系统的所有火花塞的中心电极都是负极性，因中心电极的温度较侧电极的温度高，中心电极为负极时更易向侧电极发射电子，因此工作更可靠。双缸同时点火系统，有一半的火花塞中心电极却是正极性，侧电极向中心电极发射电子，但侧电极温度相对较低，不易发射电子，更易受污染。

一般的火花塞能用 50 000 km 左右，铂金火花塞寿命为 100 000 km，但它只能保证在 100 000 km 内的电极间隙变化很小，不能保证陶瓷绝缘体上不污染而漏电。这种红棕色氧化物与市场上的汽油质量参差不齐有关。另外，很多私家车耸车的火花塞有黑色积炭，这主要与新手开车车速一直很低、路程很短有关。

【技师指导】发动机 ECU 若有点火识别功能，在识别出某些缸工作不良后，可令这些缸断油以控制发动机排放，并上故障码。发动机轻微失火运行时，氧传感器检测到多余的氧气，使氧传感器输出低电压，调节时电脑认为混合气稀，加大 25% 的喷油量仍旧稀，喷油修正数据超出上限，不能再调节。

【技师指导】点火模块搭铁虚接在各个车速范围都可能会导致耸车现象或突然熄火,但只要没有剧烈振动,仍能跑到最高车速。

【完成任务】
火花塞检查这些方法你都用过了吗?_____。
你用以上哪个方法发现了故障?_____。
故障是什么?_____。

三、点火能量判断

可用吊火法来区分有无点火、跳火声音大小、火花颜色判别次级高压电的能量。

【技师指导】用吊火法来区分有无点火,利用跳火声音大小和火花颜色判别次级高压电的能量,从而确定点火能量不足,并由学生找出可能漏电的部件。这个过程中由教师创造漏电方法:比如,高压线端部沾水模拟洗车;实车装用修理厂拆下的漏电高压线、生热开裂壳体的点火线圈、漏电的分电器盖、小间隙的火花塞、积炭火花塞等;学生根据吊火现象分析是否是漏电量不足故障,如果不是时要确认是哪类故障。

检查故障时,如传统点火系统判断故障一样,首先判断是初级电路导致的故障,还是次级电路导致的故障。方法是:中心高压线对缸体的跳火试验距缸体距离为 12.5 mm,应有明亮的蓝火,同时伴随"啪啪"声。为避免各缸进油太多,每次起动机不过 2 s。对无分电器点火系统采用拆出高压线和火花塞,用另一只新的火花塞拧入这个缸,将拆出的火花塞贴在缸体上,装好高压线起动发动机,注意发动机附近不能有汽油蒸气,以防失火。

四、无点火和喷油的检查

【技师指导】供电正常时检查信号。凸轮信号轮和磁脉冲式传感器在分电器内无接触,在分电器外测量传感器电阻和是否对地有短路即可。若拆装时移动了磁脉冲传感头,按标准间隙 0.2~0.5 mm 装回。事实上,在装磁脉冲传感头回原位,有的车很困难,因为磁脉冲传感头内的永久磁铁会吸分电器轴上的信号轮,而且吸力很大,用手在分电器这个小空间里,确实需要反复弄几次才能安装固定。若间隙不对,打着车后,几秒自动熄火,产生和点火模块有故障现象差不多。NE 的间隙也必须正确,否则根本不着车。

一般常用方法如下:用万用表测供电电压,用示波器来测量电脑发送到点火放大器的驱动信号,未有驱动信号时,要用示波器来测量凸轮轴信号和产生 1° 信号的传感器。修理时点火模块上若有微机的点火触发信号,但点火却不正常,则判断是点火系统故障。实际上点火基准信号(凸轮轴位置传感器)和 1° 计算机时间信号部件很少有故障发生,一般为生锈故障,也有为人为故障,比如信号轮的间隙调节不当。曲轴转速信号也可用发动机转速表指针是否摆动或油泵电动机供电时的声音判断。

【完成任务】
(1) 点火驱动信号是否正常?_____。

(2) 没有驱动信号时，检查：_____。

(3) 有驱动信号时，检查点火线圈供电是否正常：_____。

结论：_____。

五、有漏电导致弱火的检查

【技师指导】漏电检查元件包括火花塞、高压线、点火放大器和点火线圈4个主要部件的检查，对于分电器点火系统还要包括分电器盖、装有限压电阻的分火头。

这些传统点火系统有的元件故障也与传统点火系统相同。图4-34为点火系统常损坏的部件。

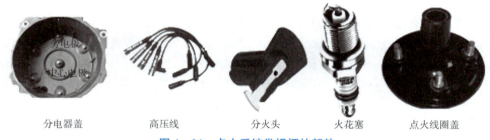

图4-34 点火系统常损坏的部件

1. 高压线检查

【技师指导】高压线阻值为几千欧姆，比如常见为5 kΩ。低阻值的高压线时可为1 kΩ，高阻值的高压线可在30 kΩ；高压线内部断路时可通过测量电阻检查出来。

高压线也有使用寿命，橡胶老化高压线会漏电，导致排放大量的HC和CO，在排气管内燃烧放炮，将排气管烧红，发动机加速无力，风扇二挡转动，发动机开锅。过热主要是因为驾驶员在发动机无力时会加大节气门开度，发动机转速不高，使混合气变浓，使补燃期过长，发动机生热过多而开锅。掀开机盖发现高压线与缸体之间在跳火，收音机有杂音，清洗发动机后打不着车这些情况出现时，可能是高压线漏电。高压线外皮损伤或老化漏电时，用手摸高压线会出现高压电击。

【技师指导】高压线漏电会影响发动机怠速的转速，从而影响发电动机发电电压，造成仪表内发电动机指示灯闪烁，不过这种故障也只出现在早期的汽车上。现代丰田汽车发动机转速汽车最低在750 r/min，大众汽车发动机转速最低在840 r/min，发电机转速在1 500 r/min以上，发电机皮带都有张紧轮，皮带打滑故障出现很少（调间距的除外），所以发电机转速一般不会因发动机转速和皮带打滑影响发电机的电压。当高压线漏电时，对于出租车来说，高压漏电可能干扰车速传感器向计价器传输正确信号，使计价器乱跳字；对于家用轿车来说，可能导致仪表显示不准。

对于单缸独立点火的点火线圈或双缸同时点火的火花塞，插火花塞处的橡胶绝缘下降漏电较多。检测时用手捏单缸独立点火式点火线圈的橡胶嘴处会发现裂口，不捏则不易发现。开裂的橡胶嘴还能使火花塞白陶瓷体出现线沟状麻点。在修理过程中，发现火花塞白陶瓷体出现线沟状麻点，即可更换高压线，这已证明橡胶嘴和接地电极间有电弧发生。橡胶嘴内的白色物质为绝缘物质，有白色物质为正常现象。

【完成任务】

高压线检查这些方法你都用过吗？_____；

你用以上哪个方法发现了故障？_____；

故障是什么？_____。

2. 点火线圈故障

点火线圈初级电阻为 0.2~0.5 Ω，次级电阻为 10.2~13.8 kΩ，次级电阻的选择具体参考修理手册。

【技师指导】 带涡轮增压的发动机，特别是发动机的点火线圈属于点火控制模块和点火线圈集成在一起的单缸独立式点火线圈，点火控制模块位于顶端，下部为线圈部分，次级线圈被初级线圈缠绕在中间，并由硬质绝缘材料封装，最外层则是金属屏蔽层。发动机出现怠速不稳、加速无力，主要原因是绝缘层绝缘性能不良，对已经损坏的点火线圈进行解体，你会发现这些点火线圈几乎都是次级线圈绝缘层被击穿，有的在绝缘层上端被击穿，有的在绝缘层下端被击穿。绝缘层击穿并非其电路设计问题，主要是绝缘层绝缘性能不良，使匝间、层间与极间出现短路现象，从而导致点火能量下降或直接对发动机缸体上的某个位置直接跳火，不再经火花塞跳火。

涡轮增压器对点火电压有影响。车辆正常行驶时，发动机和火花塞电极的温度都很高，此时的混合气很容易被电离击穿。涡轮增压器工作时，汽缸内的压力相对普通汽油机要提高，混合气的密度变大。而此时击穿火花塞的电压要比普通发动机高出 2~6 kV（普通发动机为 8~12 kV）。在大负荷和急加速时点火击穿电压将达到 20 kV 左右，所以有些车在急加速时失火故障特别明显。

可用示波器观察点火波形电压，观察点火波形异常，正常的高压点火电压为 7 000 V 左右。冷车时，次级高压为 10 kV 左右。

有时点火线圈或点火模块只有在高温时才断火，低温时一切正常，所以用暖风机加热或长时间工作后再做上述点火能量测试。

实践中，双缸同时点火或单缸独立点火的点火线圈因为外壳为铸塑结构，时间长老化或点火线圈的电流不正常生热过多，都会导致塑料壳体开裂漏电。

【完成任务】

点火线圈检查的这些方法你都用过了吗？_____。

你用以上哪个方法发现了故障？_____。

故障是什么？_____。

以上故障现象适用于有分电器的汽车，也适用于无分电器的汽车，但具体车型元件的参数最好参考具体车型数据。分电器点火系统所用击穿电压比双缸同时点火击穿电压小，而且不存在火花塞上的高压火一半反跳降低点火能量的情况。再从成本和性能上看，只能说有、无分电器的点火系统各有千秋。

【技师指导】点火系统故障主要点火能量不足导致笃车和冒烟。点火系统主要控制点火正时和点火能量，曲轴和凸轮轴位置传感器（正时传感器）很少出故障，故障主要表现在为点火能量不足，可以这么说，在实际中修理只要能处理点火能量不足故障即可解决绝大部分的点火故障。点火能量不足故障点在点火放大器、点火线圈、高压线和火花塞。同时，分电器内分火头和分电器盖漏电也会导致点火能量不足。

第五章

照明和信号

一辆2011年款大众迈腾B7配有缸内直喷燃油系统，仪表上的示宽指示灯常亮，经查本灯为照明灯出故障。

如果你是接车的修理技术人员，应如何解决本故障，修理方案应如何制定？

能说出照明灯有哪些；
能说出信号灯有哪些；
能说出照明系统的故障灯符号；
能说出照明灯和信号灯的监控方法。

能够进行照明和信号的操作检查；
能够检查大灯远光和近光电路；
能够检查遇险警告灯和转向灯电路；
能够检查车内照明灯电路。

【任务驱动】设定故障要反映实际可能故障，最好采用从服务站收来的有故障的开关和继电器等进行任务驱动。任务驱动可分为6种类型：第一种是一侧大灯无搭铁故障；第二种是一侧转向灯泡损坏；第三种是闪光继电器引起转向和遇险警告灯故障；第四种是更换方向盘下部的组合开关总成；第五种是喇叭开关导致的声音不正常；第六种是倒车灯电路的倒车灯开关损坏；可从中选择一种或多种作为典型故障。

第一节　照明和信号简介

为了保证汽车行驶的安全性，减少交通事故和机械事故的发生，汽车上都装有照明系统、信号系统、仪表和警告系统。我国交通法规规定，在车辆的使用过程中要求四类装置应齐全、完好、功能有效。

汽车灯光系统分别作为照明和信号使用，图5-1中△开头的灯为信号灯，〇开头的灯为照明灯。汽车灯光系统的功能是：照明道路，例如前照灯总成中的远光灯和近光灯；在黑暗中显示汽车轮廓的如示廓灯、驻车灯；向其他的交通参与者显示行驶意图，例如转向灯、制动灯；对其他交通参与者发出警告，例如危险警告灯。

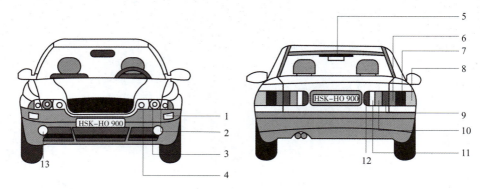

1—△ 驻车灯；2—△ 转向灯；3—〇前照灯近光灯；4—〇前照灯远光灯；5—△ 辅助制动灯（高位制动灯）；6—〇尾灯；7—△ 刹车灯；8—△ 转向灯；9—△ 反光器；10—〇后雾灯；11—△ 倒车灯；12—〇牌照灯；13—〇雾灯。

图5-1　汽车灯光系统

将前照灯（远、近光）、前示宽灯、前转向灯等组合起来，称为前照灯总成；将后示宽灯（也称尾灯）、后转向信号灯、制动灯、倒车灯、后雾灯等组合起来，称为后尾灯总成。前雾灯通常独立在汽车前保险杠杠皮下部。

一、照明系统

照明系统分为室外照明和室内照明两种。

1. 前照灯

前照灯为照明灯，俗称大灯，有两灯制和四灯制之分。四灯制的前照灯装于外侧的1对使用双丝灯泡，装于内侧的1对为远光单光束灯。轿车多采用两灯制。

现代高速汽车前照灯的照明距离应达到200~250 m，我国交通法规规定，夜间会车时，须在距对面来车150 m以外关闭远光灯，改用近光灯，防止对方炫目。前照灯一般为双丝灯泡，其中远光灯丝功率较大（45~60 W），远光灯丝位于反射镜的焦点位置，射出的光线远而亮。近光灯丝（功率为22~55 W）位于反射镜焦点的上方或前方，并稍向外偏斜，由于光线弱，且经反射后光线大部分向下倾斜，从而减少了对迎面来车驾驶员的炫目作用。

2. 雾灯

雾灯为照明灯，装于车头的雾灯称为前雾灯，车前部雾灯位置比前照灯稍低，车尾的雾灯称为后雾灯。雾灯光色为黄色，因为黄色光波的波长较长，透雾性能好。雾灯在有雾、下雪、暴雨或尘埃等恶劣条件下改善道路照明情况。

目前一些低档车采用后部仅装一雾灯或前部根本不装前雾灯的结构。

3. 牌照灯

牌照灯为后部照明灯，用于照亮尾部车牌。当尾灯（小灯）点亮时，牌照灯也点亮。牌照灯安装于汽车牌照的上方或两侧，其亮度应保证在 25 m 外能认清车牌照号码。

4. 仪表盘照明灯

仪表盘照明灯为室内照明灯，用于夜间照亮仪表盘，使驾驶员能迅速容易地看清仪表盘内容。尾灯（小灯）点亮时，仪表照明灯也同时点亮。大多数中、高轿车还加装了仪表照明灯光亮度调节装置，使驾驶员能调整仪表照明灯的亮度。

5. 顶灯（阅读灯）

顶灯为室内照明灯，用于车内乘客照明，亮度不致使驾驶员炫目。阅读灯受阅读灯开关和门控开关控制。

当车门打开时，门控开关将顶灯的电路接通，使顶灯点亮。当关闭车门时，门控开关将电路断开，顶灯熄灭。若进入汽车后仍需照明，可由阅读灯开关控制顶灯。

6. 发动机舱灯

发动机舱灯为照明灯，在夜间，为了便于对发动机舱故障进行修理，通常在前机器盖内侧装有发动机舱灯，发动机舱灯由发动机舱灯边上的开关控制。

二、信号灯

1. 示宽灯

示宽灯（也称为示廓灯）为信号灯，灯罩为红色，为低亮度灯，用于夜间给其他车辆指示车辆位置与宽度。通常将位于前方的示宽灯称为示宽灯，而将位于后方的示宽灯称为尾灯。

2. 制动灯

制动灯为信号灯，也称为刹车灯，灯罩为红色，安装在车辆尾部，通知后面车辆该车正在制动，以避免后面车辆与其后部发生碰撞，通常为便于观察，在后风窗上有高位制动灯。

3. 转向灯

转向灯为信号灯，为使灯光呈警示性的黄色，灯罩用黄色或灯泡为黄色，一般在车辆前大灯总成和后尾灯总成内，为了更便于观察也可增设车侧转向灯，位置在前翼子板上和外观后镜上。转向信号灯开关控制闪光继电器输出脉冲电流给转向灯，使转向灯以 60~120 Hz 的频率闪烁。

4. 危险警告灯

危险警告灯为信号灯，全车所有转向灯在转向闪光电路控制下同时闪烁，用于车辆紧急停车或驻车，有提示附近车辆远离或注意的作用。

5. 倒车灯

倒车灯为信号灯，安装于车辆尾部，给后车司机提供信号，倒车灯为白色。

以上装置中前照灯、示宽灯及尾灯、倒车灯、转向信号灯、牌照灯、制动灯等都是强制安装使用的，其他灯光设备是在一定条件下强制安装或选装。由于前照灯在所有照明设备中具有特殊的光学性质，因此将在本章第二节重点讨论前照灯。

【完成任务】

照明电路元件有哪些？＿＿＿＿＿＿＿＿＿＿＿＿＿＿＿＿＿＿＿＿＿＿＿＿＿＿＿。

信号系统元件有哪些？＿＿＿＿＿＿＿＿＿＿＿＿＿＿＿＿＿＿＿＿＿＿＿＿＿＿＿。

第二节　照明和信号系统

【任务驱动指导】 请进行灯泡更换作业和灯光光束的位置调整作业。

最后能根据实习车的电路图资料，对大灯电路、雾灯电路、室内灯电路和牌照灯电路设计的任务驱动故障进行排除，任务驱动故障教师可以自行确定。

一、前照灯

图 5-2 所示为前照灯系统，双前照灯系统的远、近光灯泡装在同一反射镜内，光源由双灯丝灯泡（双灯丝灯泡，H4 卤素灯）产生。四组件前照灯系统有一对远光/近光灯泡，或者这个灯中只有近光灯丝，另一对只有远光灯丝。六组件前照灯是在四组件前照灯系统的基础上，根据布置的不同或者增加一对前雾灯，或者增加一对远光灯。

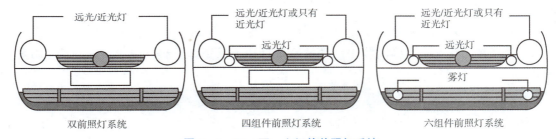

图 5-2　二、四、六组件前照灯系统

汽车前照灯灯泡种类如下：

（1）白炽灯泡

由于钨丝在使用时蒸发损耗，使灯泡的使用寿命缩短，为延长其寿命，将玻璃泡中的空气抽出，充入其他气体（惰性气体），即为白炽灯泡。

（2）卤钨灯泡

若充入灯泡中的气体是卤族元素（氟、氯、溴、碘），即为卤钨灯泡。卤素灯泡从外形上可分为 H1、H2、H3、H4，其中 H4 为双丝灯泡，广泛用于前照灯；H1、H2、H3 灯泡为单丝灯泡，常用于辅助前照灯（如雾灯等）。图 5-3（a）为卤钨灯泡。

安装新灯泡时，在灯泡上不能留下手指指纹印迹，特别是在更换卤钨灯泡时，切勿用手指触及灯泡玻璃壳，被皮肤脂肪沾污过的玻璃壳，其寿命会大大缩短，因此拿灯泡时应拿底座

(3) 气体放电灯

图 5-3 (b) 为氙气灯 (High Intensity Discharge, HID), 在抗紫外线水晶石英玻璃管内以多种化学气体充填, 其中大部分为氙气 (Xenon) 与碘化物等, 然后透过增压器 (Ballast) 将车上 12 V 的直流电压瞬间增压至 24 000 V 左右, 经过高压电场激发石英管内的氙气, 产生游离电子, 游离电子在两电极之间产生通路, 形成光源, 这就是所谓的气体放电。由氙气所产生的白色超强电弧光, 可提高光线色温值, 发出类似白昼的太阳光芒, HID 工作时所需的电流量仅为 3.5 A, 亮度则是传统卤素灯泡的 3 倍, 使用寿命更比传统卤素灯泡长 10 倍。

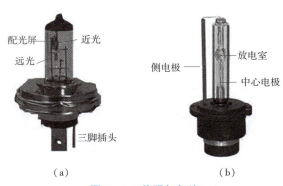

图 5-3 前照灯灯泡

(a) 卤钨灯泡; (b) 疝气灯泡

HID 一般由灯头、电子镇流器 (也称安定器、稳压器等)、线束等组成。电子镇流器利用蓄电池 12 V 的直流电压, 经过一系列的转换、控制、保护、升压、变频等动作后, 产生一个瞬间 24 000 V 的点火高压对灯头进行点火, 点亮后再维持 85 V 的交流电压。

其突出的优势作用如下: 氙气灯发射的光通量 (符号 Φ, 单位为流明 Lm。说明发光体每秒所发出的光量之总和, 即光通量) 是卤素灯的 2 倍以上, 同时电量转化为光能的效率也比卤素灯提高 70% 以上, 所以氙气灯具有比较高的能量密度和光照强度, 而运行电流仅为卤素灯的一半, 省电 1/2, 卤素灯耗费 60 W 以上的电力, 氙气灯只需 35 W 的电力。由于氙气灯没有灯丝, 因此不会产生因灯丝断而报废的问题, 使用寿命比卤素灯长得多, 氙气灯使用寿命相当于汽车平均使用周期内的全部运行时间。

当汽车的供电系统和电池出现故障, 安定器自动关闭停止工作。氙气灯一旦发生故障不会瞬间熄灭, 而是通过逐渐变暗的方式熄灭 (或者快速点亮), 使驾车者能在黑夜行车中赢得时间, 紧急靠边停车。

氙气灯的劣势如下: 氙气灯电源电压低时不能工作; 开启后不能迅速达到最高亮度, 远光有一定的滞后性, 比如在拨动大灯开关进入超车动状态时; 同时价格也高很多。

HID 的型号和卤素灯泡是对应的, 汽车卤素大灯泡中采用远/近光两根钨丝, 一般采用的型号为 H4、H13、9004、9007, 由于氙气灯有一部分灯泡做到了近光和远光一体, 于是分别有了下述 4 种系列。

1) H4—2、H13—2、9004—2、9007—2 为氙卤灯 (其中 H4—H 中的 H 表示是远光为氙气灯光, 近光为卤素灯光。

2) H4S—H、H13S—H、9004S—H、9007S—H 即发光焦点设置为远光。

3) H4S—L、H13S—L、9004S—L、9007S—L 即发光焦点设置为近光。

4) H4—H/L、H13—H/L、9004—H/L、9007—H/L 氙气灯均为远/近光一体的氙气灯；其中 H/L（High/Low）表示远/近光，此种型号原车的灯必须为远/近光同在一个灯泡上，原车灯泡中有远/近光两个灯丝。

电子镇流器单元（见图5-4）是气体放电灯工作时必需的装置。电子镇流器单元能够产生 24 kV 的高电压，引起气体放电灯电极之间产生电弧，称为气体放电光灯点火。一旦气体放电灯被点火后，所需要的工作电压约为 85 V（300 Hz 交流电压），并保持 35 W 的功率。

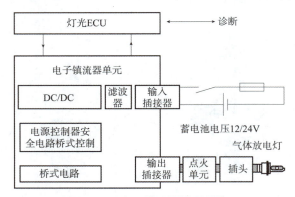

图5-4 电子镇流器控制结构

由于气体放电灯在点火和工作期间都需要很高的电压，一旦气体放电灯维护不当或损坏，就可能危及人身安全，因此必须遵守有关的安全法规。

电子镇流器单元内的安全电路够检测出气体放电灯在点火和工作期间电弧是否中断。如果电弧中断，电子镇流器单元就会重新点火。如果由于气体放电灯或线路故障而不能点火成功，电子镇流器单元将切断电压。对于有自诊断功能的电子镇流器单元，故障将记忆在控制单元的故障存储器内。前照灯的故障可能引起漏电，如果漏电的电流达到 20 mA，电子镇流器单元将切断灯的电源。

具有气体放电近光灯的汽车前照灯应具备以下技术性能：

1) 照射范围自动控制；

2) 前照灯洗涤刮水系统；

3) 当远光灯接通时，近光灯应自动工作。

前照灯照射范围自动控制和前照灯洗涤刮水系统可以避免前照灯炫目作用。

前照灯可以设计成反射系统或投射系统，对于投射系统，反射镜通常用任意表面技术制造。

1) 前照灯照射范围自动控制。前照灯照射范围自动控制系统可以在汽车载荷变化的情况下保证前照灯的灯光总是能够自动调整到正确位置。装在汽车后桥上的汽车车身高度传感器可以检测出由于载荷不同而引起的悬挂高度的变化，照射范围自动控制系统控制伺服电动机调节前照灯光线照射的角度。

2) 前照灯照射范围动态控制。前照灯照射范围动态控制系统如图5-5所示，该系统根据车速、前后桥高度传感器的信号调整灯光，传感器通常有3个，如前桥2个、后桥1个。控制单元通过步进电动机调节灯光向下倾斜的角度，这可以补偿由于制动或加速引起的汽车倾斜角度的变化。

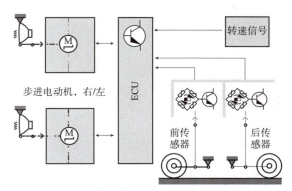

图 5-5 前照灯照射范围动态控制系统

气体放电灯同时作为前照灯的远光灯和近光灯（制造厂命名为 Bi-Xenon，Bi-Litronic）时，通常还有另外的气体放电灯 H7 作为光源的远光灯。

（4）发光二极管（LED）

根据需要的亮度以及希望的灯光颜色，将一定数量的发光二极管连接成一体就构成了发光二极管灯。许多二极管组成的灯具减少了整个灯具失效的可能性。发光二极管的使用寿命约为 10 000 h。发光二极管灯通常用作制动灯，因为发光二极管达到最大亮度需要的时间约 2 ms，比金属丝灯或卤素灯需要的时间都短。

二、前照灯开关和继电器

前照灯电路主要由灯光开关、变光开关、前照灯继电器及前照灯组成。

1. 灯光开关

灯光开关的形式早期定义有拉钮式、旋转式和组合式。拉钮式开关已淘汰，现多为拉钮和旋转式组合，称为拉旋式。

图 5-6 为大众轿车拉旋式组合开关，通常有 4 个功能。

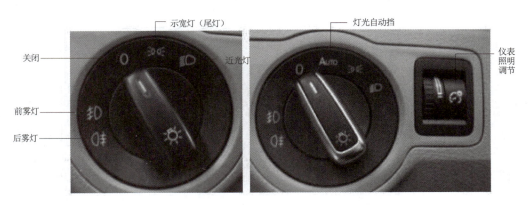

图 5-6 大众轿车拉旋式组合开关（右侧为仪表调光钮）

1）顺时针转动开关，即可依次接通大灯自动 AUTO、示宽灯、前照灯近光。注意：灯光开关不是大灯的远光开关，远光开关是通过向下操作转向开关控制。

2) 向外拔出一挡为前雾灯，向外拔出二挡为后雾灯。

【技师指导】大众汽车灯光开关有的没有大灯自动挡，有的甚至只有后雾灯开关，没有前雾灯开关。

【完成任务】灯光开关是不是远光灯开关？_____。若不是，远光灯开关在哪个位置？_____。

2. 丰田组合式灯开关

图 5-7 为丰田汽车使用的组合开关，其通常有 4 个功能。转动开关端部，即可依次接通前后示宽灯、前照灯和大灯（AUTO）。

1) 将开关向下压，即由近光变为远光。若将开关向上扳动，亦可变为远光，不同的是，松手后开关自动弹回近光位置，此位置用来作为夜间行车时的超车信号或提醒注意信号。

2) 分别向前、向后扳动开关，可使右侧、左侧转向灯工作。

有些货车采用脚踏变光开关，如图 5-8 所示。每用脚踏动按钮开关 1 次，开关内推杆推动转轮向一方向转动 60°，从而交替接通远、近光和空位 3 个位置。

图 5-7 丰田方向盘下左侧组合开关

图 5-8 货车的脚踏变光开关

3. 奥迪组合式开关

【完成任务】根据图 5-9，画出奥迪组合式开关的开关图形。

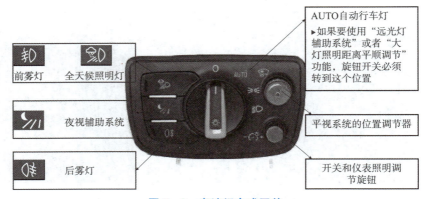
图 5-9 奥迪组合式开关

前雾灯	后雾灯
夜视辅助系统	开关和仪表照明调节旋钮
小灯（示宽灯）	近光灯
平视系统的位置调节器	

【完成任务】平视系统的位置调节器的作用是什么？_____。与照明系统有关吗？_____。

【完成任务】在奥迪轿车大灯总成图（见图5-10）上，直接标出4个灯和1个电机的名称。

图 5-10　奥迪轿车大灯总成图

三、前照灯继电器

前照灯的工作电流较大，特别是四灯制的汽车，如用车灯开关直接控制前照灯，车灯开关易烧坏，因此在灯光电路中设有灯光继电器，开关控制继电器线圈电路。汽车采用中央电气控制单元后，前照灯继电器通常不在发动机舱的熔断丝盒上，而是集成在中央电气控制单元内部。

四、前照灯的分类

前照灯按结构又可分为可拆式前照灯、半封闭式前照灯、封闭式和投射式前照灯。

1）可拆式前照灯。目前已淘汰。

2）半封闭式前照灯。半封闭式前照灯的反光镜和配光镜一体，但灯泡可换。半封闭式前照灯拆装时，不必拆下光学组件，维护方便，因此得到广泛应用，但密封性能仍不良，导致经常有水蒸气出现，特别是在洗车或雨后。

3）封闭式前照灯。又称真空灯，其灯丝焊在反射镜底座上，反射镜与配光镜熔合为一体，形成灯泡，里面充入惰性气体。当封闭式前照灯灯丝烧坏后，需要更换整个灯芯总成。更换时，先拔下灯脚与线束连接的插座，然后拆下灯圈，即可取下灯芯；安装灯芯时，应注意配光镜上的标记（箭头或字符），不应出现倒置或偏斜现象。

4）投射式前照灯。为使前照灯更亮、更远、更美观，现代轿车上出现了投射式前照灯和高亮度弧光灯。投射式前照灯装有很厚的无刻纹的凸形配光镜，反射镜为椭圆形，所以其外径很小，其结构如图5-11所示。它的这种配光特性可适用于前照灯近、远光灯，也可用作雾灯。采用投射式前照灯，可利用的光束增多，若将反射镜做成扁长断面，很多光束就可以横向扩散，不仅结构紧凑，而且经济实用。

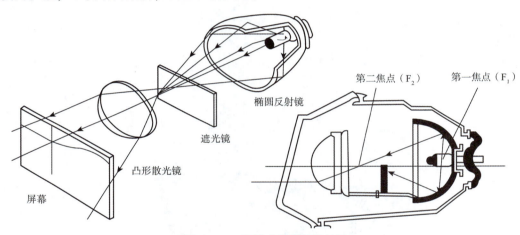

图5-11 投射式前照灯的结构

五、前照灯远光电路的自动控制功能

为了提高汽车行驶的安全性，很多新型车辆采用电子控制装置对前照灯进行自动控制。

1. 前照灯会车自动变光器

前照灯会车自动变光器以光敏器件为信号，当收到150~200 m以外对方车辆的灯光信号时，能够自动地将本车的远光变为近光。

2. 前照灯昏暗自动开启控制功能、高速路功能、下雨灯光功能

在汽车行驶过程中（并非夜间行驶），当汽车前方自然光的强度减低到一定程度，发光器便自动将前照灯电路接通，开灯行驶以确保行车安全。如图5-12所示，前照灯昏暗自动开启控制：如果将大灯开关E1设定在自动挡，点火开关E415在点火挡，雨量和光照识别传感器G397会自动检测外界光强信号。例如，当车辆经过隧道时，传感器会将信号传递给车载电网控制单元J519，由J519控制行车灯点亮。

高速路功能。当车速超过140 km/h的时间在10 s以上时，该功能会激活行车灯。当车速降到 65 km/h 的时间超过 150 s 时，行车灯会自动关闭。高速路功能需要将大灯开关 E1 设定在自动挡。

下雨灯光功能。当前雨刮臂被激活时间超过 5 s 时，该功能会点亮行车灯。当雨刮臂停止工作时间超过 255 s 时，行车灯自动关闭。下雨灯光功能需要将大灯开关 E1 设定在自动挡。

3. 前照灯自动关闭延时功能

当汽车停驶时，为驾驶员下车提供一段照明时间。只要驾驶员关闭点火开关后，按一下仪表盘上的按钮开关，前照灯即可延长一段时间后自动关闭。过去这个功能采用发动机的机油压力开关控制，现在采用中央电气控制单元实现。

六、自适应前照灯系统

自适应前照灯系统能够适应各种不同的交通情况。这种具有动态转弯功能的前照灯能够在汽车转弯时做出相应的调整。

1. 固定转向灯

汽车在十字路口处转弯时，固定转向灯点亮，起一定的辅助灯光照明作用，如图 5-13 所示，但固定转向灯不能随汽车转弯的程度控制发生变化。一旦控制单元检测到汽车处于转弯状态，即当汽车在转弯半径较小的情况下行驶时，就点亮固定转向灯。

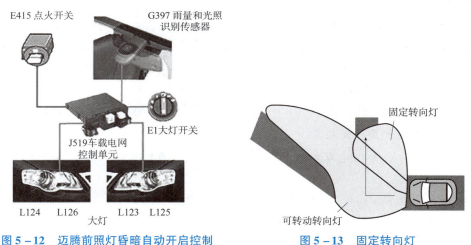

图 5-12　迈腾前照灯昏暗自动开启控制　　图 5-13　固定转向灯

2. 自适应前照灯

自适应前照灯由具有卤素灯泡的辅助灯（固定转向灯）和具有转动装置的投射灯组成，如图 5-14 所示。投射灯总成是一双氙气（Bi-Xenon）前照灯，有一活动的光闸在远光与近光之间转换。当汽车转弯时，投射灯总成根据转弯半径由步进电动机通过蜗轮蜗杆装置控制其绕垂直轴线转动一定的角度，如图 5-15 所示。汽车转弯半径可以通过检测方向盘的转动角度和车速，也可以检测汽车绕其垂直轴的回转角度。由控制单元接收并处理，然后控制步进电动机带动反光镜移动，使投射灯光束发生随动。

图 5-14 动态转弯灯

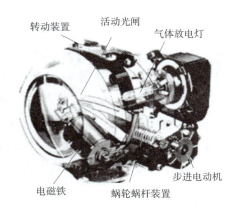
图 5-15 具有转动装置的投射灯总成

此外，动态大灯控制系统的电子控制单元接收方向盘转角和车速传感器信号后，还可实现车速超过如 80 km/h 起动大灯自动调平系统，提升远光，增加高速时的视野距离。在不利条件如雾、雨、雪情况下，有助于看清路边，同时将光从前方近处除去，以便减轻地面反射。在城市内光照条件较好时，调节光束降低，增加横向光，增加驾驶员对路边行人的识别能力，减轻炫目。

七、前照灯的检测调整

国家标准 GB 7258—1997《机动车运行安全技术条件》对汽车前照灯的发光强度和光束照射位置做了具体规定，并将其列为汽车安全性能的必检项目。其主要技术指标要求为：检验时，要求轮胎气压正常，场地平整，前照灯配光镜表面清洁，汽车空载，驾驶室内仅有 1 名驾驶员。对装有两灯丝的前照灯以调整近光灯形为主；对于只能调整远光光束的灯，调整远光单光束。采用四灯制的汽车，其中两对称的灯达到两灯制的要求时，视为合格。

1. 前照灯远光光束发光强度

新注册汽车是指从 1998 年 1 月 1 日起注册的汽车，在用车是指截至 1997 年 12 月 31 日已注册的汽车。

两灯制在用汽车的前照灯，每个灯的发光强度应大于 12 000 cd，四灯制在用汽车前照灯，每个灯的发光强度应大于 10 000 cd。

两灯制新注册汽车的前照灯，每个灯的发光强度应大于 15 000 cd，四灯制新注册的汽车前照灯，每个灯的发光强度应大于 12 000 cd；检测时，要求汽车的电源系统应处于充电状态（可通过电流表、电压表或放电指示灯的状态来判断）。

2. 前照灯光束照射位置

检测机动车前照灯的近光束照射位置时，车辆应空载，允许乘坐 1 名驾驶员。前照灯在距屏幕 10 m 处，若 H 为前照灯基准中心高度，光束明暗截止线转角或中点的高度应为 0.60~0.80 H，其水平位置向左、右均不得大于 100 mm。

四灯制的前照灯，其远光单光束灯在屏幕上的调整，要求光束中心离地面高度为 0.85~0.90 H。水平位置要求左灯向左偏不得大于 100 mm，向右偏不得大于 170 mm；右侧灯向左或向右偏均不得大于 170 mm。

前照灯检查方法有屏幕调试法和检验仪调试法。前照灯检验仪根据其结构与原理的不同，可分为聚光式、屏幕式、投影式以及自动追踪式，检验项目基本相同。检测仪设计原理、使用方法有不同，所以主要参考仪器使用说明书。

【完成任务】在网上查找大灯检测仪的说明书和国标 GB 7258—1997 的内容，找出其中与修理相关的内容，有条件的学校可以给学生安排大灯光束调节任务。

八、大灯改装

大灯改装通常有以下几种方法。

1. 更换大功率灯泡

将原车 55/60 W（H4）的普通卤素灯泡直接换成 90/100 W 的大功率灯泡，其余部分不需要做任何改动，此种改装方式能够提升一定的灯光亮度。但是会造成线路、开关负荷的严重增加。灯泡热能的增加、灯杯温度的增加。高温加速反光镜的水银老化，大的工作电流易造成线路及开关的超负荷，甚至可能引发火灾。

2. 加装大灯继电器

将蓄电池电压通过继电器触点直接加在大灯上，灯光开关控制继电器线圈，由于工作电流不再绕经开关，线路的电压损耗小，这样可使大灯两端的电压与蓄电池电压基本接近。

3. 改装氙气大灯

氙气大灯主要由氙气灯泡和安定器组成，安定器又称高压发生器。对于远、近光组合在一起的还有一套用来变换远、近光的机械附属装置。根据目前市场上氙气大灯产品的不同，改装方式主要分为 2 种：一种是整体式的专用总成改装，含灯罩、灯壳、反光罩、氙气大灯在内的全套大灯总成，一般是远、近光都换成了氙气大灯，这种情况不需要进行灯泡焦点的调试和光束的聚焦位置的调整；另一种是只更换 HID 灯泡，一般分为仅更换远光、仅更换近光和远、更换近光。

【技师指导】氙气大灯的改装需要另接电源和搭铁线。如图 5-16 所示，原车左、右大灯插头拆下，取其中一个即可，插至灯光继电器上，当车内远光开关打开，远光继电器闭合向安定器供电，车外 HID 灯泡远光点亮；若有 HID 灯泡近光，则近光经近光继电器线圈至地，车外 HID 灯泡近光点亮。改装时，安定器安装要远离热源、水箱，最好置于透气性和散热性较好的位置；电源取电不能取到不该取的电路里，导致原线路供电电流不够，或线路电流过大而超负荷引起生热。氙气灯自动熄火一般是 12 V 供电出现了如电压低、电压不稳和电路接触问题。

九、灯光的常见故障

"卤素灯泡"常见故障一般有灯光不亮、亮度下降和灯泡频繁烧坏等。

1. 灯光不亮

引起灯光不亮的原因主要有灯泡损坏、熔断器熔断、开关或继电器损坏及线路故障等。

在进行故障诊断时,应根据电路图对电路进行检查,判断出故障的部位。

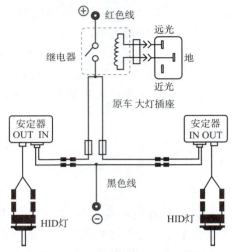

图 5-16 氙气远光灯的电路

2. 亮度下降

1)发动机未起动时,若灯光亮度不足,多为蓄电池电量不足;

2)发动机工作后,若灯光亮度不足,多为发动机发电量不足;

3)导线接头松动或搭铁不良,供电线路沿程有电阻存在,导致灯泡供电电压不足变暗;

4)汽车洗车或淋雨后,灯罩内可能进水,导致大灯的玻璃内有水蒸气,使射出的光线暗淡。其他极少出现的故障还包括散光镜损坏、反射镜有尘垢、灯泡发黑和灯丝没有位于反射镜焦点上,均可导致灯光暗淡。

3. 灯泡频繁烧坏

灯泡频繁烧坏一般是因为发电机内的电压调节器故障,是发电机输出电压过高造成的,应更换调节器。此外,接触不良也有可能造成灯泡频繁烧坏,检查时也应注意这方面的情况。

【完成任务】

老师设计的大灯电路的故障现象是什么?＿＿＿＿＿＿＿＿＿＿＿＿＿＿＿＿＿＿;
故障原因是什么?＿＿＿＿＿＿＿＿＿＿＿＿＿＿＿＿＿＿＿＿＿＿＿＿＿＿;
老师设计的雾灯电路的故障现象是什么?＿＿＿＿＿＿＿＿＿＿＿＿＿＿＿＿;
故障原因是什么?＿＿＿＿＿＿＿＿＿＿＿＿＿＿＿＿＿＿＿＿＿＿＿＿＿＿;
老师设计的室内灯电路的故障现象是什么?＿＿＿＿＿＿＿＿＿＿＿＿＿＿＿;
故障原因是什么?＿＿＿＿＿＿＿＿＿＿＿＿＿＿＿＿＿＿＿＿＿＿＿＿＿＿;
老师设计的牌照灯电路的故障现象是什么?＿＿＿＿＿＿＿＿＿＿＿＿＿＿＿;
故障原因是什么?＿＿＿＿＿＿＿＿＿＿＿＿＿＿＿＿＿＿＿＿＿＿＿＿＿。

第三节　信号装置

【任务驱动指导】根据实车相应的电路图排除对转向信号灯电路、遇险警告灯电路、刹车灯电路、倒车灯电路和喇叭电路设计的故障。

信号系统主要用于向他人或其他车辆发出警告和示意的信号，其主要的信号设备如下。

1. 示宽灯

示宽灯也称夜行灯、示廓灯、小灯或位灯，是名称最多的灯，装于汽车头部和尾部两侧，向对方车辆驾驶员显示汽车轮廓宽度和存在。前位灯又称示宽灯，一般为白色或黄色，后位灯又称尾灯，为红色。夜行灯在傍晚时驾驶员即打开，此时车身外部前、后都有灯亮，同时室内仪表盘及仪表台上的控制开关照明也打开，在夜行开关旁边通常有调节室内开关照明和仪表照明亮度的滑动变阻器。

2. 转向信号灯

转向信号灯也称转向灯，汽车的两侧前部、中部和后部各装 2 个，共有 6 个转向灯。对于车身较长的车辆，其车身中部可能装有更多的转向信号灯。转向信号灯一般为橙色，当驾驶员要转向或变更车道时，操作转向灯开关，通过一侧的转向灯闪动来向外部车辆显示本车将要转弯的方向，转向灯的操作一定是先打转向灯开关，再进行转向操作，这样才能对外部车辆有告知作用。

转向灯的另一个作用是驾驶员操作危险警告灯开关，这时两侧的 6 个转向灯全部闪烁，闪烁频率为（90±30）次/min。

有些汽车前转向灯和前位灯共用一双丝灯泡，其中功率较大的灯丝用于转向信号灯，功率较小的用于位灯；后转向灯和后位灯共用一双丝灯泡，其中功率较大的灯丝用于转向信号灯，功率较小的用于位灯。

3. 制动信号灯

制动信号灯也称制动灯，一般为红色，汽车后面左、右各装 1 个，同时装配高位制动灯，共计 3 个灯。制动灯受位于制动踏板支架上的制动灯开关控制。

4. 倒车灯

倒车灯开关在变速器上，当汽车挂上倒挡时，倒车灯开关接通倒车灯电路，装于车后面的白色倒车灯点亮，可警告后面的车辆及行人，兼起一定的照明作用。

5. 危险警告灯

危险警告灯由转向信号灯兼任。当汽车发生故障或遇有特殊情况时，按下标有三角形的红色按钮，此时汽车两侧的转向信号灯同时闪烁作为危险警告灯信号。国标 GB 7258—1997 规定，危险警告灯装置不受点火开关 IG-ON 控制。

6. 驻车灯

点亮示宽灯单边时为驻车灯，用于侧位停车。

7. 挂车标志灯

全挂车在挂车前部的左右各安装一个红色的标志灯，其高度要求高出全挂车的前栏板 300~400 mm，距外侧车厢小于 150 mm，以引起其他驾驶员的注意。

8. 喇叭

根据道路交通许可法规规定，汽车必须有喇叭系统。轿车的标准喇叭或货车的高音喇叭可以用作信号喇叭。操作时按下转向盘衬垫，使转向盘衬垫下侧的喇叭开关接通，即可接通喇叭电路。

9. 大灯远光的信号功能

在操作转向盘左下侧的转向灯开关向转向盘方向移动时，大灯点亮，驾驶员手放开关大灯熄灭，开关将自动复位。如果驾驶员想从外侧超车，或认为自己或他人处于危险的情况下时，可以使大灯远光短暂发出灯光以对外提醒。

下面对几个主要的警告灯加以说明。

一、转向灯和危险警告信号灯

1. 转向灯和危险警告信号灯的功能

6 个转向灯，通常车前、后为 4 个 21 W 灯泡，车侧为 2 个 5 W 灯泡，光亮为淡黄色，闪动为每秒 1~2 次。打转向灯开关时，仅为一侧 3 个灯闪动，而危险警告灯开关按下时，则是两侧 6 个转向灯闪烁。

2. 电子闪光器

电子闪光器是实现转向灯闪烁的原因，闪光器可分为有触点式和无触点式。如图 5-17 为三脚闪光器。

（1）有触点式

6 个转向灯的总功率为 94 W，可以说功率较大，因继电器带载能力较强，所以较为多用。触点式闪光器的特点是：打转向灯开关后能听到继电器触点"咔哒"开闭的声音，继电器触点开闭的声音也有助于帮助故障判别。有触点式又分为带继电器触点的晶体管闪光器和带继电器触点式集成电路闪光器两种。

图 5-17 三脚闪光器

1）带继电器触点的晶体管闪光器：振荡电路由电阻、电容和晶体三极管组成，利用电容充、放电的通常称为晶体管闪光器。

2）带继电器触点式集成电路闪光器：振荡器部分由集成电路、电阻、电容组成，通常称为集成电路闪光器。

（2）无触点式

1）无触点晶体管闪光器。无触点晶体闪光器，即把触点式晶体管闪光器中的继电器去掉，采用大功率晶体管来取代原来的继电器。

2）无触点集成电路闪光器。无触点集成电路闪光器与无触点晶体管闪光器相似，将闪光器中功率输出级的触点式继电器改为无触点大功率晶体管，以实现对转向灯开关的控制。

无触点式闪光器的特点是：打转向灯开关后，闪光器没有继电器吸合/断开的声音，不利于修理，同时带载能力也有限，较少应用，最近几年有汽车用仪表来模拟继电器的声音。

由于闪光器的闪光控制利用电容的充、放电原理，因此如果一侧转向灯换小功率灯泡或灯泡损坏，另一侧转向灯的闪动频率将加快，可操作试一试。

早期汽车的闪光器多放在中央熔断丝盒上，现在一部分汽车放在危险警告灯开关内部。图 5-18 为在危险警告开关中的转向信号灯继电器，且接可接收防盗信号，因为防盗系统也要控制转向灯闪烁。

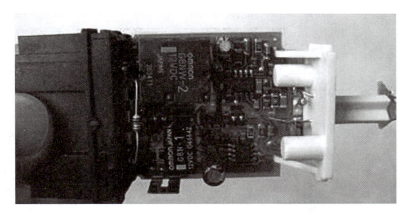

图 5-18　在危险警告开关中的转向信号灯继电器

【完成任务】根据图 5-19 和图 5-20（续）转向灯和危险警告信号灯电路图完成下列任务。翻译。Flasher Relay：_____；Turn Switch：_____；Combination Switch：_____；Combination Meter：_____；GND：_____；EHW：_____；ER：_____；EL：_____；E 的作用是正触发还是负触发：_____。

车的一侧有几个转向灯：_____；它们是一条线路引出并联的吗：_____；组合仪表内的发光二极管的作用是什么：_____。将转向灯泡取下 1 个时会出现什么现象：_____；换个小功率的灯泡换上去会有什么现象：_____。

3. 转向信号灯常见故障及排除

转向信号灯故障与排除方法：若两侧转向灯同时亮，原因是转向灯开关失效；若两侧转向灯闪烁频率不同，则是两侧灯泡的功率不等或有灯泡坏；若转向灯常亮不闪，则是闪光器损坏；若闪烁的频率过高或过低，则是灯泡功率不当，闪光器工作不良，继电器触点间隙过大或过小，以及电源电压过高或过低。

二、制动灯

1. 制动灯说明

制动灯也称刹车灯，主要是在汽车制动时提醒行人及后面车辆的驾驶员，分车后两侧制动灯和高位制动灯共 3 个。高位制动灯的作用是警示后面行驶的车辆，从而避免发生追尾事故。后车和底盘较低的轿车在近距离制动时，由于两后制动灯位置较低，通常亮度也不够，其后面跟随行驶的车辆驾驶员有时很难看清楚，有发生追尾事故的隐患，所以现代汽车制动灯除了两侧的两个之外，都安有高位制动灯。

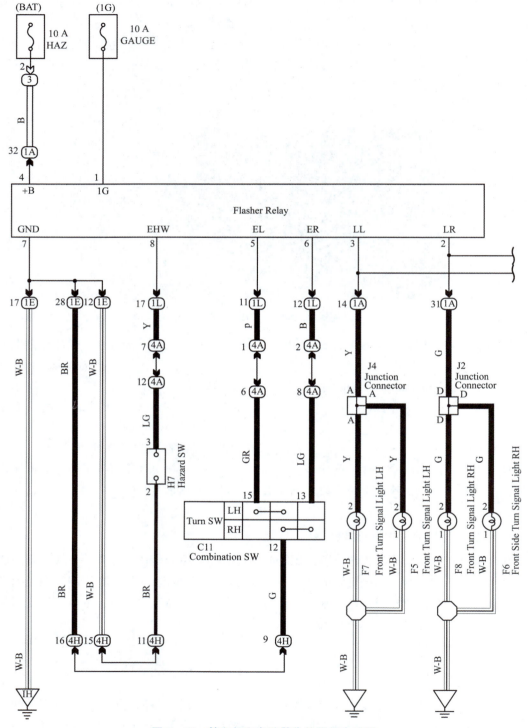

图 5-19　转向灯和危险警告信号灯电路图

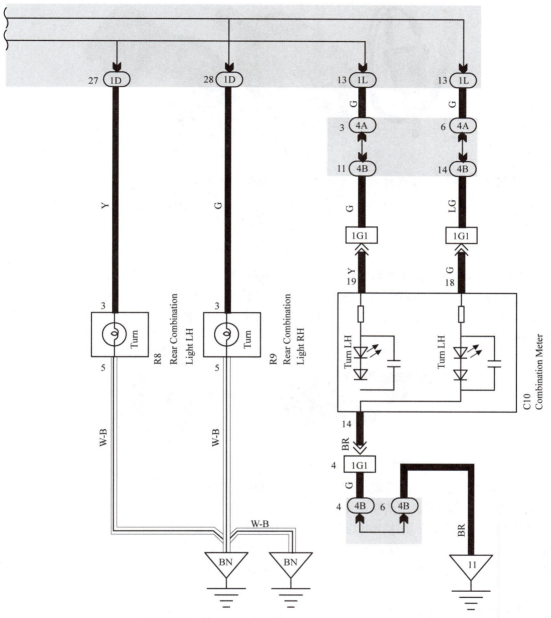

图 5-20 转向灯和危险警告信号灯电路图（续）

2. 制动灯开关

制动灯开关在踩下制动踏板时接通，制动灯开关一般装于制动踏板下方，对于货车的气压式制动系统，制动灯开关一般装于制动阀上。制动灯开关分为两线型和四线型，图5-21两线、四线和气压型制动开关，汽车采用两线式"常开"制动灯开关来点亮制动灯。制动灯开关为四线时，其中的两线"常闭"制动灯开关接线到发动机控制单元上，用于发动机控制单元解除巡航控制。

图 5-21 两线、四线和气压型制动灯开关

【完成任务】老师设计的制动灯电路的故障现象是什么？_____。
故障原因是什么？_____。

三、倒车灯与倒车蜂鸣器

倒车灯为白色，位于车后部。在配有手动变速器的汽车上，倒车灯开关位于手动变速器上，结构如图 5-22 所示。由变速杆将倒挡拨叉轴推到倒挡位置时，开关接通，点亮倒车灯。对配有自动变速器的汽车，由变速器的多功能开关在 R 挡时控制倒车继电器工作来控制倒车灯亮。

图 5-22 倒车灯开关和货车倒车蜂鸣器（壳体搭铁）

在货车上，倒车灯要并联上倒车蜂鸣器，蜂鸣器自有振荡电路，通电即鸣叫，以通知车后人员此车正在倒车中，请注意避让。现在轿车多装有倒车雷达，倒车时，倒车信号进入驻车辅助控制单元，4 个雷达探测后部障碍物的距离，当有障碍物达到设定时距离，倒车蜂鸣器向车内驾驶员提示有障碍物。货车用倒车蜂鸣器是用声音"提示车外人员"注意避让，而带倒车雷达的倒车蜂鸣器是"向车内驾驶员提示"有障碍物，两者是不同的。

【完成任务】倒车灯开关位置在哪？_____。老师设计的倒车灯电路的故障现象是什么？_____；故障原因是什么？_____。

四、喇叭

喇叭按其发音动力分为电喇叭和气喇叭。气喇叭主要用于具有气压制动装置的重型载重车上，电喇叭具有结构简单、体积小、质量轻、声音悦耳且维修方便的特点，因而在中、小型车辆中获得了广泛应用。电喇叭分为普通电喇叭和电子电喇叭。图 5-23 为盆形带机械触点的电喇叭和蜗牛喇叭，图 5-24 为气压制动的气喇叭和液压制动的气喇叭。

盆形带机械触点喇叭多用在低档车上；蜗牛喇叭是蜗牛形状，可以是机械触点式，也可以是电子式，机械触点蜗牛喇叭应用较多；气压制动的气喇叭是喇叭开关控制向喇叭供气的电磁阀；液压制动没有气源，喇叭开关控制向喇叭供气泵供电，气泵气体直接吹动喇叭发音。

1. 标准喇叭结构

标准喇叭由电磁铁、衔铁、振动盘、膜片以及由衔铁控制的触点断电器组成（见图 5 – 23）。

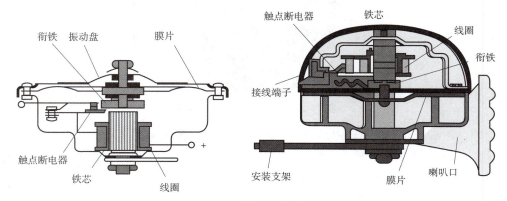

图 5 – 23　电喇叭和蜗牛喇叭

图 5 – 24　气压制动的气喇叭和制动刹车的气喇叭

2. 标准喇叭工作原理

当喇叭开关接通时，与衔铁相连的膜片被电磁铁吸引，在衔铁撞到电磁铁前，即将触点断电器断开，衔铁在膜片的弹力作用下回位，触点重新闭合。喇叭工作时这一过程反复进行。衔铁撞击铁芯引起连接到膜片上的振动盘的振动（标准喇叭也称为碰撞喇叭）。振动盘前方的空气也开始振动并产生恒定的声音信号。

蜗牛喇叭的工作原理与标准喇叭相似，由电磁铁引起膜片的振动。蜗牛喇叭的空气柱振动产生了喇叭的高音特性。气喇叭比标准喇叭的功率大得多，气喇叭不允许在市内使用，因此货车的喇叭系统还要有标准喇叭，驾驶员可以通过开关在标准喇叭和气喇叭之间切换。

为使电喇叭发音正常，喇叭应固定在缓冲支架上，缓冲支架与固定支架之间装有橡皮垫等弹性物质。此外，电喇叭触点应保持清洁，其接触面积不低于 80%。触点严重烧蚀时，应及时进行检修。调整铁芯（音调调整螺栓）和音量调整螺钉分别可调整喇叭的音调和音量。可调整喇叭背部有音调和音量的螺钉，喇叭后部无调节螺钉时，说明喇叭不能进行调整，如图 5 – 25 所示。

图 5-25 喇叭音量和音调调整

【技师指导】喇叭损坏有汽车涉水后引起的进水生锈、烧触点及质量问题，如内部的线圈应该用铜材。实践中，拆开喇叭后，发现采用铝材代替了铜材。喇叭声音不正时，多为方向盘内的喇叭开关接触不好或喇叭接线松动。

喇叭和音响系统中的扬声器的区别是，扬声器内部没有触点。

普通有触点式电喇叭，触点易烧蚀氧化，而电子电喇叭，由于没有触点，可克服上述缺点。电子电喇叭主要由多谐振荡器和功率放大器组成，多谐振荡器接收到供电后就开始振荡，振荡信号经放大后直接作用到喇叭线圈上，振荡信号和机械触点通、断起同样作用。

【技师指导】电子喇叭与普通喇叭相同，同样是两接线。只要按正、负极接入电路即可。而普通的有触点喇叭可以说没有正、负极，但两个喇叭同时安装时应具有相同接线，防止振动方向相反，否则声音不好听。

电子喇叭的声音有点连续感，普通喇叭的声音有断续感。

3. 喇叭电路

由于现代汽车大多装有双喇叭，消耗电流较大，为保护喇叭触点不被烧蚀，通常在喇叭电路中设有继电器。喇叭按钮开关只有小电流通过，用以控制喇叭继电器的线圈，而供喇叭的大电流只流经喇叭继电器的开关，其电路如图 5-26 所示，H 为喇叭开关，H1 为喇叭，J4 为喇叭继电器。

为了降低生产成本，有的实车采用喇叭电流直接流经喇叭开关，而取消继电器，直接在熔断丝盒底上用铜片短接原继电器的线圈电路到原继电器的开关电路。例如把图 5-26 中的喇叭继电器 J4 取消，用铜片短接继电器座的 2/87 和 4/85 插座。

【技师指导】喇叭电路多采用喇叭继电器，部分轿车为了降低成本，取消了喇叭继电器，在实车中继电器位置通常用铜片短接。货车通常采用 1 个继电器带动 2 个喇叭，如图 5-27 所示。

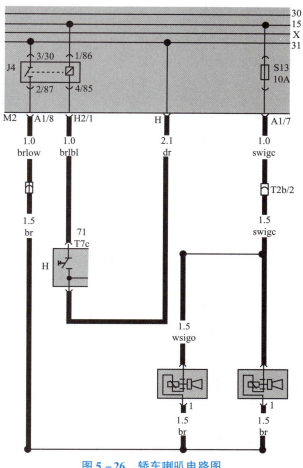

图 5-26 轿车喇叭电路图

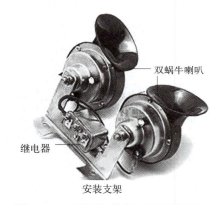

图 5-27 双蜗牛喇叭和喇叭继电器

【完成任务】

老师设计的喇叭信号电路的故障现象是什么？_____。有继电器的电路要采用望、闻、问、听、诊中的哪个？_____。故障原因是什么？_____ _____。

第六章

刮水/洗涤装置

一辆 2011 款大众迈腾 B7 的雨刮片刮水时速度明显变慢，如果你是接车的修理技术人员，应如何解决本故障，修理方案应如何制定。

能说出普通刮水和洗涤的工作原理；
能说出 LIN 刮水和洗涤的工作原理。

能够检查普通刮水和洗涤电路；
能够检查 LIN 刮水和洗涤电路。

第一节 刮水/洗涤装置元件

一、刮水/洗涤装置功能

为了保证在雨天或雪天时驾驶员有良好的视线，确保行驶安全，在汽车的挡风玻璃上装有刮水器。电动风窗刮水器的动力源是直流电动机。通过传动机构使刮水片在挡风玻璃外表面上往复摆动，以扫除挡风玻璃上的雨水、积雪或灰尘。

二、刮水器传动方式

1. 刮水器的"刚性传动"方式

图 6-1 为电动刮水器的组成。发动机的曲柄连杆机构是最直接地把直线平动转变成转动的例子，反过来，转动曲轴让活塞动起来，转动也可以转变成直线平动，电动刮水器的工作原理中电动机相当于带动曲轴转动，连杆（相当于活塞）发生直线平动，连杆的平动推动摆臂以小角度转动，进而带动雨刮片在风窗上刮动。

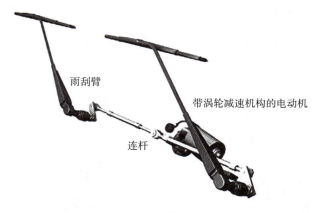

图 6-1 电动刮水器的组成

【技师指导】电动刮水器结构中的电动机到雨刮臂的摇臂和连接的轴会由于运动磨损松旷，长时间不用还能生锈导致运动阻力过大，以及产生噪声，需要更换连杆和摇臂。雨刮片不能刮净风窗或雨刮片自身随雨刮臂上下摆动，刮片不能充分压在玻璃上，以及刮片老化、开裂等都要更换雨刮片。

2. 刮水器的"柔性传动"方式

图 6-2 为柔性齿条传动刮水器，电动机驱动的涡轮轴上有一曲柄销，它驱动连杆机构，而连杆和装在硬管里的柔性齿条连接，因此在连杆运转时，齿条则会做往复运动，齿条的往复运动带动齿轮箱中的小齿轮往复运动，驱动刮水片往复摆动。

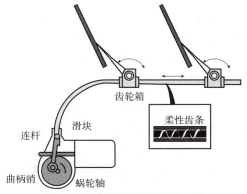

图 6-2 柔性齿条传动刮水器

三、刮水电动机调速原理

刮水电动机按其磁场结构不同分为绕线式和永磁式。永磁式电动机具有体积小、质量轻、噪声小、结构简单等优点，目前在国内外汽车上得到广泛的应用。永磁式刮水电动机利用 3 个电刷来改变正、负电刷之间串联线圈的个数实现变速。其原理是：低速旋转时控制对置的电刷向转子中通电，高速旋转时控制侧置的电刷向转子中通电。

四、刮水器自动复位装置

刮水器自动复位装置分为电枢一端为正电压的两静触点式和电枢一端为负电压的三静触点式。

1. 两静触点式

图 6-3 为电动机通过丝杆减速器推动从动塑料齿轮转动，塑料齿轮上计设有特定形状的铜片用来导电，A、B 两点是静触点。

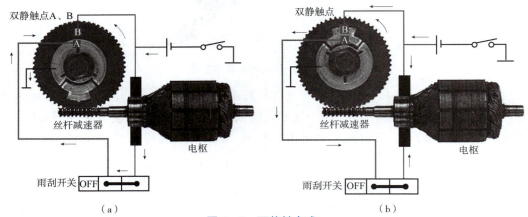

图 6-3 两静触点式
(a) OFF 挡：雨刮臂未回位；(b) OFF 挡：雨刮臂回位

在图 6-3（a）中，尽管雨刮器开关关闭（OFF 挡），但开关内部线路接通，电流经 A 搭铁，电动机继续转动。

在图 6-3（b）中，当车窗外雨刮臂回位到前风挡下部位置时，减速器从动塑料轮恰好转动到 A、B 相通的位置，导致电枢的两换向电刷两端电位为 12 V，电动机上没有电压差，电动机停转。

2. 三静触点式

三静触点（A、B、C）电枢接负式电路如图 6-4（a）所示，当车窗外雨刮臂未回位到前风挡下部位置时，减速器从动塑料轮导电片恰好转动到 A、B 相通构成回路，电动机可继续转动。如图 6-4（b）所示，当车窗外雨刮臂回位到前风挡下部位置时，减速器从动塑料轮导电片恰好转动到 B、C 相通，导致电枢的两换向电刷两端电位为 0 V；电动机上没有电压差，电动机停转。

五、刮水器继电器的间歇控制

汽车刮水器继电器的间歇控制电路有多种形式，按照间歇时间是否可调分为可调节型和不可调节型，它们都是在开关拨到间歇挡时才触发工作，如图 6-5 中 O 为空挡（OFF）、I 挡为间歇挡（Interval）、1 为低速挡、2 为高速挡、AUTO 为自动挡。一般轿车间歇挡的间隔时间可通过加装在控制开关上的滑动变阻器控制刮水器继电器的间歇时间。高档轿车的间歇控制电路是自动调节式，其控制电路中的刮水器控制继电器内置的微控制器能根据外部雨量传感器确定的雨量大小，自动调节间歇时间。

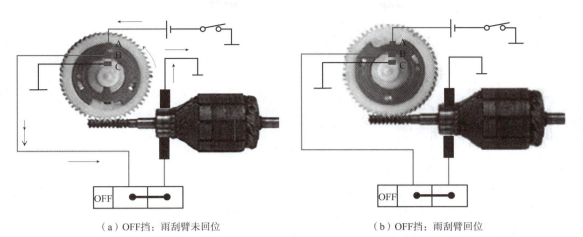

（a）OFF挡：雨刮臂未回位　　　　　　　（b）OFF挡：雨刮臂回位

图 6-4　三静触点式

图 6-5　刮水器开关操作位置

【完成任务】请操作实习车的刮水器开关，描述挡位和功能。

六、风窗洗涤装置

风窗洗涤装置主要由储液罐、洗涤泵、输液管、喷嘴（喷水鼻）等所组成。洗涤泵由永磁直流电动机和离心泵组成。洗涤装置喷嘴的安装位置有 2 种形式：一种是在前发动机机舱盖左右两侧各安装一个喷嘴，各自冲洗规定区域，洗涤泵喷嘴方向可以根据使用情况调整；另一种是喷嘴直接安装在刮水器臂内，当刮水器臂做弧形刮水运动时，喷管嘴即刻向挡风玻璃上喷洒清洗液。储液罐风窗洗涤泵和喷水鼻如图 6-6 所示。洗涤泵安装在储液罐上或管路内，在离心泵的进口处设置滤清器。

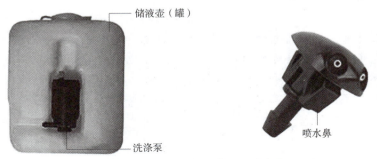

图 6-6　储液罐上的洗涤泵和喷水鼻

【完成任务】请用钢针或曲别针抻直后调节喷嘴（喷水鼻）的方向，以保证喷出的玻璃水在风窗的指定位置，保证刮水片能刮净风窗。

第二节 刮水/洗涤电路

一、前风窗刮水器电动机/洗涤泵电路

图 6-7 为丰田汽车前风窗刮水器电动机和洗涤泵电路，其工作原理如下：点火开关打开后，30A RR WIP 和 20A WSH 被供电。

(1) OFF（关闭）挡：后雨刮电动机电刷两端接地，电位相等，电动机停转。

(2) INT（间歇）挡：电流电阻 R_1→调速开关（间歇时间调节开关）→电容 C_1→复位开关→EA 接地，复位开关的动作使电容充电，电容 C_1 的电压提高，这个电压经 INT 开关，经 VD→R_2→晶体管 VT_2，晶体管 VT_2 导通，继电器线圈电流经晶体管 VT_2 流过，继电器开关右摆将电流引入 INT 开关，再流出至刮水器内的 L_2→电动机→Breaker（断路器）→EA 接地，这时接地开关断开，电容 C_1 经 VT_2 的输入电路放电，VT_2 的基极电压下降，电动机工作 1 个循环后，接地开关再次接地给电容充电，C_1 如此反复充电、放电，电动机周期性循环。延时时间可由速度调节开关内的滑动变阻器调节 C_1 的充电时间。

(3) LO（低速）挡：电流经组合开关 LO，经 L_2→电动机→断路器→搭铁。

(4) HI（低速）挡：电流经组合开关 HI，经侧电刷→电动机→断路器→搭铁。

(5) MIST（点动刮水）挡：MIST 是自动回位开关，转动开关到 MIST 挡时，低速挡 LOW 电路工作，只要松手，MIST 开关回位至 OFF。

(6) Wash（刮水/洗涤）挡：洗涤泵电动机控制开关不仅实现洗涤，还要实现刮水的低速挡工作。其工作原理：是洗涤电动机电流经洗涤 ON 挡到 IL 接地，洗涤泵工作，与此同时，晶体管 VT_1 的基极通过 R_8→洗涤泵开关→IL 接地，VT_2 的输出电路经 R_6、R_3、R_4 有电流流过，导致 VT_2 的基极有 R_4 的电压，使 VT_2 导通，继电器触点开关右摆，LO 挡工作。

【完成任务】根据图 6-7 中前风窗刮水器电动机和洗涤泵电路完成下面问题。

刮水开关共有几个挡位？_____、_____、_____、_____、_____。

哪几个挡位为单联开关挡？_____、_____、_____。哪几个挡位为双联开关挡？_____、_____。MIST 挡是什么挡？_____。

电子继电器具有"刮水器电动机间歇"与"洗涤和刮水联动"功能：在刮水器电动机间歇功能中，电子继电器的接地控制是否经过洗涤泵电动机开关到 IL 接地：_____；在"洗涤和刮水联动"功能中有几路电路经过洗涤泵电动机开关到 IL 接地：_____。

在 OFF 挡时，请找到刮水器电动机两端接地的电路，描述一下两端是如何接地的：_____。

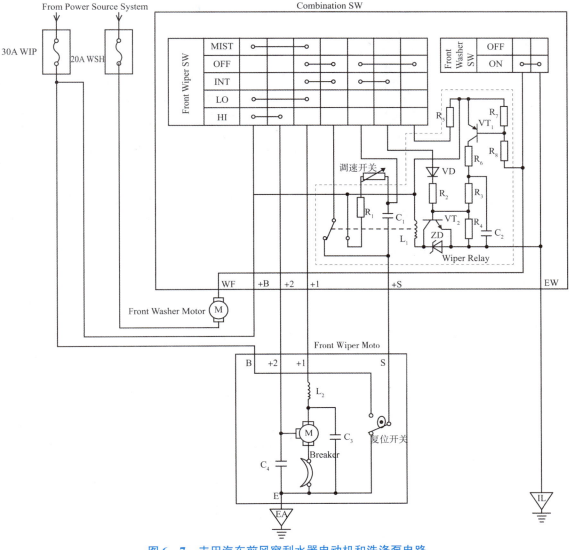

图 6-7 丰田汽车前风窗刮水器电动机和洗涤泵电路

二、后风窗刮水器电动机/洗涤泵电路

图 6-8 为丰田汽车后风窗器刮水器电动机和洗涤泵电路，工作原理如下：点火开关打开后，15A RR WIP 和 20A WSH 被供电。

（1）OFF（关闭）挡：后风窗刮水器电动机电刷两端接地，电位相等，电动机停转。

（2）INT（间歇）挡：振荡电路工作，周期性触发 VT 晶体管，继电器 L 线圈的电流经 VD_3 和晶体管至搭铁点 IH。继电器内部的 LM 触点周期性地左摆将电源端子 +B 的电流引出到后风窗刮水器电动机的 +1 端子，电动机周期性转动。

（3）ON（刮水）挡：继电器 L 线圈的电流经 VD_2 至搭铁点 IH。继电器内部的 LM 触点左摆将电源端子 +B 的电流引出到后风窗刮水器电动机的 +1 端子，电动机转动。

（4）Wash（洗涤）挡：后风窗洗涤泵电动机电流经 Wash（洗涤）挡开关到 IH 接地。

（5）On and Wash（刮水/洗涤）挡：后风窗洗涤泵电动机电流经 Wash（洗涤）挡开关到 IH 接地，洗涤泵电动机工作，与此同时，继电器线圈 L 的电流经 VD_2→刮水/洗涤开关→

IH 接地，继电器触点 LM 左摆为刮水电动机供电，经 BO 接地。

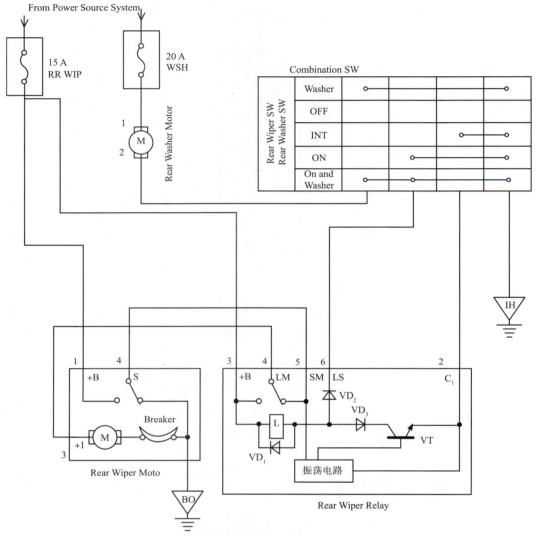

图 6-8　丰田汽车后风窗刮水器电动机和洗涤泵电路

【完成任务】在图 6-8 所示的电路中，在 OFF 挡时，请找到刮水电动机两端接地的电路，描述两端是如何接地的：_____。

三、风窗刮水器系统的维修

风窗刮水器系统常见的故障有：刮水器不工作、间断性工作、持续操作不停及刮水片不能复位等。除此以外，还有一些与刮水片调整有关的故障。在对风窗刮水器系统的故障进行检修之前，需要确定是电器故障还是机械故障。最简单的方法是从电动机上拆下连接刮水片的机械摇臂，接通刮水器系统，观察电动机的运行。如果电动机工作正常，则是机械问题，比如生锈犯卡。

1. 刮水器速度比正常速度慢

电器或机械故障均能引起刮水器速度比正常速度慢，大多数导致刮水器动作慢的电路故障是由于接触电阻大而引起的。如果电源供电回路正常，则应检查刮水器电动机的搭铁回路是否正常。

2. 间歇刮水器系统不正常

如果刮水器系统只是在间歇挡位工作不正常，首先应检查间歇继电器的搭铁是否良好。如果搭铁正常，利用欧姆表检查继电器到刮水器开关之间的电路；如果连接线路良好，则应更换间歇继电器。

3. 刮水器不能复位

造成刮水器不能复位的故障可能是复位开关故障，也可能是刮水器开关内接触片变形。最常见的与复位开关有关的故障是当开关断开时，刮水器就停在该位置。此时，首先应拆下电动机端盖，接通刮水器开关，观察复位开关的工作情况。当关闭刮水器开关时，复位开关应能使其常闭触点闭合到位，否则应更换复位开关。如果刮水器开关内接触片弯曲变形或折断，同样能造成刮水器不能复位，应检修或更换刮水器开关。

四、风窗洗涤装置的维修

许多风窗洗涤装置的故障都是因输液系统而引起的。因此，应首先拆下泵体上的水管，然后使电动泵工作。如果电动泵能够喷出清洗液，则故障在输液系统。打开洗涤器开关，如果电动泵工作但不喷液，检查泵内有无堵塞，排除泵内的任何异物；如果没有堵塞，须更换电动泵。

实际上车用保护商品玻璃水是最好的选择，因其中去垢剂和防锈剂已加入。在不结冰的情况下，清水也是更经济的选择。有的车主为了能刮掉挡风玻璃上的油、蜡、蚊虫等物，在水中添加少量的去垢剂和防锈剂，如洗衣粉、洗碗剂等，去垢效果较好，但会使风窗密封条和刮片胶条变质，甚至还会引起车身漆变色以及储液罐、喷嘴等塑料件的开裂。

在冬季时，为了防止洗涤液的冻结，玻璃水已经添加了甲醇、异丙醇、甘醇等防冻剂，可使凝固温度下降到 -20 ℃以下。如果冬季不用洗涤器时，应将洗涤管中的水倒掉，防止冻裂贮液罐，最好一直使用玻璃水。

第七章
汽车仪表和警报

一辆 2011 年款大众迈腾 B7 配有缸内直喷燃油系统，在仪表中央信息显示屏上有时机油压力过低警告灯点亮，发动机没有异常异响出现。

如果你是接车的修理技术人员，应如何解决本故障，修理方案应如何制定？

能说出仪表中的仪表有哪些；
能说出仪表中的仪表三灯指什么；
能说出仪表警告灯有哪些；
能说出仪表指示灯有哪些；
能说出仪表故障灯有哪些；
能说出蓄电池放电警告灯、机油压力过低报警灯、制动警告灯点亮的处理。

能够进行仪表的自诊断检查；
能够检查机油感应塞造成的假机油压力过低报警；
能够检查制动警告灯点亮的驻车制动开关和制动液面过低开关电路；
能够检查制动蹄磨损报警电路。

【任务驱动指导】任务驱动时，设定故障要反映实际可能故障，最好采用从服务站收集来的有故障的仪表、油箱油位传感器总成、发动机机油压力传感器等进行任务驱动。任务驱动可分为4 种类型：第一种是仪表故障；第二种是变阻器类传感器故障；第三种是开关类传感器故障；第四种是带防盗系统仪表的更换。

第一节 仪表和警报装置简介

一、早期的仪表

汽车仪表板通常是由仪表、3 种灯和蜂鸣器等组成，图 7-1 为 1998 年之前的化油器车型仪表。该仪表应用机械式的车速/里程表，电热式油量表和水温表。电热式仪表的特点是，外界测量元件直接接到表内两个线圈中的一个线圈上，测量元件的电阻变化导致线圈电流变化，进而在线圈内产生磁场变化，导致两线圈磁场所合成的磁场方向发生改变，仪表指针指向合成磁场方向，由于回路电流不能精确控制，已经淘汰。

图 7-1 捷达轿车早期仪表

仪表通常采用标准四表结构，标准四表是指发动机转速表、车速表、水温表和油量表。发动机转速表和车速表的原理相同，都是转速类仪表。水温表和油量表原理相同，都是测量元件的电阻发生变化。客车还有气压表和电压表等。

二、现代汽车仪表

电子显示组合仪表利用各种传感器传来的信号，并根据这些信号进行计算，以确定车辆的行驶速度、发动机转速、发动机冷却液温度、燃油量以及车辆其他情况的测量数据，并将这些数据以指针、数字或条形图的形式显示出来。

汽车电子仪表多采用 8 位或 16 位单片机，具有多路大电流输出的步进电动机驱动控制和十字交叉线圈的驱动控制；可直接驱动 LED 液晶显示屏；带有在线可编程 Flash Rom, SRAM 存储器；具有低电压 CPU 复位检测功能；CAN 通道；多通道 8/10 位 A/D 转换；8/16 个输入捕捉通道等。

如图 7-2 为电子显示组合仪表控制示意。水温传感器和燃油位置传感器等信号经仪表处理器内置的 A/D 转换器转换成数字信号。车速表传感器和发动机转速传感器等频率信号先处理成方波信号，再进入仪表微处理器，经软件处理为数字信号。仪表微控器控制步进电动机的两相线圈换流，仪表指针做出相应角度摆动。若有电子式气压表，则车下储气筒上配有气压传感器。若有机械式气压表，则车下储气筒为单线气压开关。若有电压表，则直接采集发电动机发出的电压，电压经 A/D 转换后再驱动电压表指针。LED 屏的图形和文字内容是存储好的数据在显示屏上一帧一帧地显示出来，显示哪帧数据由外部触发。仪表照明灯、警告灯和指示灯采用了 LED，对于照明灯 LED 还可由外部触发进行脉冲宽度调制（PWM）调光，几乎所有仪表都内置有蜂鸣器，在有警告信息出现时，蜂鸣器会发出声音来提醒司机。

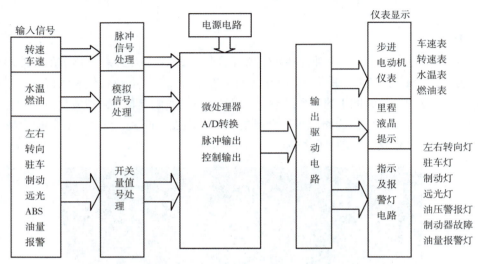

图 7-2 电子显示组合仪表控制示意

电子显示组合仪表与常规的机电模拟仪表相比，具有如下优点：电子显示组合仪表显示精确度高、信息刷新快且能提供大量复杂的信息；易于使用数字进行分时显示，可使仪表盘得到简化；采用数字显示后，驾驶员可以选择仪表的显示内容，大多数系统还能让有潜在危险的信息在仪表中央信息显示屏上自动显示。例如，如果驾驶员选择了显示里程，当时发动机温度已升到设定上限，则仪表水温报警，中央显示屏显示信息，蜂鸣器发出警报，以提醒驾驶员注意。只要有足够的存储器空间，LED 显示图形造型的自由度就更高，为仪表盘造型的设计提供了有利条件。

【技师指导】现代汽车仪表为减少接入仪表的导线数量，采用 CAN 通信共享整车各电控控制单元信号。例如，电控发动机控制单元将发动机转速信号放到 CAN 总线上，仪表可以接收到。发动机水温、燃油位置等信号因为是模拟信号，它们没有电控单元，信号不能发到 CAN 总线。

近来有整车采用全数字化管理方式，用电控单元把所有的信号全转化为数字量，这时燃油液位信号和机油油质、油位和油温等采用智能传感器把数字化后信号送到仪表。更多数据由其他控制单元发到 CAN 总线上共享，比如，发动机转速和水温可由发动机控制单元通过串行通信或 CAN 通信向仪表控制单元发送信息。

三、现代汽车仪表

1997 年年末，一汽大众开始生产电控发动机和电控变速器的汽车，汽车仪表也进入高速发展时期。现代汽车仪表一般采用如图 7-3 所示的标准四表加 LED（液晶）段码显示，图 7-4 为标准四表十三显示屏十三区域指示灯的现代汽车仪表，图 7-5 为丰田真空荧光投影反射式仪表。

图 7-3 标准四表加 LED（液晶）段码显示

图 7-4 标准四表 + 三显示屏 + 三区域指示灯的现代汽车仪表

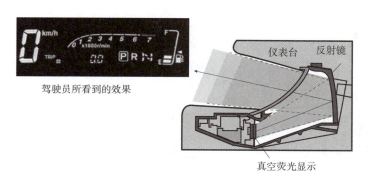

图 7-5 丰田真空荧光投影反射式仪表

现代仪表指针多以步进电动机和十字线圈式驱动，步进电动机多为两相步进电动机。使用 LED 的仪表板为主流，中、高档车仪表板采用仪表中央大屏显示汽车诊断信息和安全信息等。

大屏 LCD（液晶显示器）有淘汰的趋势，LED（发光二极管）是显示的主流，真空荧光显示器（VFD）应用较少，主要在日本丰田车系中使用。过去仪表板指示灯和照明灯用灯泡被替换为贴片发光二极管，可靠性大大提高，避免了过去仪表指示灯灯泡或照明灯灯泡损坏后要拆表换灯泡的问题。

薄膜场效应晶体管（Thin Film Transistor）LED，即液晶平板显示器，它是唯一在亮度、对比度、功耗、寿命、体积和质量等综合性能上全面赶超了阴极射线管（Cathode Ray Tube，CRT）显示器件，它的性能优良、大规模生产特性好，自动化程度高，原材料成本低廉，发展空间广阔，将迅速成为 21 世纪的主流产品。

采用大型 TFT - LED 显示一切全车信息的全图形显示板（见图 7 - 6）开始配置在部分高级车里，屏幕中间进入变更行走模式显示夜视摄像机的图像和导航画面。

图 7-6　全图形化仪表板

四、仪表"三灯"

为使驾驶员随时了解汽车各系统的工作状况，汽车上都设有表示汽车工作状况指示灯、警告灯和故障灯，称为仪表"三灯"。"指示灯"如大灯远、近光变换指示，只起提示作用，与有无故障无关，例如，提示是打开还是关闭状态；"警告灯"如发动机机油压力指示灯，一旦点亮，说明机油压力过低，要停车检查；"故障灯"是说明电控系统有故障的灯，例如，发动机故障灯和动力转向故障灯，一旦点亮，要开至服务站进行检查。

1. 汽车仪表灯符号

汽车组合仪表故障灯、警告灯、指示灯说明及备注如表 7-1 所示。

表 7-1　汽车组合仪表故障灯、警告灯、指示灯说明及备注

系统	符号	说明	备注
发动机	CHECK	发动机系统故障灯	该指示灯用来显示车辆发动机的工作状况，当打开钥匙门，车辆自检时，该指示灯点亮后自动熄灭，如常亮则说明车辆的发动机出现了故障，需要维修
	(发动机图标)	发动机系统故障灯	该指示灯用来显示车辆发动机的工作状况，当打开钥匙门，车辆自检时，该指示灯点亮后自动熄灭，如常亮则说明车辆的发动机出现了故障，需要维修
	(水温高图标)	发动机水温过高警告灯	该指示灯用来显示发动机内冷却液的温度，当打开钥匙门，车辆自检时，会点亮数秒后熄灭。水温指示灯常亮，说明冷却液温度超过规定值，需立刻暂停行驶。水温正常后熄灭
	(水温低图标)	发动机水温过低警告灯	发动机水温过低，报警通常早期车安装，在极寒地区车辆仍然装有此灯
	EPC	发动机功率控制故障灯	常见于大众品牌车型中。当打开钥匙门，车辆开始自检时，EPC 灯会点亮数秒，随后熄灭。例如，车辆起动后仍不熄灭，说明车辆机械与电子系统出现故障
	(机油壶图标)	发动机机油压力过低警告灯	机油感应检测到机油压力过低

续表

系统	符号	说明	备注
发动机		发动机机油油位过低警告灯	机油感应检测到机油压力过低
	SVS	发动机系统故障指示灯	该指示灯用来显示车辆发动机的工作状况，当打开钥匙门，车辆自检时，该指示灯点亮后自动熄灭，如常亮则说明车辆的发动机出现了故障，需要维修
		冷却液液位过低指示灯	请补加冷却液
		发动机启/停系统指示灯	发动机自动停止和自动启动系统指示灯
		燃油液位低警告灯	请去加油站补加汽油
	E	燃油存量不足	E = Empty 空，译为邮箱空，油量不足，请加油
		柴油发动机预热指示灯	柴油机冷却液或燃烧室正在通过加热塞预热
		发动机起动系统故障指示灯	起动系
		发动机限速指示灯	有发动机被限速的控制存在比如有故障
		柴油机排气过滤器堵塞	排气过滤器堵塞指示灯
		柴油滤清器堵塞指示灯	请更换滤清器
	SENSOR	机油油位、油温或油质有问题	检查机油油位、油质
	MIN	机油油面过低	机油油面过低，补加机油

续表

系统	符号	说明	备注
发动机		车辆维修警示灯	车辆有故障请维修
		燃油箱油口盖位置	指示邮箱盖开启位置
		电子节气门控制指示灯	电子节气门故障
		服务期限提示灯	发动机保养期限已到请保养
		车辆保养提示灯	发动机保养期限已到请保养
		踩制动/离合器踏板指示灯	手动变速器车辆踩离合器，踏板拧启动开关，自动变速器车辆踩制踏板拧起动开关
		发动机动力部分损失	发动机故障
		发动机排放系统警告灯	发动机排放超标
		发动机启/停指示灯	发动机启/停功能开启/关闭
		发动机未被关闭指示灯	发动机启/停功能开启/关闭
		发动机关闭指示灯	发动机启/停功能开启/关闭
		发动机转速低指示灯	此时发动机转速低
		发动机转速高指示灯	此时发动机转速高

续表

系统	符号	说明	备注
发动机	 LIMIT	超出限速警告灯	超出限速了
	 Km/h	限速警告指示灯	超出限速了
	 (车辆图标)	车辆需要维修警告指示灯	请去维修站
	 (燃油图标)	燃油不足指示灯	请加油
	 (滤清器图标)	燃油滤清器警告灯	更换燃油滤清器
	 EPC	发动机功率控制系统	发动机功率不足，检查发动机
	 (制动踏板图标)	提示：应踏下制动踏板指示灯	踩下制动踏板后指示灯熄灭
	 (制动片图标)	制动片磨损警告灯	更换制动衬片或制动蹄片
	 ABS	防抱死系统故障灯	该指示灯用来显示 ABS 工作状况。当打开钥匙门，车辆自检时，ABS 灯会点亮数秒，随后熄灭。如果未闪亮或者起动后仍不熄灭，表明 ABS 出现故障
	 (!)	制动系统警告灯	该指示灯用来显示车辆驻车制动的状态，平时为熄灭状态。当驻车制动杆被拉起后，该指示灯自动点亮。驻车制动被放下时，该指示灯自动熄灭。有的车型在行驶中未放下驻车制动杆会伴随有警告音。同时制动液位低时也会点亮此灯
	 (P)	制动系统警告灯	驻车制动系统有故障
	 EBD	电子制动力分配系统故障灯	ABS 的 EBD（电子制动力系统故障）

第七章 汽车仪表和警报

151

续表

系统	符号	说明	备注
发动机	(车身图标 OFF)	车身稳定控制系统功能已被关闭指示灯	车身稳定控制功能被关闭
	(打滑图标)	车身稳定控制系统指示灯	车身稳定控制功能被关闭
	TCS OFF	牵引力控制功能关闭指示灯	牵引力控制功能被关闭
	TCS	牵引力控制关闭指示灯	牵引力控制功能被关闭
	VSC	车辆稳定控制系统故障灯	该指示灯是用来显示车辆 VSC（电子车身稳定系统）的工作状态，多出现在日系车上。当该指示灯点亮时，说明 VSC 系统已被关闭
	SLIP	防滑指示灯	车辆进行防滑自动控制时灯作为指示灯点亮，以提醒驾驶员
	VDC OFF	车身动态稳定系统关闭故障灯	车身稳定控制功能被关闭
	ESP BAS	车身稳定控制系统故障灯	EPS 是德国车身稳定控制的缩写 BAS 是制动辅助功能，表示制动系统有故障
	EPS	转向助力系统故障灯	转向控制 ECU 内有故障码
	VSA	车身稳定控制系统故障灯	ABS/VSC 系统 ECU 内存有故障码
	(!)(P) BRAKE	制动系统警告灯	制动系统有故障
	(P) AUTOH	自动驻车制动指示灯	停车自动驻车功能
	ABS (!) BRAKE	制动温度过高警告灯	制动系统有故障

续表

系统	符号	说明	备注
发动机		坡道车速控制系统故障灯	下坡防止车辆过快，造成车辆不稳而通过自动制动来实现车速稳定
		下坡制动控制系统故障灯	下坡防止车辆过快，造成车辆不稳而通过自动制动来实现车速稳定
		牵引力控制关闭指示灯	牵引力控制功能是在起步驱动打滑时，对驱动轮进行制动控制，但在升机上进行底盘维修时应关闭此开关
		动态稳定控制系统故障灯	一个警告符号，外加一个转动符号为急转弯危险时控制车身稳定
	DTC	动态稳定控制指示灯	一个警告符号，外加一个转动符号为急转弯危险时控制车身稳定
		电子驻车制动系统警告灯	电子驻车控制 ECU 存有故障码
		上坡辅助指示灯	上坡时利用 ABS 液压制动阻止车轮由于发动机动力不足造成的向后溜车
胎压监控		胎压指示灯	不能识别车轮位置
		低气压轮胎位置指示灯	识别低气压轮胎位置
		胎压监控指示灯	胎压不在范围内报警
	TPMS	胎压监控指示灯	胎压不在范围内报警
刮水及洗涤		点火警告灯	发电动机未发电时点亮

续表

系统	符号	说明	备注
刮水器及洗涤		玻璃清洗液少	该指示灯是用来显示车辆所装玻璃清洁液的多少，平时为熄灭状态，该指示灯点亮时，说明车辆所装载玻璃清洁液已不足，需添加玻璃清洁液。添加玻璃清洁液后，指示灯熄灭
		清洗液液位低故障灯	补下清洗液
		清洗液液位低故障灯	补下清洗液
		刮水器故障指示灯	对于有刮水器电控的车型
照明和信号		照明灯或信号灯有故障故障灯	借用近光指示灯做故障灯
		照明灯或信号灯有故障故障灯	借用远光指示灯做故障灯
		照明灯损坏指示灯	借用后雾灯指示灯做故障灯
		照明灯损坏指示灯	独立的故障灯
		照明灯或信号灯有故障故障灯	独立的故障灯
		照明灯或信号灯有故障故障灯	独立的故障灯
		照明灯或信号灯有故障故障灯	独立的故障灯
		转向指示灯	该指示灯是用来显示车辆转向灯所在的位置，通常为熄灭状态。当驾驶员点亮转向灯时，该指示灯会同时点亮相应方向的转向指示灯，转向灯熄灭后，该指示灯自动熄灭

续表

系统	符号	说明	备注
照明和信号		前雾灯指示灯	该指示灯是用来显示前雾灯的工作状况，当前雾灯点亮时，该指示灯相应的标志就会点亮。关闭雾灯后，相应的指示灯熄灭
		后雾灯指示灯	该指示灯是用来显示后雾灯的工作状况，当后雾灯点亮时，该指示灯相应的标志就会点亮。关闭雾灯后，相应的指示灯熄灭
		示宽指示灯	该指示灯是用来显示车辆示宽灯的工作状态，平时为熄灭状态，当示宽打开时，该指示灯随即点亮。当示宽灯关闭或者关闭示宽灯打开大灯时，该指示灯自动熄灭
		自适应前照灯调节指示灯	包括水平左、右调节，垂直上、下调节
		自适应前照灯调节指示灯	包括水平左、右调节，垂直上、下调节
		远光灯指示灯	该指示灯是用来显示车辆远光灯的状态，通常该指示灯为熄灭状态。当驾驶员点亮远光灯时，该指示灯会同时点亮，以提示驾驶员，车辆的远光灯处于开启状态
		光强或雨滴传感器故障指示灯	传感器在室内观后镜上，光强传感器用于控制电动防眩目。雨滴传感器用于控制自动雨刮
		自适应弯道灯	转弯时，通过一侧照明灯点亮或近光灯造成转弯实现
		夜视功能打开指示灯	打开夜视功能
		自适应前照灯系统关闭指示灯	关闭前照灯自适应功能时亮起
		驾驶员疲劳提示指示灯	请停车休息
		车辆警告灯	车辆全局上有警告信号
		信息指示灯	仪表接收重要的警告信息时

续表

系统	符号	说明	备注
空调系统		空调滤清器故障灯	点起更换滤芯
		更换滤芯指示灯	点起更换滤芯
		后风窗加热指示灯	冬季加热后风窗霜,是一个对后风窗加热的一个自延时电路
		空调内、外循环切换指示灯	该指示灯是用来显示车辆空调系统的工作状态,平时为熄灭状态。当点亮内循环按钮时,车辆关闭外循环,空调系统进入内循环状态时,该指示灯自动点亮。内循环关闭时熄灭
		车外温度低	前保险杠处温度传感器
		车外温度低	前保险杠处温度传感器
		车外温度低	前保险杠处温度传感器
变速器及四驱分动箱		换挡杆不可设置P挡指示灯	提示:防止溜车,请挂P挡
		换挡杆不可设置P挡指示灯	提示:防止溜车,请挂P挡
		手动变速器实际挡位指示灯	显示实际挡位
	HOLD	保持模式指示灯	尼桑车系手动模式相当于丰田的MANUAL手动模式
		换挡指示灯	提示升挡

续表

系统	符号	说明	备注
变速器及四驱分动箱	 A/T OIL TEMP	自动变速器报警信号灯	变速器油温过高时
	 (齿轮!)	变速器控制单元故障灯	也可以是变速器驻车挡控制器故障灯
	 (温度计齿轮)	变速器温度过高	变速器温度过高时
	 4WD LOCK	四轮驱动指示灯	操作四驱模式时
	 4x4!	四驱系统警告灯	四驱系统有故障存储时
	 O/D OFF	超速挡关闭指示灯	该指示灯用来显示自动挡的 O/D 挡（Over-Drive）超速挡的工作状态，按下换挡杆上的 O/D OFF 开关时，当 O/D 挡指示灯闪亮，说明 O/D 挡已取消，使用直接挡。此时加速能力获得提升，有时也兼自动变速器故障灯
	 (四驱符号)	四轮驱动模式指示灯	操作四驱模式时
	 4WD	四轮驱动指示灯	操作四驱模式时
	 (两驱符号)	两轮驱动模式开启指示灯	操作两驱模式时
钥匙、车门及防盗	 KEY OUT	钥匙在车外警告灯	钥匙在车外
	 ? (钥匙)	钥匙不在车内指示灯	钥匙在车外
	 (方向盘钥匙)	转向锁故障指示灯	防盗器存有故障码

第七章 汽车仪表和警报

续表

系统	符号	说明	备注
钥匙、车门及防盗		防盗器指示灯	防盗器存有故障码
		防盗故障灯	防盗器存有故障码
		防盗故障灯	防盗器存有故障码
		智能进入和起动故障	防盗器存有故障码
		智能进入和起动故障	防盗器存有故障码
		智能进入和起动故障	防盗器存有故障码
		电子转向盘锁止警告	防盗器存有故障码
		门开启警告灯	车门开启
		后备厢开启指示灯	后备厢开启
		前机舱盖开启警告灯	前机舱盖开启
		遥控钥匙电量低指示灯	请更换电池
		钥匙不在区域内	电池电弱，请更换电池
		钥匙未被识别	钥匙未被识别到

续表

系统	符号	说明	备注
钥匙、车门及防盗	KEY	智能钥匙系统警告灯	电池电弱，请更换电池
巡航系统	(仪表图标)	巡航开启指示灯	操作巡航开启开关
巡航系统	(仪表图标)	巡航开启指示灯	操作巡航开启开关
巡航系统	CRUISE	巡航开启指示灯	操作巡航开启开关
巡航系统	CRUISE CONTROL	定速巡航控制指示灯	操作巡航开启开关
巡航系统	CRUISE MAIN	定速巡航主指示灯	定速巡航开启主开关
巡航系统	SET	巡航设置指示灯	到达车速设定时显示
安全气囊及安全带	AIR BAG	安全气囊故障灯	安全气囊控制单元存有故障码
安全气囊及安全带	(气囊图标)	安全气囊故障灯	安全气囊控制单元存有故障码
安全气囊及安全带	(安全带图标)	驾驶员安全带警告灯	驾驶员侧安全带未扎：该指示灯用来显示安全带是否处于锁止状态，当该灯点亮时，说明安全带没有及时扣紧。有些车型会有相应的提示音。当安全带被及时扣紧后，该指示灯自动熄灭
安全气囊及安全带	PASSENGER	乘客侧安全带警告灯	乘客侧安全带未扎
安全气囊及安全带	(安全带图标2)	乘客侧安全带警告灯	乘客侧安全带未扎

续表

系统	符号	说明	备注
安全气囊及安全带		乘客侧安全气囊关闭指示灯	人为操作关闭开关或副驾驶座椅无人
		乘客侧安全气囊关闭指示灯	人为操作关闭开关或副驾驶座椅无人
动力转向系统	PS	动力转向故障灯	动力转向控制单元有故障码
		动力转向故障灯	动力转向控制单元有故障码
	P/S	动力转向故障灯	动力转向控制单元有故障码
		动力转向故障灯	动力转向控制单元有故障码
电控悬架系统	ABC	主动车身控制	车身高度及减振器阻尼控制
		空气悬架高度上升调整指示灯	操作上升时显示
		空气悬架高度上升调整指示灯	操作上升时显示
		空气悬架高度下降调整指示灯	操作下降时显示
		空气悬架高度调整指示灯	操作调节时显示
		减振器调节指示灯	调节时点亮
带旅行挂车		挂车接合器指示灯	接上挂车时显示

续表

系统	符号	说明	备注
带旅行挂车		挂车接合器指示灯	接上挂车时显示
		拖车转向指示灯	拖车的转向指示灯
驾驶模式	SPORT	运动模式开启指示灯	操作开关后显示
		节能驾驶指示灯	操作开关后显示
	eco	经济模式指示灯	操作开关后显示
		车窗防夹功能指示灯	操作车窗开关时显示
		天窗防夹功能指示灯	操作天窗开关时显示
	SOS	SOS 呼叫警告灯	带蓝牙电话功能配备；按下 SOS 开关后显示
		时间和日期错误指示灯	调整时间时显示
辅助驾驶系统		驻车辅助指示灯	倒车时显示
		前向碰撞预警提示灯	跟车过近时显示
		超声波倒车辅助指示灯	倒车时显示

续表

系统	符号	说明	备注
辅助驾驶系统		车道保持指示灯	超车道线时显示
		盲区监测指示灯	后边有车从侧面超车时显示
		车距警告灯	车距过小时显示
电动汽车		整车控制器存有故障码故障灯	整车控制器 VCU 触发
		动力电池管理系统故障灯	电池管理系统 BMS 触发
		电动机或变频器有故障的故障灯	变频器触发
	READY	电动汽车上就绪指示灯	高压电上完成显示
	SPORT MODE	电动汽车动力模式	车辆动力增加，电耗增加，灯由整车控制器 VCU 触发
	ECO MODE	电动汽车经济模式	车辆动力减弱，电耗减少，灯由整车控制器 VCU 触发
	EV MODE	电动汽车纯电动模式	混合动力汽车选择纯电动行驶，灯由动力控制单元触发，整车控制器 VCU 触发
		动力电池过热警告灯	电池管理系统 BMS 触发
		动力蓄电池电量不足指示灯	电池管理系统 BMS 触发
		充电线连接指示灯	电池管理系统 BMS 触发

续表

系统	符号	说明	备注
电动汽车		动力电池断开指示灯	电池管理系统 BMS 触发
		动力电池绝缘有故障	电池管理系统 BMS 触发

【知识考核】见同步自学和考核教程。

2. 灯符号的意义

红色警告灯一直点亮或闪烁，指示相关单元出现故障。要特别注意 发动机机油压力、制动液液位低、冷却液温度表和电子制动力分配系统故障警告灯，一旦出现，立即停车。

黄色的故障灯说明控制系统有故障码存在，尽快去服务站。故障灯在点火开关打开时灯亮自检会亮，但无故障时会熄灭。

指示灯颜色可为黄色、绿色等，要求不严格，在元件电路工作时有提示的作用。

（1）发动机机油压力警告灯

该警告灯如果在发动机运转时亮起来，立即停车，它表明机油压力不足。

（2）油箱盖警告灯

如果油箱盖没有正确拧紧而丢失，该警告灯亮。

（3）ESP 电子稳定性程序工作指示灯

在 ESP 系统进行制动控制时，该指示灯闪烁。如果该功能解除或出现故障，指示灯连续点亮。

（4）颗粒排放滤清器堵塞警告灯（柴油发动机）

在发动机运转时，该灯闪烁，或者表示颗粒排放滤清器需要清污，或者表示发动机怠速运转时间过长（排气冒白烟）。如果继续在这种工况下工作，该滤清器会有堵塞的危险。如果条件允许，尽快以 37 mph（60 km/h）以上的速度行驶至少 3 min。

（5）与制动有关的故障灯和警告灯

1）制动、制动液液位低和电子制动力分配系统警告灯：每次打开点火开关，该灯在拉起制动或者没有正确松开制动时警告灯亮；此灯也可以表明制动液液位低，如果是这种情况，即使松开制动，该警告灯依然点亮；在 ABS 警告灯点亮的同时该灯点亮，表明电子制动力分配（EBD）系统出现故障。

2）防抱死制动系统（ABS）警告灯：每次打开点火开关时，该灯亮 3 s。如果在车速超过 8 mph（12 km/h）时点亮，表明 ABS 存在故障。但是，汽车上的传统伺服助力制动依然起作用。

3）前制动片磨损警告灯：为了您的安全，如果该灯亮起，请尽快更换制动片。

（6）蓄电池充电警告灯

每次打开点火开关时，该灯亮。如果在发动机运转时该灯亮起来，则说明有下面情况：充电电路存在故障；蓄电池或起动机接线端子松动；发电机皮带断裂或松弛；发电机故障。

（7）发动机诊断警告灯

每次打开点火开关时，该灯亮。如果在发动机运转时该灯连续点亮，表明排放控制系统中存在故障。如果在发动机运转时该灯点亮，表明喷油或点火系统中存在故障，有损坏催化剂转化器的风险（只限燃油发动机）。

（8）柴油发动机预热指示灯

如果发动机进行了充分的暖机，该灯不亮，这种情况下可以立即起动发动机。如果灯亮，须等待灯灭后再起动。

（9）柴油滤清器放水警告灯

依据国家规定，如果该灯亮，应尽快与服务代理商联系，因为有损坏燃油喷射系统的风险。

（10）乘员侧安全气囊解除警告灯

警告灯亮并伴有声音信号，并在多功能显示屏上显示信息。如果解除（关闭）了乘客侧安全气囊，在打开点火开关后该指示灯常亮。

（11）安全气囊警告灯

打开点火开关后，该警告灯亮 6 s。该警告灯若在车辆运行时点亮，伴有声音信号，并在多功能显示屏上出现图形信息，表明前面、侧面或窗帘安全气囊出现故障。

（12）座椅安全带未扣紧警告灯

在发动机运转时，如果驾驶员座椅安全带没有系紧，该指示灯亮。

（13）车门未关紧警告灯

在发动机运转时，警告灯亮指示车门没有关好或行李箱打开。

（14）防盗器警告灯

汽车防盗器系统中有故障。

（15）燃油液位低警告灯

当警告灯亮后，油箱内所剩的燃油至少还能行驶约 50 km。

五、仪表电路

组合仪表的硬件电路主要由电源电路、信号采集电路、仪表控制器处理电路、仪表和指示灯驱动电路等组成。

1. 电源电路

仪表板电源电压的波动将引起电路中电流的变化，从而造成仪表的指示误差。为了避免这种误差，仪表板内装置了稳压器，用以保持仪表工作电压的恒定。例如，仪表板线性稳压集成电路 IC7812，稳压后输出为 12 V 给仪表板供电，保证仪表电压不随发电机电压发生波动。仪表板内稳压方式有稳压二极管稳压、线性稳压电路稳压和开关稳压 3 种。为防止蓄电池反接损坏仪表，电源输入时使用二极管进行保护。

电源电路及掉电保护。由于汽车蓄电池提供的是 12 V 电源，因此要进行电压转换及滤波处理。电源电路中 +5 V 为模拟量电源，V_{CC} 为数字量及单片机工作电源。掉电保护电路是在掉电时也可以及时地记录汽车行驶的里程数据。使用掉电保护电路可在掉电时维持一段时间的供电电压，保证单片机完成里程数据的保存，并调整指针位置使之回 0。具体方法是：在电源地输入端加一个 1 000 μF 或 2 200 μF 的电解电容，外部电源断开时，电容可以维持单片机电源足够长的时间，使得单片机可以完成外部中断的服务程序。

2. 仪表输入和输出接口

图 7-7 为仪表输入和输出接口类型。仪表模拟输入信号采集有燃油液位信号、冷却液温度信号、气压传感器信号等。数字输入信号采集有车速信号、发动机转速信号、ABS 故障信号、安全气囊故障信号、发动机检查等数字信号。开关信号有左右转向指示开关信号、远近光指示开关信号、挡位开关信号（P、R、N、D、4、3、2、1）、机油压力开关信号、安全带开关的开关信号、发电机是否发电的开关信号、车门开关信号、制动片磨损开关信号、停车手制动开关信号、前雾灯开关信号、冷却液液位开关信号、气压不足等开关信号。

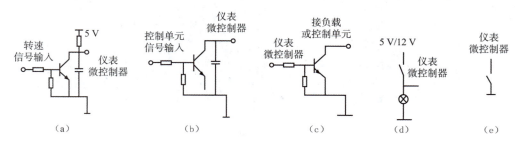

图 7-7 仪表信号输入和输出电路
(a) 频率信号触发电路；(b) 控制单元触发电路；(c) 仪表信号输出电路；
(d) 仪表下拉电阻信号输入；(e) 仪表负输入

图 7-7 (a) 为频率信号触发电路，输入电路经电阻驱动三极管基极，微处理器由电容上部的输出端采集信号脉冲来计数。图 7-7 (b) 为控制单元触发电路，例如，要控制仪表上的发动机故障灯点亮，发动机控制单元控制三极管导通将仪表微控制器的电位拉低为低电位，微控制器收到低电位信号后，点亮故障灯。图 7-7 (c) 为仪表信号输出电路，在这个电路中，发光二极管、蜂鸣器和其他控制单元都可以接在三极管的集电极，仪表微控制器通过基极控制负载工作与否。图 7-7 (d) 为仪表下拉电阻信号输入，比如灯光开启的指示信号输入。图 7-7 (e) 为开关搭铁信号采集，比如机油压力开关。

【技师指导】仪表的学习要求是能看懂仪表外围线路图，清楚信号类型。并能通过诊断仪触发仪表动作，从而判断仪表好坏。

第二节 汽车仪表

20 世纪 90 年代以前，汽车上普遍采用电热式仪表、动圈式和十字线圈式仪表。其中，电热式仪表反应迟钝，易受电压波动影响；动圈式指示仪表抗振性能差、过载能力差、指针易抖动；十字线圈式仪表也存在一致性、通用性差的缺点，但相对较好。

2000 年以后，由于微控制器在仪表上的大量应用，现代汽车电子控制仪表广泛采用十字线圈式（电磁式）和步进电动机式。

一、十字线圈式仪表

十字线圈式仪表的特点是两组线圈十字交叉缠绕,工作原理是:一个线圈通固定电流,另一个线圈通控制器的控制电流,仪表控制器通过控制这个电流使两线圈的合成磁场方向不同,这个合成磁场与线圈内部的永磁性转子作用,使永磁性转子转动,永磁性转子带动指针产生摆动。图 7-8 为十字线圈式仪表。

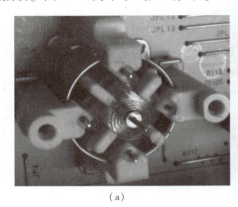
(a)

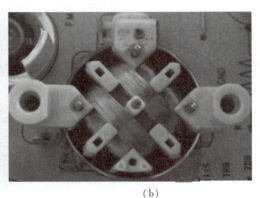
(b)

图 7-8 十字线圈式仪表
(a) 4 个端子十字线圈式仪表;(b) 3 个端子十字线圈式仪表

对于 4 个端子的指针表为车速表或发动机转速表,因为它们左右的偏摆角度范围很大,通常采用游丝弹簧回位。3 个端子的指针表为水温表或燃油表,因为它们左右的偏摆角度范围较小,通常采用重力回位。

【知识考核】见同步自学和考核教程。

二、步进电动机式仪表

图 7-9 为两线圈式步进电动机,步进电动机转动经多级减速机构传至仪表指针轴,带动指针转动。减速机构也可以采用丝杆齿轮减速机构。

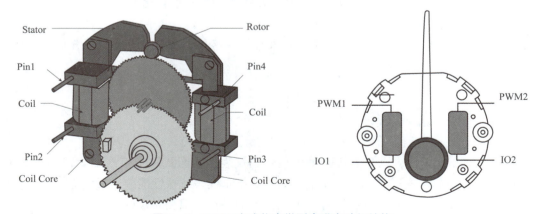

图 7-9 PWM 方式仪表微型步进电动机结构

【技师指导】Coil(线圈)、Coil Core(线圈铁芯)、Pin(引脚)、Stator(定子)、Rotor(转子)线圈通电在两 Stator(定子)铁芯上形成不同磁极,推动 Rotor(转子)。

步进电动机是两相永磁步进电动机,转子步进角度为60°。电动机内部有180∶1的减速齿轮机构,通过齿轮减速降低转速,在输出的指针轴上得到1/3度的分辨率。为了节省成本,目前使用单片机的PWM端口直接模拟实现微步驱动。微型步进电动机已经成为主流的方案,通常使用两个PWM端口和两个I/O口来驱动一个步进电动机,PWM方式虽然模拟微步驱动,但是驱动的效果仍然比专用驱动芯片的效果要差一点。

步进电动机如图7-10所示,两相线圈中的每一相由2个反向器控制,微控制器只要控制4个反相器的输入端即可实现L_1线圈和L_2线圈的电流正、反向通过,从而在铁芯内产生不同的极性,促使多极永磁转子转动,再经多级减速机构输入到仪表的指针轴上。

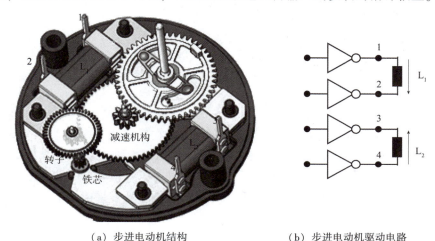

(a) 步进电动机结构　　　　　　(b) 步进电动机驱动电路

图7-10　步进电动机

【知识考核】 见同步自学和考核教程。

三、典型客车仪表举例

图7-11为仪表板背部元件,稳压集成电路采用IC7812,采用处理器AT89C2051对频率或电压信号进行处理,并驱动仪表驱动芯片BY1819(BY1819为双线圈汽车转速表专用单片集成电路)。若仪表为步进电动机式,则驱动芯片换成步进电动机驱动芯片即可。

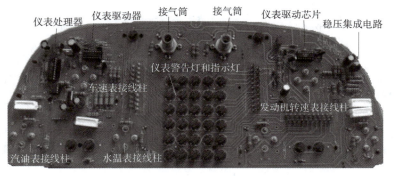

图7-11　仪表板背部元件

1. 电流表/电压表

电流表又称安培表，早期装在客车上，用来显示电源系统的工作状态，当蓄电池放电时，表针指向"-"的一侧；当蓄电池充电时，表针指向"+"的一侧。

近年来客车用电压表代替了电流表，图7-12为汽车用电压表。电压表不仅能监控发电动机和调节器的工作状况，同时还能指示蓄电池的技术状况，比电流表和放电指示灯更为直观与实用。电压表表盘上部电池形状的充电指示灯点亮时，表示电源系统工作不正常。柴油车标称电压多为24 V，其电压低于21 V或高于30 V时，应检查发电动机状态。

无论是电压表还是电流表，内部电路都是采集电压信号，再驱动仪表进行指示，只是它们的表盘刻度形式变化了。

【技师指导】铜板式电流表二十多年前就淘汰了，现在客车若有电流表，也是采用霍尔电流传感器测量电流。

2. 发动机水温表

图7-13为汽车水温表。水温表传感器用螺纹固定在发动机冷却水道上，水温表用于监测发动机水套中冷却液的温度，早期仪表多为电热式，工作原理与燃油表基本相同，热敏电阻与燃油箱位置传感器同样都是改变电阻，从而驱动表头指针摆动。不同的是，水温传感器是一热敏电阻元件，其阻值随温度的升高而减小，现在电子仪表采用十字线圈或步进电动机驱动仪表指针。

图7-12　汽车用电压表　　　　　图7-13　汽车水温表

【技师指导】有一些中高档轿车的水温表采用区间定值控制，即在温度从低温到90 ℃时正常显示；超过90 ℃，但未超过上限温度（如120 ℃）时，仪表一直显示90 ℃，这样设计的目的是避免驾驶员对水温表过多注意而影响驾驶，若发动机过热，仪表蜂鸣器和水温过高报警灯会报警。

3. 机油压力表

图7-14为机油压力表。机油压力表用以显示发动机工作时主油道内的油压，机油压力传感器一般安装在主油道或机油泵上，将主油道的油压转变为电信号，经处理器处理后传给机油压力表的十字线圈上。

【技师指导】轿车用机油压力警告灯,而不采用机油压力表,部分客车还使用机油压力表。机油压力表用警告灯代替,可使仪表简化、成本降低,且直观方便。例如,大众车系轿车有高压和低压开关,机油报警灯若亮起表示机油压力过低或过高。

当发动机低速运转时,如果机油压力低于 30 kPa,低压机油压力警告灯亮起;当发动机转速超过 2 150 r/min 时,如果机油压力达不到 180 kPa,高压机油警告灯亮起,同时蜂鸣器发出蜂鸣。

4. 燃油表

(1)普通燃油表电路

燃油表用来显示油箱中的剩余燃油量,如图 7 – 15 所示。燃油表传感器的结构多为浮子式结构,当浮子位置高时,V_t 输出电阻小,电流大,指针指向 F(FULL)或 1 的一侧;当浮子位置低时,输出电阻大,电流小,指针指向 E(EMPTY)或 0 的一侧。燃油表由随液面位移而自动位移的浮子带动一内装滑动电阻器的机构连接而成,当油箱内的液位出现油面高低变化时,引起浮子位置的高低变化,在滑动电阻器上将会得到不同的电阻值输出,从而得知液面的高度,并驱动燃油表指示到相应的位置。电子燃油表主要通过采样电路向微处理器的 A/D 口输入传感器电阻变化而产生不同采样信号,经 A/D 转换后,通过预置的系统软件处理控制驱动机构带动指针指示燃油量,其基本工作原理如图 7 – 16 所示。

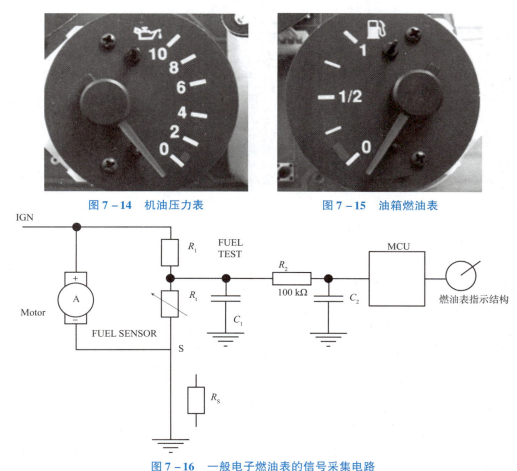

图 7 – 14 机油压力表　　　　图 7 – 15 油箱燃油表

图 7 – 16 一般电子燃油表的信号采集电路

(2) 带自纠偏测量电路的燃油表

如图 7-16 所示，由于实车多采用传感器（FUEL SENSOR）回路与车载电动油泵电机（Motor）共地，自 S 共地点以后的导线长度较长，经测量 S 点对地的电阻为 0.04 Ω，由于油泵的工作电流很大（一般可达 5 A 左右），在其工作时 S 点对地的电压影响较大（0.2 V），工作时的电压叠加导致在满量程采样时有较大的偏差，打开点火开关和起动油泵两种工作状态会出现满量程指示迅速下降的情况，往往会引起客户的困惑和报怨。最新的仪表通常采用带自纠偏测量电路的油位测量。

所谓自动纠偏控制策略，即采用两次测量的方式。如图 7-17 所示，R_t 为油箱滑动变阻器，其余电路则在仪表中，MCU 通过控制 P 沟道场效应管（MOSFET-P）在断开时，测量油泵电动机流经 R_t 后形成的电压（图 7-17 中，并未画出油泵电流流入 R_t），P 沟道场效应管导通时，再测量 R_t 的电压。将两次 A/D 采样的结果通过软件进行修正后再驱动仪表步进电动机。

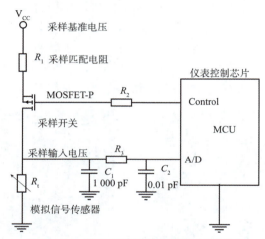

图 7-17 带自纠偏测量电路的油位测量

【技师指导】油箱中浮子随着油面的升降而起伏，带动传感器的触点在电阻上滑动产生不同的阻值。当滑动变阻器接触不良时，相当于在油位传感器上串联一可变电阻，于是电路回路中的电阻就会增加，导致油表不准或表针不稳。另外，燃油质量不合格也会加剧滑动变阻器出现接触不良。

(3) 精确油位测量和带有磨损修正功能的仪表

油位测量硬件电路如图 7-18 所示。为了防止在加速、上坡和转弯时油表指针的快速摆动，有的汽车在油箱中采用两个油位传感器，仪表指针是根据油箱油位控制模型进行控制，所以只有真的油位升降，仪表指针才会摆动。

为了修正因油位滑动变阻器产生的磨损或燃油成分腐蚀导致的传感器电阻变化，高端汽车的油位测量具有燃油传感器磨损修正功能，方法是在仪表软件中植有磨损修正软件。在 2 个油位测量中，取其中的一电路即可实现磨损修正功能。

以图 7-18 仪表控制单元左侧的一套油位测量装置为例说明磨损修正原理。左上部电源 V_{CC} 经 R_0、R_1、R_{00} 形成回路，左下部电源 V_{CC} 经 R_0、R_2、R_{00} 形成回路。A/D_1 和 A/D_2 通过测量电压来确定回路的电阻。比如，标准电阻（$R_1 + R_2$）为 500 Ω，新测得（$R_1 + R_2$）为

506 Ω，506 − 500 = 6 Ω，即为由于误差两次测量造成的结果，所以可知误差6/2 = 3Ω，误差可作为油位修正的控制参数。

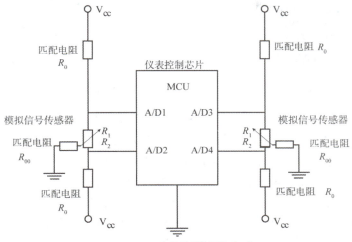

图 7 – 18　油位测量硬件电路

5. 车速/里程表

车速/里程表是用来指示汽车行驶速度和累计行驶里程的仪表，由车速表和里程表两部分组成。

早期里程表主要由蜗轮蜗杆和数字轮组成，当汽车行驶时，主动轴经 3 对蜗轮蜗杆驱动数字轮上最右侧的第一个数字轮（一般为 1/10 km），任一个数字轮与左侧相邻的数字轮传动比都为 10∶1，这样显示的数字呈十进位递增，便自动累计汽车总的行驶里程。结构较复杂，成本也较高。现在，低档仪表多，采用小液晶屏段码显示时间和里程，高档仪表中时间和里程只是多种信息显示的一部分。

车速/里程表和车速传感器如图 7 – 19 所示，车速/里程表通常采用霍尔型非接触式转速传感器，奥迪轿车采用两线舌簧开关式车速传感器。

车速表主要由十字线圈（或步进电动机）、刻度盘和表针等组成，不工作时，在游丝（步进电动机没有）的作用下，使指针位于 0 位。当汽车行驶时，车速传感器传来的频率信号经处理器处理后，经驱动芯片触发步进电动机或十字线圈，从而指示车速。

（a）车速/里程表

（b）三线霍尔车速传感器

图 7 – 19　车速/里程表和车速传感器

(c) 奥迪 A6 舌簧开关式车速传感器

(d) 捷达三线霍尔车速传感器

图 7-19　车速/里程表和车速传感器（续）

里程计算原理：霍尔传感器转轴每转一圈，感应发出 8 个脉冲。现以车速比为 1∶624 的车型为例，汽车行驶 1 km，霍尔传感器发出的脉冲数共为 8×624＝4 992 个，将这些脉冲信号输入给单片机，当计数满 4 992 时，表明汽车行驶 1 km，然后给累计单元加 1，并存入 EEPROM，最后通过刷新 LED 液晶显示器，即可实现里程计数，LED 显示总里程数。每经过 1 km 向 EEPROM 中写入 1 次，在停车等待时，CPU 停止写入总里程。车速表是短时（10 ms）采集脉冲数目，换算出 10 ms 行驶里程，从而算出每小时里程，即可得车速，仪表微控制器驱动步进电动机通过指针指示车速。

【技师指导】主车速传感器，即常说的车速传感器。在前驱动汽车上位于变速驱动桥的差速器壳上，对于四驱汽车位于分动器输出轴上。车速信号也可经 ABS 控制单元输出至仪表。位于变速器输出轴上的这个车速一般是作为备用（副车速）信号，只有主车速传感器损坏时，仪表才使用此信号。

6. 发动机转速表

图 7-20 为柴油发动机转速表。为了检查调整发动机，监视发动机工作情况，使驾驶员正确地选择换挡时机，大多数汽车的仪表板上装有发动机转速表，少数车为了节省成本不装发动机转速表。发动机转速表为十字线圈或步进电动机式。

转速表把转速传感器传送的频率信号传送到单片机，经过计算后输出 PWM 调制波信号来驱动步进电动机，在刻度盘上指示发动机相应的转速值。

【技师指导】发动机转速信号取自电控发动机曲轴转速传感器、凸轮轴转速传感器或点火放大器上。注意：在车上找出信号产生位置很重要，电控发动机转速信号经电控发动机电脑处理后，再经串行通信或 CAN 通信传至仪表。

7. 气压表

图 7-21 为前、后储气筒气压表。在采用气压制动时，气压表需显示前、后两个储气筒内的气压是否能够制动。

一般正常制动系统气压为 600～800 kPa，压力达到 900 kPa 时储气筒安全阀开始排气泄压。气压不能低于 400 kPa，否则会导致气压制动力不足。气压应大于 400 kPa 才能行驶，否则气压不足以解除驻车车轮的弹簧制动或制动效能不足会造成事故。

图7-20 柴油发动机转速表

图7-21 前、后储气筒压力表

图7-22为气压表接口。机械式气压表在表后部有接前、后储气筒的管接头。

图7-23为弹簧管式压力表结构。弹簧弯管是由金属管（无缝铜管或无缝钢管）制成的。管子截面呈扁圆形或椭圆形，它的一端固定在支承座上，并与气路介质相通。另一端是封闭的自由端，与杠杆连接。杠杆的另一端连接扇形齿轮，扇形齿轮又与中心轴上的小齿轮相啮合，压力表的指针固定在中心轴上。

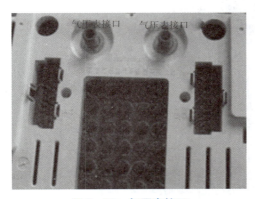

图7-22 气压表接口

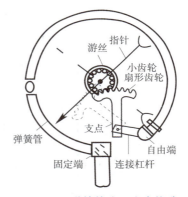

图7-23 弹簧管式压力表构造

当弹簧弯管受到介质压力的作用时，它的截面有变成圆形的趋势，迫使弹簧弯管逐渐伸直，从而使弹簧弯管的自由端向上翘起。压力越高，自由端向上翘起的幅度越大。这一动作经过杠杆、扇形齿轮和小齿轮的传动，使指针偏转一角度，在刻度盘上指示出气压数值。当气体压力降低时，弹簧管恢复原状，指针退回到相应的刻度处。在弹簧管式压力表前加气压刻度盘，从而指示气压。

机械式气压表在客车中仍较常用，即在电子仪表中加两块机械式气压表。现代汽车前、后储气筒越来越多采用压力传感器测量压力，压力的电信号经A/D转换后，驱动十字线圈或步进电动机式仪表来指示气压数值，工作原理参考燃油表电路。

8. 仪表亮度调节

仪表亮度控制器有2种类型，一种是在尾灯断电之后，仍可改变显示器亮度；另一种是只有在尾灯通电后才能改变显示器亮度。

早期直接用绕线电阻器分压方式控制仪表亮度，电阻生热后易烧夜行灯开关（尾灯开关）塑料壳，导致不能调光。后期采用大灯开关上的变阻器旋钮作为信号输入到基本电气控制单元（如大众汽车 J519），即可通过可变电阻器改变三极管输出的占空比，并将这一信号输入电脑的变光电路，电脑根据通/断的占空比，控制显示器的亮度。顺时针旋转旋钮，灯光变亮；逆时针旋转旋钮，灯光变暗。

四、CAN 线仪表

普通仪表接收模拟信号、频率信号和开关信号后，直接驱动仪表上的警告灯、指示灯故障灯，以及直接驱动仪表指针。CAN 线仪表不仅接收模拟信号、频率信号和开关信号，还接收 CAN 线传来共享的数据信息信号。这样，在线束不增加的情况下，仪表显示的内容将更丰富，如图 7-24 所示。例如，电控发动机控制单元可以将获得的发动机转速信号发送到总线上去，仪表控制单元就可以从 CAN 线获取发动机转速信息，从而驱动发动机转速表指针转动。

在 CAN 线仪表中，有些信号仍要通过独立的信号通道传到仪表，例如，油箱中燃油量信号。在图 7-24 中，油箱的油位信号为了传递可靠，先经 J538 燃油泵继电器内电路处理成数字信号，再传递给仪表，提高了油位指示的可靠性。

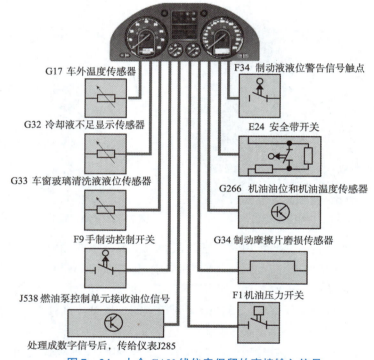

图 7-24　大众 CAN 线仪表保留的直接输入信号

五、仪表的自检

现在的仪表就是一带有微处理功能的电脑板，有处理、存储、驱动和通信功能。一旦仪表显示不正常，故障可能在仪表，也可能是仪表的外部信号不正确导致。为了能快速确定是仪表外部，还是仪表内部导致的故障，仪表在设计时有执行器自驱动程序，也称执行元件诊断。执行元件诊断工作时，仪表会忽略仪表外部信号输入，由仪表自驱动程序产生信号触发灯泡点亮和仪表指针动作，这样就可以确定仪表是否正常。这个过程要通过外部检测仪与仪表通信，进行执行元件诊断才能看到。

【技师指导】在仪表显示不正常时，一定要用执行元件诊断，可迅速分隔故障位置。

第三节　仪表信号和警报

【任务驱动指导】本部分的重要内容是知道报警元件和报警后车辆处于什么情况。报警元件多为开关，首先应知道元件放在车上的位置和控制工作条件。例如，机油压力低压开关什么时候导通，什么时候断开。开关的结构不用了解，只要知道是开关即可。最后要知道当报警后我们应如何应对。

现代汽车为提高汽车的安全性、可靠性，装备了很多安全报警装置，相应仪表的警告灯也很多，这些警告装置基本由仪表板上相应的红色警告灯和蜂鸣器组成。这些红色的警告灯大多数是由仪表外部的开关元件触发的。

一、仪表信号的采集

1. 发动机转速信号采集

（1）20世纪90年代末的化油器车型，采用机电模拟表时，发动机转速信号取自点火线圈上，现在已淘汰。

（2）非电控柴油发动机转速信号取自发电机三相定子中的一相交流信号。

（3）采用电控汽/柴油机后，仪表电控化，发动机转速由发动机电脑通过串行通信或CAN通信向仪表传送。

2. 车速表/里程表信号采集

（1）20世纪90年代末的化油器车型，一种是由变速器驱动桥上的车速表/里程表软轴带动仪表内的磁铁在一个铝筒中转动，铝筒中产生电流，铝筒中的电流和旋转的磁铁相互作用使铝筒产生转动力；另一种是车速/里程表软轴带动仪表内部的遮光盘在光电耦合器中转动，从而产生频率信号，仪表处理器计算频率，再驱动仪表。日本丰田汽车采用过这种控制方式，现在上述2种方式已全部淘汰。

（2）现在的车速/里程数据来自变速器驱动桥的车速传感器，传感器有霍尔式、舌簧开关式和磁阻式。若配备自动变速器，变速器的输出轴转速也可作为车速信号来使用，但只能作为副车速传感器，驱动桥上的车速传感器才是主车速传感器，副车速信号经自动变速器电脑和CAN通信，从而传给仪表。

（3）车速信号也可能取自ABS控制器，在高档轿车中，ABS控制器可以输出车速信号。

3. 蓄电池充电信号采集

（1）20世纪90年代末，化油器车型稳压后的电源经蓄电池充电指示灯到发电机D+端子，当发电机工作发电时，D+端子输出12 V以上电压，充电指示灯两端因无电压差熄灭，指示灯熄灭表示发电机发电良好。

(2) 现在的发电机电压调节器通过末级三极管在调节励磁线圈的电流时，三极管的基极产生 PWM 负载信号，输出 PWM 信号就说明发电机已经发电，这个信号给发动机电脑或中央电气控制单元控制仪表蓄电池指示灯熄灭。另外，当输出的 PWM 越大时，说明发电机外部的用电负荷越大，此时 PWM 信号控制发动机转速提高来增加发电量。

4. 各种温度信号采集

(1) 20 世纪 90 年代末的化油器车型采用热敏电阻直接测量水温，仪表内的线圈串联这个热敏电阻来触发热电仪表，这样的仪表现已淘汰。

(2) 现在采用热敏电阻直接测量水温，热敏电阻上的电压信号进入仪表后，仪表将其处理成数字信号，驱动仪表驱动器芯片，使仪表指针动作。

发动机水温过高、发动机水温过低这样的温度开关信号可直接触发仪表灯，也可输入微控制器，仪表微控制器再触发相应的警告灯。

5. 各种液位信号采集

制动液液位低开关和风窗玻璃水液位低开关报警一般采用舌簧式开关，而燃油箱油液位低报警一般采用微型浮子开关。

6. 燃油表信号采集

(1) 20 世纪 90 年代末的化油器车型在油箱内采用滑动变阻器测量油位，在仪表内用磁动式仪表指示油位，现已淘汰。

(2) 现在仍在油箱内采用滑动变阻器，上拉电阻的电压信号进入仪表后，仪表将其处理成数字信号，驱动仪表的步进电动机驱动器芯片，使仪表指针动作，这和水温表的原理相同。

注意：燃油量报警开关也可设计成当滑动变阻器达到某一油位时报警，或单独用浮子开关报警。

7. 压力开关信号采集

(1) 发动机的机油压力开关采用膜片式，机油压力过低时，触发仪表灯机油警告灯点亮（也可伴随蜂鸣报警）。

(2) 制动系统的储气筒气压开关采用膜片式，因为是开关信号，可直接控制低气压报警灯。

(3) 若制动系统的储气筒采用压力传感器监测压力，压力信号作为微控制器输入，则指示灯受仪表微控制器控制。

8. 制动蹄片磨损量信号采集

在制动蹄片中埋入导线，磨损到导线时，产生报警。摩擦片磨损情况的检测方法有 2 种：当制动蹄摩擦片超过磨损允许的限度时，一种方法是磨损使检测传感器本身由通路变断路；另一种方法是磨损使制动盘接触到检测传感器，由断开变闭合，构成回路。国内多采用第一种方法。

在第一种方法中，磨损检测传感器本质就是 U 形金属丝，在制动盘上的安装情况是 2 个前车轮 U 形金属丝串联，国内典型车型如红旗轿车，结构如图 7-25 所示。

U 形金属丝的顶端就处在制动器摩擦块的磨损极限位置上，制动器摩擦片没有磨损到极限位置时，输出电压为 0 V；当摩擦片磨损到规定限度时，U 形金属丝部分被磨断，电路在

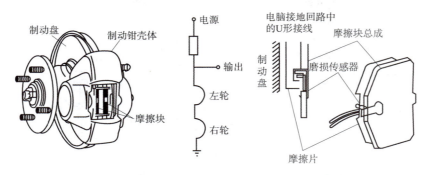

图 7-25 磨损检测传感器的安装位置、电路结构、传感器在制动器上的安装状况

制动时仍可通过制动盘连通。但当抬起制动踏板时，制动摩擦片和制动盘间形成几微米的制动间隙，此时电路断开，这时输出电压为电源电压，电源电压作为信号触发仪表点亮制动摩擦片报警灯。

9. 行车油耗、平均油耗和短里程记数

行车油耗由发动机电脑向仪表传送喷油器开启时间或流量计信号确定；平均油耗由仪表根据里程和油箱剩油位置等确定；短里程计数功能由司机按下短里程计数按钮重新对里程进行累积，用于测量两地间距离。

10. 车门、发动机罩和行李箱门警告

车门、发动机罩和行李箱门警告由相应的4个车门开启开关、前发动机舱盖开关、后行李箱开启开关触发。

其他如时钟的分、时调节，日期调节等内容本书略过。

二、仪表信号

1. 机油压力开关和机油传感器

（1）普通型机油压力开关和机油传感器

图 7-26 为机油压力警报装置的报警开关，它装在机油滤清器之后缸体的主油道上，一般称为机油低压报警开关。当机油压力低于一定值时，此开关闭合，机油低压报警开关接通，机油低压报警灯点亮，以提醒驾驶员停车检查。有的轿车为了监测机油滤清器的堵塞，在机油泵之后、机油滤清器之前另加一个高压开关，当机油滤清器堵塞后，这段机油压力升高时，高压开关动作报警。有的机油压力测量采用模拟连续输出方式，称为机油压力传感器，端子上标为 G。

机油压力开关或机油压力传感器两者的壳体外表有压力触发范围，外壳不标压力触发范围的，轴向端面会标压力触发范围。

例如，德国 VDO 单线机油压力传感器，外壳接地，接线处标有 GK 字母，GK 接仪表的机油压力表的负极，额定电压为 6~8 V，电阻值为 10~184 Ω。德国 VDO 双线带报警开关的机油压力传感器，外壳接地，接线处标有 W 和 GK 字母，W 接仪表的警报灯负极，GK 接仪表的机油压力表负极，额定电压为 6~24 V，电阻值为 10~184 Ω。

【技师指导】如果轿车只有机油压力开关，没有机油压力传感器，即只有 WK 这条线。

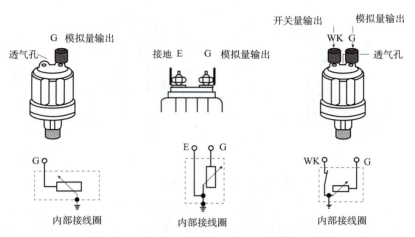

图 7-26 柴油机机油压力开关和压力传感器

要判别机油故障灯点亮是压力降低了，还是机油压力开关损坏（开关内部损坏而常闭合），可通过听发动机噪声是否正常或从发动机机油加油口看凸轮轴的润滑情况。

大众汽车采用高压和低压两个压力开关，低压机油压力开关为常开型，位于滤清器后部的油道上，用于监测曲轴、凸轮和液压挺柱等工作间隙是否正常。高压机油压力开关为常闭型，位于机油滤清器前，用于检测滤清器是否堵塞。常开型和常闭型是指不安装在发动机上时开关的状态，装到发动机油道上后，开关状态完全取决于机油压力。

（2）多功能机油传感器

多功能机油传感器也称智能传感器，近几年来在高档轿车上被采用。多功能机油传感器可以安装在油底壳中，以便于精确记录机油油位高度、机油温度和机油品质状况，如图 7-27 所示。这种机油传感器包括两个桶形电容器，其中一个电容器装在另一个电容器的上面。机油质量由下面的电容器进行检测，机油油位高度由上面的电容器来确定。

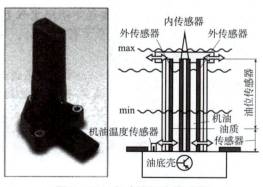

图 7-27 多功能机油传感器

1）机油品质测量原理：如果因为磨损或添加剂的分解导致机油状况发生变化，那么下部充满机油的电容器的电容量就会发生变化。电容量的变化经过集成电路的处理而转变成数字信号，此数字信号被传送给发动机控制单元。发动机控制单元对此信号进行处理，从而计算出下一次换油维护的时间。

2）机油油位测量原理：上部电容器中有油和无油电容器的容量也不同，发动机对此信息进行处理，并通过仪表中央信息显示器告诉驾驶员机油油位情况。

3）机油温度测量：将机油温度传感器（NTC）集成在机油传感器中。

【技师指导】如果车辆安装有多功能机油传感器，就必须使用车辆仪表显示屏，并在"Engine Oil"（发动机机油）菜单项下，确定当前机油油位。车辆仪表显示屏还能显示出到规定的下一次换油剩余的里程。

2. 制动系统低气压开关

采用气压制动的汽车为防止因制动系统气压不足造成制动不灵或失效的情况，一般都装有低气压警报装置，其警告灯开关多装于储气筒上，通常是前、后储气筒上各一个。近几年业界广泛采用压力传感器代替压力开关。

3. 两种液面警告灯装置

舌簧开关和热敏电阻可用于液面监测。

（1）舌簧开关式

舌簧开关式制动液液面警告灯开关装在制动主缸的储液罐内，其结构如图7-28所示。

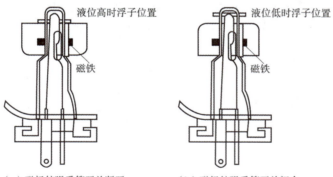

图7-28 制动液液面报警开关

报警开关外壳的外面套装着浮子，浮子上固定有永久磁铁，外壳内部装有舌簧开关，舌簧开关的两接线柱与警告灯和电源相连。当制动液面在规定值以上时，浮子在靠上的位置，永久磁铁对舌簧开关的吸力不足，舌簧开关在自身的弹力作用下保持断开的状态；当制动液面下降到一定值时，浮子位置下降，舌簧开关在永久磁铁吸力作用下闭合，警告灯点亮。舌簧开关实物如图7-29所示。

【技师指导】舌簧开关（也称干簧管）可用于车速测量，如奥迪的车速传感器。舌簧开关还可用于制动灯断路监测，一旦制动灯断路，仪表上会有制动灯故障报警。其原理是：两制动灯泡分别串接在继电器内的两线圈上，制动时，若两制动灯泡均完好，则两线圈同时产生磁场，两线圈内中间夹的舌簧开关闭合，仪表报警灯不亮。当一灯泡烧断时，即一线圈不产生磁场，舌簧开关断开，仪表指示灯亮，表示有损坏的灯泡，须尽快维修。图7-30为制动灯检测继电器实物，不过，现代汽车中早已没有使用这种器件。现代汽车照明和信号系统由汽车电气控制单元控制，如大众汽车的灯泡通/断可直接由车载控制单元 J519 进行冷监控识别，并且不再局限于制动灯灯泡。

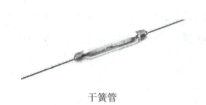

图 7-29　舌簧开关实物　　　　　图 7-30　制动灯检测继电器实物

（2）热敏电阻式

为监测燃油箱油位，可在油箱接近底部处加个热敏电阻，当油箱内油量减少到一定位置时，热敏电阻开始露出油面，固散热慢，其阻值发生变化，燃油油量警告灯自动点亮，以提醒驾驶员注意。

4. 水温"过热"和"过冷"开关

当发动机冷却液温度高到一定程度时，警告灯点亮报警，早期车型多用温度开关，现在可用水温传感器代替温度开关，由仪表处理信号后确定是否点亮指示灯。

极少数柴油车辆还装有"过冷"指示灯，当缸体水温较低时，仪表板的绿灯亮，表示水温低，不宜行驶。

第八章

汽车空气调节系统

一辆 2013 年出厂的日产逍客 SUV，2019 年 8 月开始发觉有制冷量不足的感觉，经查在这 6 年中车主没有检查空调系统，冷凝器表面还可以，不能算堵。将出风口的温度设定在最冷，鼓风机开启到最高挡时温度仍在 12 ℃ 以上。

如果你是接车的修理技术人员，应如何解决本故障，修理方案应如何制定？

能说出空调的作用有哪些；
能说出空调中压缩机、干燥器、膨胀阀、蒸发器、储液器的作用是什么；
能说出蒸发器开关或温度传感器的作用是什么；
能说出环境温度开关或温度传感器的作用是什么；
能说出风口调节有几种控制方式；
能说出空调的保养项目有哪些。

能够操作空调面板进行制冷/制热操作来检查压缩机是否动作、出风口是否实现正常动作；
能够通过测量空调系统压力，判别故障元件；
能够进行前杠冷凝器堵塞检查和清洗；
能够使用压力表手动实现空调系统压力检查、抽真空、加注制冷剂、加注制冷油的操作；
能够使用空调自动加注机实现空调系统压力检查、抽真空、加注制冷剂、加注制冷油的操作。

第一节　空气调节系统概述

【任务驱动】通过空调控制面板能进行汽车制冷、制热、通风和除湿的控制操作；说出制冷、制热基本元件的位置;说出"液态"和"气态"相互变换时的吸热和放热过程。

一、汽车空调系统的作用

汽车空调系统的作用对汽车车厢内的空气进行温度、湿度和清洁度的调节。

(1) 制冷:是对车厢内的空气或由外部进入车厢内的新鲜空气降温和除湿,使之变得凉爽。

(2) 采暖:是对车厢内的空气或由外部进入车厢内的新鲜空气加热,达到取暖、除湿的目的。

在夏季,人体感觉最舒适的温度为 22~28 ℃,冬季为 16~18 ℃。人体面部所需求的温度比足部略低,即要求"头凉足暖",温差约为 2 ℃。

(3) 通风:是将外部的新鲜空气吸入车厢内,达到换气的目的,空气流速在 0.2 m/s 以下为佳。空气由轿车前风挡玻璃窗下进入,过滤后经驾驶室,从后备厢两侧下部的气道流出。

(4) 湿度调节:人体觉得最舒适的相对湿度在夏季为 50%~60%,冬季则为 40%~50%。

【技师指导】夏季的雨天,前风窗结雾后,可用空调外循环制冷模式除湿。一部分湿气经蒸发器冷凝成水后,由空调箱的排水管排出;另一部分湿气由车后备厢两侧下部的气道流出。冬季开暖风外循环进行前风窗除雾或除霜,湿气由车后备厢两侧下部的气道流出,降低湿气,防止结霜。

(5) 空气净化装置:利用滤清器除去空气中的尘埃,带有空气净化装置的空气滤清器上的活性炭能吸附臭味、烟气等;有的蒸发器上甚至还涂有杀菌材料,可使空气变得清新。最常用的方法是通过活性炭空气滤清器过滤或通过离子发生器将空气中的氧气离子化。

【技师指导】按时更换空气净化装置、清洗蒸发器和暖风水箱才能保证系统出风时无异味。

上述 5 部分功能装置的全部或部分组合在一起,按照一定的布置形式安装在汽车上,便组成了汽车空调系统。

在普通客、货车上,通常只安装采暖系统,在一些高级轿车和高级大、中型客车上,除安装采暖系统外,还装有强大的制冷系统,也装有空气净化和离子化装置。

二、汽车空调系统分类

(1) 按照系统功能的不同,汽车空调系统可分为单一功能式和组合功能式两种。单一功能式是指制冷系统和采暖系统各自独立、自成系统,一般用于客车上。组合功能式是指制冷系统和采暖系统共用鼓风机和操纵机构,这时,鼓风机吹暖风则水箱制热,吹冷风则空调蒸发器制冷。

(2) 按照驱动方式的不同,系统制冷可分为非独立式和独立式两种。非独立式制冷系统的压缩机由汽车本身的发动机驱动,空调的工作状态受发动机工况的影响,用于轿车和绝大部分大型客车上。独立式制冷系统的压缩机由专用的空调发动机（也称副发动机）驱动，故空调的工作状态不受发动机工况的影响，具有工作稳定、制冷量大等优点，多用于大型客车上。

（3）按照热量的来源不同，采暖系统也可分为非独立式和独立式。非独立式采暖系统的热量来源于汽车发动机的冷却水。独立式采暖系统是在发动机机舱内装驻车加热器，客车在汽车车箱底部加装驻车加热器。

三、通风装置

汽车的通风装置主要起到换气的作用，即打开和外部相通的通风口，利用汽车迎面的空气压力通风或利用空调系统中鼓风机的强制通风来进行换气，从而净化车厢内的空气，消除车内乘员呼出的二氧化碳、水蒸气和烟气所产生的污染，同时调节车厢内的温度和湿度。此外，通风对于防止车窗玻璃起雾也起着重要的作用。

为维持舒适条件所需的最小限度的换气量称为必须换气量。车内乘员每人每小时所需的新鲜空气量为 $25 \sim 36 \ m^3$，因此在车窗完全关闭的情况下，应按照此标准设置车厢内的必须换气量。

1. 空气压力通风方式

将控制面板开至外循环，但不起动鼓风机就是空气压力通风方式。空气压力通风方式是利用汽车行驶时对车外部所产生的风压，使外部新鲜空气经通风进风口进入，从车后下侧的排风口排出，实现自然通风换气。在设计进风口与排风口时，要根据汽车行驶时所发生于车外表面上的风压分布状况与车身结构来确定其位置。一般车身上的大部分是负压区，仅汽车的前部为正压区。在设置风口时，要将进风口设置在正压区，排风口设置在负压区，以便充分利用汽车行驶时所产生的风动压力引入大量的新鲜空气。同时，进风口应尽可能远离地面，以防吸进地面污染空气。进入车厢内的空气流速最佳范围为 $1.5 \sim 2.0 \ m/s$。排气口的压力系数随着安装位置的不同而异，要尽可能加大排气口的有效通道面积，以提高排气效果，还必须防止尘埃、噪声以及地面雨水上溅的浸入。空气压力通风方式因不消耗动力，在轿车上得到了广泛的应用。当车速为 $60 \ km/h$ 时，通风量为 $120 \sim 170 \ m^3/h$。

【完成任务】在空调控制面板上操作开关，实现压力通风方式。

2. 强制通风方式

强制通风是将控制面板开至外循环，同时开启鼓风机，强制车外新鲜空气进入车厢内的方式。货车强制通风在汽车上使用时，又经常与空气压力通风一起使用，通风换气效果优良。轿车均采用空气压力通风与强制通风相结合的方式，其通风装置与制冷、采暖系统等组合在一起而形成完整的空调系统。

【技师指导】轿车空调面板上的外空气循环开关和鼓风机开关一起来控制压力通风和强制通风。

【完成任务】在空调控制面板上操作开关，实现强制通风方式。

四、汽车暖风系统

采暖系统用鼓风机将室外或室内的空气吹过暖风水箱翅片，吸收散热器翅片的冷却液热量，以提高空气温度。一般按照所使用的热源不同，采暖系统可分为发动机冷却水采暖系统和独立热源式采暖系统两种。

1. 发动机冷却水采暖系统

发动机冷却水采暖系统是把送入热交换器中的车外或车内空气，与升温后的发动机冷却水进行热交换。由电动鼓风机（离心式送风机）将升温的空气经出风口送入车厢内（见图8-1）。这种装置经济、可靠，在汽车上应用较为广泛。发动机冷却水采暖系统除供车内取暖以外，还可对汽车前玻璃和主、副驾驶两侧的车窗进行除霜的作用。有的汽车在发动机和暖风水箱之间装有冷却水阀，冷却水通过暖风水阀流入热交换器，散热后的冷却水再流回水泵参与小循环，暖风水阀的作用是控制水是否通过暖风热交换器。热交换器由传热系数很高的黄铜或铝制造而成，有管片式、管带式和带状蜂窝式。

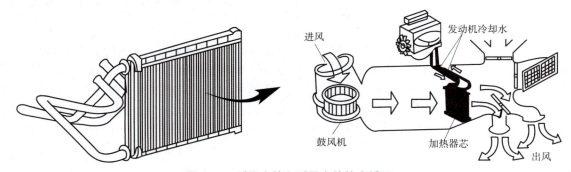

图8-1 暖风水箱和暖风水箱的水循环

在夏季不用暖风时，可以关闭暖风水阀，防止暖风水箱的水循环干扰制冷功能，使制冷性能下降。

【技师指导】 暖风水箱发生漏水时，出风口会冒气，有湿气并带有防冻液味吹入驾驶室。另外，汽车在最大制冷工况时，温度仍不够低，应该注意检查是否有发动机热水通过暖水阀漏进制冷系统，影响制冷效果（很多汽车没有暖风水阀，夏季暖风水箱通过热水，但暖风水箱风板可遮住暖风水箱，让暖风水箱没有空气通过。由于更换暖风水箱工时较多，所以工时较高。

【完成任务】 在车上找到发动机通往暖风水箱的2根水管，检查水管上是否有暖风水阀。

2. 独立热源式采暖系统

独立热源式采暖系统有气暖和水暖两种。气暖是直接将吸入车厢内的冷空气进行加热；水暖则是加热冷却水，它的最大优点是不仅可以为车厢取暖，而且可以对发动机进行预热，避免发动机低温冷起动困难。驻车加热器的主要部件可分为用于加热的加热器本体、用于循环水的循环泵、用于泵油的计量油泵、进气消音器、排气消音器及定时器和遥控器。

（1）气暖式加热器

气暖式加热器系统专门利用汽油、柴油等作为燃料，使其在燃烧筒中燃烧产生热量，对采暖用的空气进行热交换。采暖用的空气可以是来自车厢外的外循环新鲜空气，也可以是车厢内的内循环空气。独立热源式采暖系统在一些大、中型客车上得到广泛的应用。图 8 - 2（a）为德国伟巴斯特（WEBASTO）独立热源式气暖系统剖视图。系统工作原理是：当接通采暖系统控制电路时，指示灯点亮，同时电热塞开始预热，1 min 后油路上的电磁阀打开，同时燃油计量泵电动机、新鲜空气风扇电动机、助燃空气风扇电动机，以及旋转式雾化器都转动。当冷却液升温达到一定温度时，空调鼓风机开始运转，向车内吹入热风。若火焰检测装置检测出燃烧室火焰温度过高，保护电路控制电热塞断电。若暖风温度过高，过热恒温器或热熔断丝将自动切断控制电路，使采暖系统停止工作，以免发生事故。采暖系统正常工作时，燃烧气体经过热交换器内部加热热交换器，热量通过热交换器筒壁上的肋板传递给新鲜的空气，使之升温后由风扇送入车厢内。当关闭采暖系统时，供油电磁阀断开油路而停止燃烧，但此时风扇电动机等仍继续运转，直至热交换器温度和火焰温度降到一定值，过热保护装置才断开风扇电动机电路。

加热介质	空气	
热功率/kW	5	
使用燃料	柴油	汽油
额定电压/V	12V/24V	12/24
燃料消耗/(L·h^{-1})	0.17~0.6	（1 h）
额定功率/W	15~90	
最低工作温度/℃	-40~+20	
重量/kg	5.9	

图 8 - 2　独立热源式气暖系统

（2）水暖式加热器

安装加热器使之与发动机冷却循环串联，其工作原理是利用汽车的蓄电池对计量油泵、电动循环水泵、燃烧空气风机和预热塞供电。通过燃烧汽油所产生的热量来加热发动机循环水，进而使发动机实现热起动，同时使驾驶室升温。

图 8 - 3 为水暖式加热器剖面图，图 8 - 4 为驻车加热系统的元件连接，驻车加热器的工作原理：遥控器或定时器给加热器上部的 ECU（控制单元）一起动信号，计量油泵从油箱泵油并以脉冲形式将燃油打到燃烧室前的金属毡上，笔状点火器加热到 900 ℃ 左右，将喷溅的细小油滴汽化，空气由燃烧空气鼓风机吸入，与汽油混合后并点燃，火焰将热能传递给发动机冷却液，电动循环水泵推动冷却水进入空调箱内部的散热器，鼓风机把经过暖风散热器加热的空气吹入车内。

当该系统装有遥控装置时，在寒冷的冬天，驾驶员可在办公室或家里遥控使加热器提前对车厢预热，这样不但可以改善驾乘人员的体验，也便于发动机迅速起动，从而提高出行速度。

当发动机工作稳定后，该系统又将升温后的冷却水引向车厢内的加热器用于取暖。如果加热器内的水温和发动机冷却水温相同，在发动机冷却水温度低于 80 ℃ 时，加热器内的水

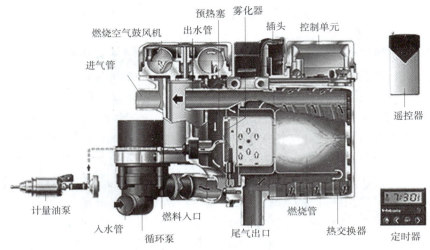

图 8-3 水暖式驻车加热器

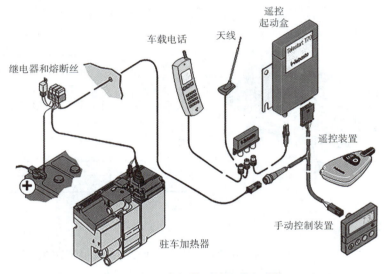

图 8-4 驻车加热系统组成和连接

优先供发动机预热用；当发动机冷却水温高于 80 ℃时，该系统又将发动机冷却水引入加热器用以车厢内取暖；当水温达到 95 ℃时，系统便自动切断燃烧器的电源，停止供油，达到节约燃料的目的。此时，加热器中的水泵将继续工作，以保证加热器的零件不因过热而损坏和保持车厢内暖气的供应。

【完成任务】请写出组成驻车加热系统的 8 个元件：_____
_____。

五、制冷系统结构和工作原理

1. 制冷系统的组成和功能

如图 8-5 所示,制冷系统主要由空调压缩机、冷凝器、贮液干燥器、膨胀阀、蒸发器和控制电路等组成。低压管路是从节流阀出口至压缩机入口,沿程有蒸发器、低压加注口、积累器(集液器)。高压管路是从压缩机出口至节流阀入口,沿途有压缩机、冷凝器、贮液干燥器、高压加注口和节流阀,高压管路上还设有空调电气系统的高、低压开关。

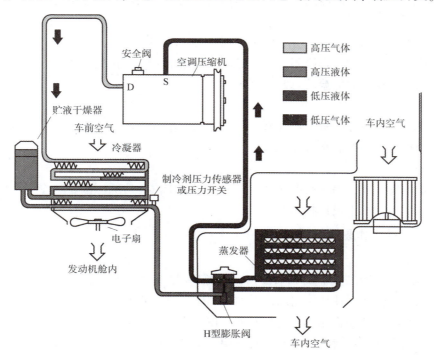

图 8-5 汽车制冷系统

【完成任务】请写出组成汽车空调系统的元件:_____。
高压和低压的分界线在哪?_____。哪段是高压液体?_____。哪段是高压气体?_____。哪段是低压气体?_____。哪段是低压液体?_____。冷凝器和蒸发器哪个放在发动机散热器前部?_____。哪个放到仪表台下的空调箱中?_____。

电子扇和鼓风机的区别是:_____。

2. 制冷系统部件功能

(1) 空调压缩机

空调压缩机把低温、低压的气态的制冷剂吸入,并压缩成高温(约 70 ℃)、高压(一般 1.5 MPa)气态制冷剂,以跟外界空气形成温差。

(2) 冷凝器

高温、高压气态制冷剂经过冷凝器,把热量传至风扇吸入的空气上,从发动机舱的底部带走,制冷剂降温为中温(约 50 ℃)、中压(一般 1.3 MPa)液压态制冷剂。

(3) 贮液干燥器

贮液干燥器能除去制冷剂中的水分。

(4) 高压和低压加注口

通过加注口可对管路抽真空,也可通过加注口加注制冷剂。

(5) 高、低压开关

高压开关防止管路中制冷剂压力过高损坏空调系统。低压开关防止制冷剂泄漏,致压力过低损坏空调压缩机。

(6) 膨胀阀

膨胀阀也称为节流阀,膨胀阀是一个随制冷负荷增大,小孔截面变小的可变截面孔,它把高压制冷剂节流雾化成低温液态制冷剂。

(7) 蒸发器

鼓风机吸入的热风穿过蒸发器外部,蒸发器的前半程为低温液态制冷剂,低温液态制冷剂吸收热风的热量后,在后半程变成低温、低压的气体。

(8) 积累器

积累器也称集液器,用于储存从蒸发器内出来的未汽化的低压液态制冷剂,防止液击压缩机,实际汽车上一般不设计积累器。

3. 制冷系统的工作原理

(1) 制冷剂

制冷剂 R12(二氯二氟甲烷 CF_2Cl_2),也称氟利昂,具有破坏大气臭氧层的能力,已淘汰;但如果在用车辆原车使用了 R12,再加注制冷剂时仍要加 R12。

目前汽车空调系统中常用的制冷剂是 R134a,即 CH_2FCF_3(四氟乙烷)制冷剂,其优点是:具有良好的大气环境特性,不破坏臭氧层;安全性高,不易燃、不爆炸、无毒、无刺激性和腐蚀性;蒸发潜热高,定压比热大,具有较好的制冷能力;黏度较低,流动性好;对钢、铁、铜、铝等金属未发现有相互化学反应的现象。缺点是:R134a 的工作压力差高于 R12,从而使压缩机做功有所增大,并且与 R12 配合使用的冷冻机油不相溶,不利于润滑;对锌有轻微的腐蚀作用。

(2) 工作原理

汽车发动机驱动压缩机,将蒸发器出来的低温、低压制冷剂蒸气吸入并压缩成温度 70 ℃左右、压力 1.5 MPa 左右的高温、高压蒸气,然后经高压管路送入冷凝器。在冷凝器中,高温、高压的制冷剂蒸汽冷凝成 50 ℃左右、压力为 1.3 MPa 的高压液体。在这个过程中,制冷剂的热量被排到车外的空气中。被液化后的制冷剂进入贮液干燥器,除去其中的水分和杂质后进入膨胀阀,经膨胀阀节流降压和降温后进入蒸发器。低温、低压的制冷剂液体在蒸发器中吸热汽化,使蒸发器本身的温度降低。鼓风机将车内或车外的新鲜空气吹过蒸发器表面,使之降温后由送风管道或送风口吹进车厢内,车厢内便得到凉爽的冷气。在蒸发器中,吸热汽化后的制冷剂蒸汽再次被压缩机吸入,然后重复上述过程。制冷剂在制冷系统中不断地循环变化,即可使车厢中不断获得凉爽的冷气,从而达到调节车内空气的目的。

六、空调控制面板操作

1. 面板操作

图 8-6 为手动空调控制面板。

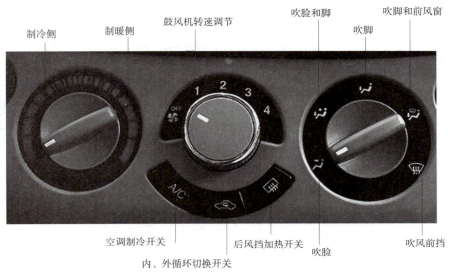

图 8-6 手动空调控制面板

【完成任务】在图 8-6 中,哪个开关不属于空调控制面板开关:_____;鼓风机风速具有几个转速_____。

按下空调开关"A/C"打开空调,是否还要起动鼓风机才能让空调电磁离合器工作,打开空调:_____。

冬季人员进入车内,人呼出的热气在车内前风挡结霜时,应如何操作才能除霜:_____。

夏季雨后,车内前风挡结雾时,应如何操作才能除雾:_____。

如图 8-6 所示,空调控制面板功能如下。

(1) 冷、暖风选择开关

开关向左转动至蓝色区域,则鼓风机空气经蒸发器制冷;开关向右转动至红色区域,则鼓风机空气经散热水箱制热。

(2) 风速选择开关

风速选择开关顺时针转动,鼓风机运行在不同的转速,产生不同的风速。

(3) 送风模式开关

送风一般有吹脸、吹脸和脚、吹脚、吹脚和前风窗、吹前风窗共 5 个模式,有的手动空调上没有"吹脚和前风窗"模式。

(4) "A/C"空调开关

"A/C"开关接通时,先向电控发动机电脑发送空调申请信号,发动机进行扭矩提升控制后，结合空调系统自身开启条件，控制空调压缩机的电磁离合器通电吸合，空调压缩机工作。

(5) 内循环开关

按下内循环开关后，蒸发器内的鼓风机吸入车内空气制热或制冷；不按下此开关时，为外循环模式，蒸发器内的鼓风机吸入车外新鲜空气制热或制冷。

注意：图 8-6 中的后风窗加热开关不属于空调控制开关。

2. 空调出风口介绍

图 8-7 所示为车内空调出风口位置。手动空调出风口与自动空调出风口基本相同，通常设计有如下出风口：L、K 为前风窗除霜风口，M、J 为左、右两侧车门窗除霜；B、C 为表台中央出风口；H、F 为脚下风口（仅吹热风），以上 4 个出风口用在前部，多用在手动空调上。E 为后中央出风口；I、G 为后部人员脚部热风口。人脸面部的出风口上设计有垂直方向和水平方向调节钮，可由乘员调节。

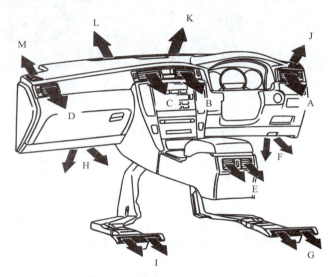

图 8-7 车内空调出风口位置

【完成任务】让图 8-7 的 M、L、K、J 和 A、B、C、D 出风口同时出风，应将图 8-6 的送风模式开关放到哪个位置？_____。

3. 手动空调的送风门模式

图 8-8 为捷达轿车手动空调器内部结构示意。

(1) 在捷达轿车空调控制面板上进行冷（蓝）、暖（红）选择时，在蒸发器内部表现为控制混合风板是否遮住暖风散热器。

(2) 在按下内、外循环开关时，蒸发器内部表现为控制内、外循环切换真空阀。

(3) 吹风窗是前风口切换挡板打开；吹脚是脚下出风口打开；吹脸是中央及两侧的出风口打开，在出风口处还设有 3 个控制风量和风向的手动调节装置。鼓风机开关控制鼓风机的转速。4 个控制风挡板的伺服机构采用金属拉丝或真空膜盒控制，一般内、外循环真空切换阀和混合风风挡板多为真空控制，而其他两个风挡板的控制多为拉丝直接控制。

【技师指导】风口切换挡板关闭不严，或不能控制将导致风量不足。另外由图8-8可知，拆下鼓风机可以用风枪和水枪清洗蒸发器；而换暖风水箱和清洗暖风水箱则需要抬仪表台，再拆空调箱总成取出暖风水箱。

【完成任务】根据图8-8捷达轿车空调器内部结构图分析，在吹脸吹脚模式时风挡板是如何控制的？＿＿＿＿＿＿＿＿＿＿＿＿＿＿＿。在吹风窗和吹脚模式时风挡板是如何控制的？＿＿＿＿＿＿＿＿＿＿＿＿＿＿＿。

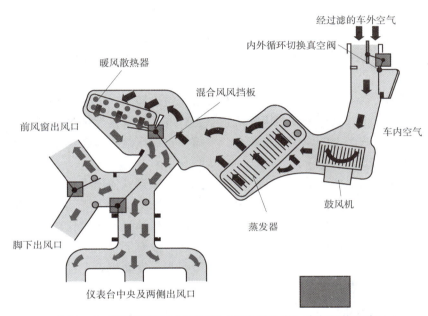

图8-8 捷达轿车手动空调器（蒸发器总成）内部结构示意

第二节　制冷系统元件结构和工作原理

【任务驱动指导】分小组轮换拆装空调压缩机、各种膨胀阀、蒸发器总成和风扇控制器，并能说出4种元件的结构，能说出空调电路图的工作原理。

制冷系统的元件结构和工作原理可参考图8-5。

【技师指导】用压力表可以测量空调系统制冷剂的多少，方法是：让空调压缩机停转一段时间，待高、低压管压强相等时，常温、静态压力一般为0.5～0.6 MPa，这个压力一般可作为正常依据。气温越高，这个静态压强越高。当室温为30～35 ℃，发动机加速到1 500～2 000 r/min保持稳定时，将空调调到最冷，风速开到最大，此时歧管压力表高压侧读数应为1.4～1.6 MPa；低压侧读数应为0.15～0.25 MPa。

【完成任务】在学习空调压力表相关知识后，要用空调压力表测量正常轿车在不同温度下的静态压力，不同发动机转速下高、低压管的动态压力，判断制冷剂的数量是否合适。

【技师指导】 高、低压开关通常不仅控制空调压缩机是否工作，也控制冷凝器风扇转速。例如，高压管高于 3.2 MPa 或低于 0.2 MPa 时，空调压缩机都停转。空调开关和鼓风机开关都打开时，风扇低速转动，当高压管压力高于 1.6 MPa 时，风扇高速转动。在自动空调中，高、低压开关可由压力传感器代替。

一、空调压缩机

汽车空调压缩机按照结构形式分为曲柄连杆活塞式、摇盘式、斜盘式和涡旋式等。摇盘式和斜盘式较多。客车多用曲柄连杆活塞式压缩机，低档轿车多采用定排量摇盘式、斜盘式和涡旋式压缩机。

空调压缩机轴转动 1 周排出液体的体积量称为排量，转动一周排出的液体数量能变化的称为变排量压缩机。中、高档采用两级变排量斜盘式或无级变排量摇盘式压缩机。固定排量的空调压缩机在现代汽车上的应用越来越少，变排量空调压缩机是在定排量的压缩机基础上发展起来的。

两级排量变换式斜盘式压缩机在工作初期，因为蒸发器气体压力大，压缩机在最大排量下工作，这时功率消耗与固定式排量压缩机相同。当汽车室温度下降到一定温度时，压缩机排量切换到一半排量工作，这时消耗功率比较小，约为压缩机额定消耗功率的 1/2。

无级变量摇盘式压缩机由于采用变量控制阀控制，没有定排量压缩机频繁切断离合器的现象，压缩机的负荷变化较缓，对汽车发动机冲击很小，发动机可平稳地工作，改善了发动机的工作条件，节省了燃油。

1. 曲柄连杆式压缩机

图 8-9 为曲柄连杆式压缩机及其系统组成，曲柄连杆式压缩机的结构与活塞式发动机结构基本相同，只是把发动机的进、排气门换成了阀片，由曲轴、连杆、活塞和进排气阀片等所组成，通常为两活塞或四活塞式。

压缩机通过发动机皮带轮或副发动机带动旋转，利用活塞在汽缸内的往复运动实现吸气、压缩和排气 2 个行程 3 个状态的变化。当活塞由上止点向下止点运动时，汽缸内形成一定的真空，在汽缸内、外压力差的作用下，进气簧片阀门打开，制冷剂蒸气通过进气阀进入汽缸内。当活塞由下止点向上止点运动时，进气簧片阀门关闭，进入汽缸内的制冷剂蒸气被压缩，其压力和温度增高。当压力达到一定值时，排气簧片阀门打开，高压、高温的制冷剂蒸气经排气阀和连接管道输送到冷凝器。

曲柄连杆式压缩机由于体积大，往复惯性力大而造成振动大，目前主要用在客车上。

2. 变排量斜盘式压缩机

（1）全容量（100%）工作

如图 8-10 所示，在全容量的工作中，没有电流流至电磁线圈，电磁阀由弹簧弹力压下而打开 a 孔，关闭 b 孔。这时，在前面产生的高压气体经过旁通回路，从 a 孔进入电磁阀，压向柱塞后端，柱塞克服弹簧力，向左移动。在这种情况下，排出阀（与柱塞构成一整体）压在阀盘上，封闭后部5个汽缸。通过由旋转斜盘转动产生的活塞运动，后部5个汽缸也产生高压，即压缩机的10个汽缸都工作。与此同时，在压缩机后部产生的高压将单向阀向上推，来自压缩机后部的高压气体，与来自压缩机前部的高压气体一起流至冷凝器。

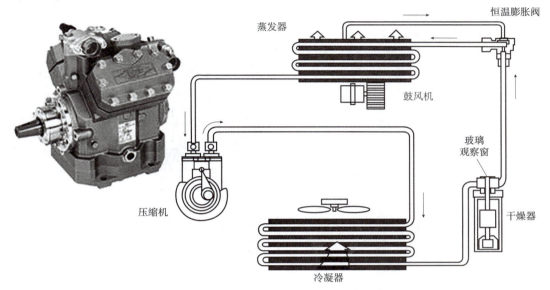

图 8-9　曲柄连杆式压缩机及其系统组成

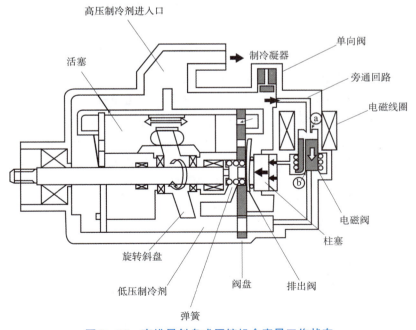

图 8-10　变排量斜盘式压缩机全容量工作状态

（2）半容量（50%）工作

如图 8-11 所示，在半容量工作状态下，电流流至电磁线圈，将电磁阀向上吸，从而关闭 a 孔，打开 b 孔，这样，在压缩机前端产生的高压气体不能经过旁通回路进入电磁阀。因此，使作用在柱塞后端的压力降低，柱塞被弹簧弹力推回到右侧。这就使排出阀（与柱塞构成一整体）离开阀盘，后部5个汽缸因与低压制冷剂保持相通而不能工作。于是，压缩机仅前部5个汽缸继续运转，即以半容量运作。此时，单向阀因前后压力差而被吸出，关闭在后部高压气体的排出通道，防止在压缩机前部产生的高压气体回流。

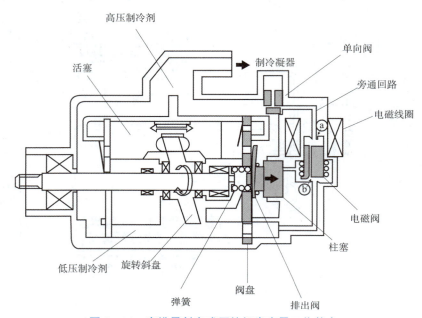

图8-11 变排量斜盘式压缩机半容量工作状态

（3）压缩机关断时的工作

当压缩机关断时，高压和低压端内部压力逐渐平衡，柱塞被弹簧弹力推回到右侧。单向阀也随高压端压力下降而落下，关闭高压制冷剂的后部排出通道。结果使排出阀和单向阀以半容量工作。当压缩机起动时，以半容量工作，从而减小压缩机起动时的振动。

变排量斜盘式压缩机的控制系统有2种类型：一种是根据冷却液温度进行控制，若发动机开始出现过热，控制就减少发动机负荷，以防止发动机进一步过热；另一种是由热敏电阻进行控制，为防止压缩机运转时有功率损失，它利用来自空调器通/断开关的工作方式信号［A/C（空调器）或ECO（节能）］和来自热敏电阻（放置在蒸发器内）的温度信号，这样，电磁线圈在全容量与半容量工作之间转换。

3. 变排量摇盘式压缩机

（1）摇盘式压缩机结构

电控变排量摇盘式压缩机结构如图8-12所示。摇盘式压缩机的各汽缸以其主要轴线为中心，五角或七角均匀分布，连杆连接活塞和摇盘，两头用球形万向节使摇盘的摆动和活塞的移动协调而不发生干涉。摇盘中心用钢球做支承中心，并用一对固定圆锥齿轮限制摇盘只能摇动而不能转动。主轴和传动板连接固定在一起。

（2）摇盘式压缩机的工作原理

压缩机工作时，主轴带动传动板一起旋转。由于传动板是楔形，故它的转动将迫使摇盘做以钢球为中心的左右摇摆移动。摇板和传动板之间的摩擦力使摇板具有转动趋势，但被固定的圆锥齿轮所限制，所以摇板只能沿轴线做往复直线运动，从而带动活塞在缸内做往复运动，完成吸气、排气过程。主轴旋转 1 周，摇板上的各缸分别完成一工作循环。

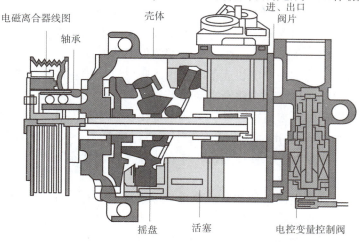

图 8-12　电控变排量摇盘式压缩机结构

（3）变量控制

摇盘式压缩机变排量的工作原理：利用蒸发器出风温度或压力对压缩机行程进行无级调节，变排量摇盘式压缩机可采用机械式变量控制阀，也可采用电控变量控制阀。机械式变量控制阀可用在手/自动空调上，电控变量控制阀只能用在自动空调上。

1）机械式变量控制阀的工作原理。

如图 8-13 所示，机械式变量控制阀结构中主阀是铜制的内部抽真空的波纹管，波纹管内装有弹簧。前端的阀杆、后端的调整螺钉固装在内部抽真空的波纹管上。控制阀的主阀压力是在控制阀装配时，根据预定的压力值，通过吸气压力进行调整。调好后在外壳上冲两凹槽嵌入调整螺钉的槽内，以防止调整螺钉松动，影响预定的压力值。修理中，变量控制阀结构复杂，要求精度高，所以不可以拆卸控制阀内部。

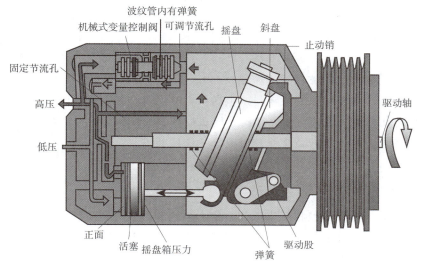

图 8-13　机械式变量控制阀的工作原理

在活塞缸缸体上有一固定的节流孔，高压腔高压制冷剂经固定节流孔进入摇盘箱在活塞背部形成活塞背压。在发动机低转速时，高压管压力也相对不高时可调节流孔关闭，在活塞背压形成接近高压管的压力，由于活塞为5个或7个，这个压力当车室内温度升高时，蒸发器内的气体压力升高，中间阀室的压力也随着升高。由于曲轴箱内压力和吸气压力的共同作用，主阀开启，曲轴箱内压力迅速下降，活塞的吸气阻力减少，斜盘摆角加大，活塞行程增加，制冷量迅速增加，车室内温度快速下降。由于吸气和曲轴箱内压力逐渐降低，主阀开度减少，直至关闭。而此时排气压力逐渐提高，其排气压力作用于副阀上；打开副阀并利用弹簧顶开主阀，使曲轴箱内压力再次降低，大排量输出。当车室温度快速下降至某温度时，吸气压力下降，主阀和副阀关闭。曲轴箱内气体压力逐渐升高，吸气阻力加大，斜盘摆角变小，活塞行程减小，排量减少，使压缩机工作在小排量输出状态。

2）电控变排量控制阀。

近年来部分大众汽车采用电控调节的变排量控制技术，有一款汽车取消了压缩机前部的电磁离合器，压缩机一直运转，无接合冲击，进一步提高了乘坐舒适性。自动空调通过调节蒸发器的温度使制冷量和热负荷及能量消耗完美匹配，减少了再加热过程，使出风口的温度、湿度恒定调节。由于排量可以降低到接近0和省去了电磁离合器的电磁线圈，也减少了皮带轮体积，可使质量减轻20%（500~800 g）。压缩机的功率消耗下降，燃油消耗下降。新结构的皮带轮用于皮带传动和空调压缩机之间的力传递，消除了扭矩波动，并同时起到过载保护的作用。

4. 压缩机保养

为了减少空调压缩机的磨损，必须使压缩机各摩擦副之间有良好的润滑。冷冻机油是空调压缩机专用的润滑油，用于压缩机和系统中各活动部件的润滑和密封，使系统保持正常工作。在给压缩机加注冷冻机油时，应严格按照压缩机铭牌上要求的加注量及油牌号进行，在任何情况下均不得使用其他油代替。冷冻机油很容易吸收潮气，故在保存中和使用后应立即将油桶盖严封。

【技师指导】每次对制冷系统管路部件进行拆装时，都要重新补加冷冻机油（如SD7V16压缩机润滑油量135 mL），有的压缩机自带冷冻机油。具体加多少，与拆下空调部件系统的体积大小有关，最好参考手册，更换什么件对应补加多少冷冻油。冷冻油加注口在压缩机上，也可在高压管和低压管的加注口加入。

空调工作时高压指示偏低，低压指示偏高；关闭空调后压力表高低压系统压力很快趋于一致；说明压缩机损坏，这时应该检修或更换压缩机。压缩机上通常也安装有安全阀，可在压力过高时泄压，是继高压开关保护后的最后一道防线。

二、膨胀阀

膨胀阀是根据制冷负荷控制节流口截面积大小的阀，也称节流阀。汽车空调系统中一般采用4种车用膨胀阀，分别是外平衡感温式膨胀阀、内平衡式膨胀阀、H型膨胀阀和毛细管式膨胀阀，实物外形如图8-14所示。

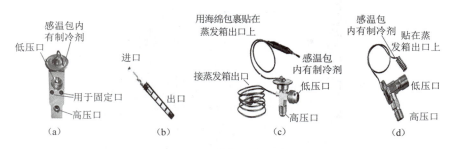

图 8-14 4种车用膨胀阀实物

(a) H型膨胀阀；(b) 毛细管式节流阀；(c) 外平衡时膨胀阀；(d) 内平衡式膨胀阀

膨胀阀安装在蒸发器的入口处，其作用是将来自贮液干燥器的高压液体制冷剂节流降压和降温，根据蒸发器出口温度自动控制进入蒸发器的液体制冷剂量，使之适应制冷负荷的变化。进入蒸发器低温、低压制冷剂的数量要适应制冷负荷的变化，进入蒸发器的制冷剂液体蒸发后足以吸收车厢内的热量，保证车厢内的温度降低到设定温度。

如果进入蒸发器的制冷剂数量过少，车厢内将得不到足够的冷气。

如果进入蒸发器的制冷剂数量较多，将会造成蒸发器过度冷却，导致蒸发器外部结霜而影响通风能力，进而影响制冷能力。膨胀阀损坏或感温包位置安装错误是导致进入蒸发器的制冷剂数量过多的主要原因。

外平衡感温式膨胀阀的节流口调节是根据感温包内压力和蒸发器出口压力进行调节的，现已淘汰。

内平衡膨胀阀和H型膨胀阀都是利用空调蒸发器出口温度进行调节的。感温包内制冷剂受蒸发器出口温度影响而热胀冷缩，从而控制膨胀阀开关的大小，出口温度靠感温包远距离感觉。H型膨胀阀与H象形有4个孔，即正面两个，背面两个，可直接感觉蒸发器出口温度。控制规律是蒸发器出口温度高时，开大H型膨胀阀高压管的节流口，放入更多制冷剂，增加制冷量，反之相反。

毛细管式膨胀阀阀口不根据蒸发器出口温度进行调节，因此一定要采用变排量压缩机与之相配合。

H型膨胀阀是目前采用最多的膨胀阀，分内置感温包和外置感温包。如图 8-15 所示内置感包的H型膨胀阀利用充入特殊气体的感温包感受蒸发器出口的温度，气体膨胀后下移推动膜片下移，推杆推开球阀下部弹簧打开阀口向蒸发器内放入制冷剂，这时的制冷剂由液态变为气态吸热。当车内温度下降时，蒸发器从车内吸收的热量有限，蒸发器内的气态制冷剂温度较低，流经蒸发器时使H型膨胀阀的感温包内气体温度下降时，球阀在下部调节弹簧的作用下上移关闭节流孔。

【技师指导】膨胀阀上的空调管路接口粗细不同，便于正确安装，膨胀阀都不可以修理，发现节流口控制不准确应更换。

空调压力表高压指示正常、低压指示偏高；低压管路外部有白色结霜，且制冷效果下降，说明膨胀阀开启过大，节流后喷入的液体尽管量多，但没有吸收汽化潜热的过程。这时应重点检查膨胀阀热敏管的安装位置和完整情况，若安装是良好的就要考虑更换膨胀阀。若有清洗空调管路的情况，最好能同时更换膨胀阀，以防止再次堵塞管路，甚至损坏压缩机。

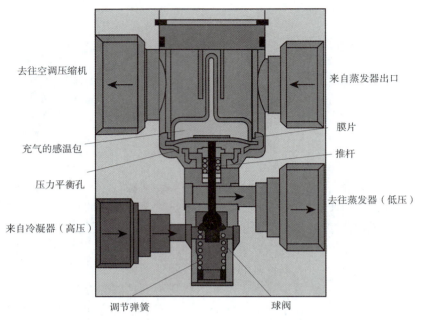

图 8-15 内置感温包的 H 型膨胀阀结构

三、冷凝器和蒸发器

蒸发器的外形与冷凝器的外形基本相同，但作用不同，名称上容易弄混。汽车空调制冷系统中常见蒸发器的形式主要有管翅式、管带式和板翅式。

1. 冷凝器

冷凝器紧贴在发动机散热器前部，冷凝器在电子扇的帮助下把制冷剂热量传给外界空气，在一些大、中型客车上，则常把冷凝器安装在车箱下部两侧、车厢后侧或车外的车棚上部。

近几年出现了分级制冷循环（见图 8-16），分级制冷循环分为冷凝和超冷两部分，传统的冷凝器仅有分级制冷上层的冷凝部分。在冷凝和超冷两部分之间有一个液气分离器（调节器），经过调节器的液体制冷剂在超冷部分被再次冷却，增加了制冷剂自身的冷却容量，从而可以获得好的制冷性能。在分级制冷循环中，制冷剂气泡消失的地方低于系统所需的制冷剂量的液面。因此，如果系统以气泡消失的地方作为标准排放制冷剂，将导致制冷剂不足。这样就会影响系统的冷却性能。如果系统添加了过多的制冷剂，同样也会降低冷却性能。

【技师指导】汽车空调的冷凝器是以空气作为冷却介质，春天汽车在行驶过程中经常有车外灰尘和柳絮黏附在冷凝器的表面上，部分散热片之间的间隙会被泥土堵塞而造成其与外界空气不能进行正常的热交换，传热效果明显降低。因此，在空调使用的过程中，应定期检查和清洁冷凝器。用水清洗时控制好水枪和冷凝器的距离，防止高压水冲倒冷凝器翅片。怀疑冷凝器的管接头有漏点时，涂抹肥皂水检漏比较方便。

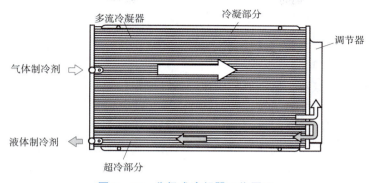

图 8-16　分级式冷凝器工作原理

2. 蒸发器

蒸发器在车内仪表台的右侧，它把车内空气热量吸收传给制冷剂。为了最大地减少异味和细菌的滋生，有的蒸发器体涂抹了一层含有灭菌剂的树脂（见图 8-17）。这层树脂的下面是一层保护蒸发器的铬酸盐自由层。

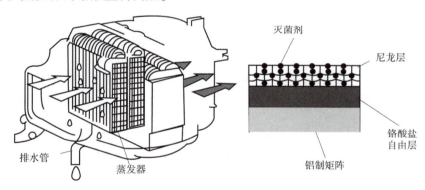

图 8-17　带灭菌剂的蒸发器

【技师指导】汽车空调的蒸发器在外循环过滤不佳和车内过脏时，车外灰尘和车内灰尘（主要是烟灰）黏附在蒸发器的表面上，造成其与空气不能进行正常的热交换，制冷效果明显降低，长时间不用甚至会发霉。因此，在空调使用过程中，应定期检查和清洁蒸发器。实践中的可行办法是先拆下鼓风机，先用风吹，后用水清洗蒸发器，水会从排水管排出，注意不要弄倒蒸发器翅片。

四、低压侧集液器和高压侧贮液干燥器

把低压侧集液器和贮液干燥器放在一起讲的目的是避免大家弄混。

1. 低压侧集液器

图 8-18 为低压侧集液器。低压侧集液器安装在冷凝器和膨胀阀这段高压管路之间，其作用是临时储存从冷凝器流出的制冷剂液体，以便在制冷负荷发生变化时，及时补充和调整供给膨胀阀的制冷剂数量，以保证制冷系统工作的稳定性；同时，还可防止过多的液体制冷剂残留在冷凝器内，影响冷凝器的散热效果。另外，在贮液器中安装干燥过滤器的作用是除

去混在制冷剂中的杂质和水分,防止或减少膨胀阀和制冷系统管路发生杂质堵塞或冰冻堵塞的故障。

2. 高压侧贮液干燥器

图 8-19 为贮液干燥器。壳体通常用无缝钢管或铝合金制成能承受压力的圆形容器。贮液干燥器主要由滤网和干燥剂所组成。滤网用 50~100 目网眼的黄铜丝制成,安装在贮液干燥器的进口端。制冷剂液体经滤网过滤后,由出口流出进入膨胀阀。干燥剂的种类很多,常用的有无水氯化钙、硅胶、活性氯化铝和分子筛等。无水氯化钙的吸水能力强,其缺点是吸水后易成糊状堵塞系统,因此只能作为临时性吸潮剂。硅胶使用广泛,吸水后呈粉红色,干燥后呈深蓝色,故称为变色硅胶,它可较长时间地存放在系统中使用。

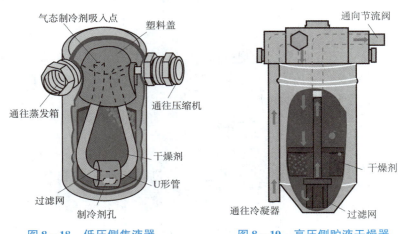

图 8-18 低压侧集液器　　图 8-19 高压侧贮液干燥器

【技师指导】贮液干燥器顶部通常安装视液镜,用于观察制冷剂的状态。早期为了保护空调压缩机,在贮液干燥器顶部设计有易熔塞,当制冷剂温度过高时,一般在 105~110 ℃易熔合金立即熔化(注意:正常温度只有 50 ℃左右),将贮液干燥器内的高压制冷剂全部释放,起到安全保护作用,易熔塞仅能用 1 次。现代汽车空调压缩机采用弹簧安全阀后易熔塞取消,弹簧安全阀的开启压力最小为 3.6 MPa,最大为 4.4 MPa,当管内压力降至 3.25 MPa 时安全阀才关闭。

五、视液镜

通过视液镜可观察系统中制冷剂的流动情况,当发生缺液或制冷剂含有水分时,视液镜的观察玻璃能显示不同的颜色和气泡,同时还能观察管路中冷冻油的流动情况。在观察玻璃下设置有随水分含量变化而变化的指示片,水分极少呈淡蓝色,水分增多时变为淡红色。有些汽车空调系统中的视液镜直接安装在过滤器与膨胀阀之间,也可旁通在立管或水平管上。

【技师指导】空调系统制冷的多少可以让压缩机停转较长时间,高、低压管压强相等时常温静态压力 0.5~0.6 MPa 为正常,气温越高,这个静态压强越高。也可观察视液镜显示情况确定空调系统情况,操作方法具体如下:起动发动机,将发动机转速稳定在 1 500~2 000 r/min,把空调功能键置于最大制冷状态,风机置于最高转速,开动空调系统

5 min 后通过视液窗进行观察（见图 8-20）。

观察的现象、结论和处理方法如下：

1) 制冷剂加入量正确时，视液窗清晰，送风口有冷风吹出。在发动机转速提高或降低时，可能有少量气泡出现，关闭空调开关后，气泡大量出现，然后渐渐消失，整个过程大约 45 s，如图 8-20（a）所示。制冷剂加得过多时，视液窗没有气泡流过，甚至关闭空调开关 15 s 后，气泡还不出现。

2) 制冷剂不足时，视液窗有少量气泡流过，如图 8-20（b）所示。

3) 制冷剂严重不足或根本没有时，视液窗气泡多，呈油雾状、有机油条纹状，如图 8-20（c）所示。

4) 贮液干燥器内的干燥剂混到制冷剂中时，视液窗呈云堆状，如图 8-20（d）所示。

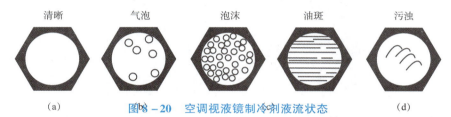

图 8-20 空调视液镜制冷剂液流状态

(a) 制冷剂数量正常；(b) 制冷剂数量偏小；(c) 制冷剂数量严重缺少；(d) 干燥剂混入

六、空调系统电气元件

为了保证汽车空调制冷系统的正常工作，维持车内所需的温度，空调系统中还有一些自动控制和调节的元器件，下面对其分别加以介绍。

1. 电磁离合器

电磁离合器安装在压缩机前端的皮带盘内，其结构如图 8-21 所示。为了使空调系统的启/停不受汽车发动机工作的影响，压缩机的皮带轮是通过轴承浮动支撑在压缩机前端伸出的细颈壳体上的，皮带轮随发动机常转，皮带轮内有电磁线圈，压力盘（带毂弹簧盘）驱动压缩机内部元件。

通过控制电磁离合器线圈的通/断电，即可接通或切断发动机与压缩机之间的动力传递。当电磁离合器线圈通电时，功率一般为 48 W 左右，最小结合电压一般为 7.5 V。

【完成任务】汽车空调压缩机电磁离合器的间隙为：_____；若怀疑压缩机轴承响是否可采用拆下空调压缩机皮带的方法判别：_____，若采用听诊法应该具体听哪个位置_____；压缩机工作时和外环境的温差为多少度_____。

【技师指导】空调压缩机轴承是易损坏的部件，特别是在皮带轮调整得过紧时更易损坏。修理时，可更换轴承。发动机工作，空调压缩机轴承也工作，所以可用穿心螺丝刀听诊，也可拆掉皮带看声音是否消失。换轴承和换空调压缩机的价格相差 20~30 倍，所以最好更换轴承，而不是更换空调压缩机。另外，电磁离合器间隙 A 过大会打滑，电磁离合器的电磁线圈很少出现故障。实践中，极少数汽车还存在电磁离合器吸合后不断开的现象，会造成起动时发动机运行困难或很难起动，这是极端的例子，不能作为典型案例。

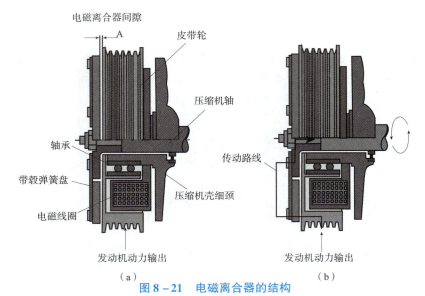

图 8-21 电磁离合器的结构

(a) 电磁离合器未通电；(b) 电磁离合器通电

大众汽车在国内部分汽车上空调压缩机的皮带轮驱动机构采用带有一体式橡胶过载保护装置，没有电磁离合器，空调压缩机处于常工作状态，为了防止过载，压缩机上由调节阀 N280 根据制冷负荷控制压缩机排量（见图 8-22）。自动空调控制单元 J255 对压缩机调节阀 N280 进行占空比控制实现无级调节，控制依据包括：驾驶员设定的温度、汽车外部与内部温度、蒸发器温度以及制冷剂压力的变化情况。关闭空调后，多楔带仍驱动压缩机继续运转，调节阀 N280 控制斜盘倾斜位置改变为正常排量的 2%，因此运行阻力很小。

图 8-22 无电磁离合器的压缩机

大众汽车的调节阀 N280 安装在压缩机中，并用弹簧锁止垫圈固定。它是压缩机片阀组件上部低压管区、高压管区与空调压缩机摇盘背部压力之间的接口，并且是取消电磁离合器的先决条件。脉冲宽度调制电压信号，驱动该调节阀中的一个挺杆，电压作用的持续时间决定了摇盘倾斜度的调整量。

压缩机中的机械故障或因制冷剂缺失而造成的润滑不足都会导致压缩机驱动轴卡死不

转，这会造成皮带驱动机构损坏，进而损坏发动机。为了防止这种情况发生，汽车上采用了 2 种保护措施：一种是控制单元用制冷剂压力传感器 G65 的信号来检测可能会发生的制冷剂损失，若全部损失，制冷功能将被关闭；另一种是采用带橡胶的驱动盘，这个驱动盘在压缩机正常工作时，如图 8-23 所示，多楔带的皮带轮与驱动盘之间的橡胶件保证压缩机能被发动机驱动。

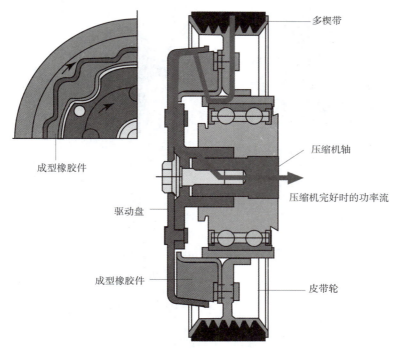

图 8-23 正常情况下的"波浪形橡胶"传力

空调压缩机一旦出现驱动盘堵转后，如图 8-24 所示，皮带与驱动盘之间的传动力变大，橡胶件被皮带轮按照转动方向压到堵转的驱动盘上，橡胶件上的变形部分被剪切下来，皮带轮与驱动盘之间连接的波浪橡胶部分被切断，皮带轮空旋转，排除了发动机损坏的可能性。在工作中波浪橡胶部分被切断后，一般修理要整体更换空调压缩机，当然也可更换成型橡胶件和驱动盘修理。

2. 高压和低压开关

当空调制冷系统中的制冷剂压力出现过低或过高异常时，压力开关就会自动切断电磁离合器的电路，使压缩机停止工作，从而保护制冷系统不致损坏。

高压和低压开关都安装在空调制冷系统中从冷凝器到膨胀阀之间的高压管路上。低压开关在正常压力工作时为常闭状态，制冷剂泄漏和其他原因造成制冷剂缺少或完全没有时，如果此时压缩机仍继续工作，就会引起压缩机内部润滑油循环不良，甚至使压缩机卡死或烧坏，这时低压力开关便会直接或间接切断电磁离合器的电路。高压开关也为常闭型，当制冷系统高压一侧的压力高于 2.1~2.5 MPa 时，其触点断开，切断电磁离合器的电路，使压缩机停转，从而避免压缩机过载。压力恢复正常时，触点再闭合接通电磁离合器的电路。

高压、低压开关可以是两独立的开关，为了避免在高压管上制作两独立压力开关底座的麻烦，也可采用一个高压、另一个低压组合开关代替 2 个开关。自动空调中也可采用压力传感器代替高压、低压开关。

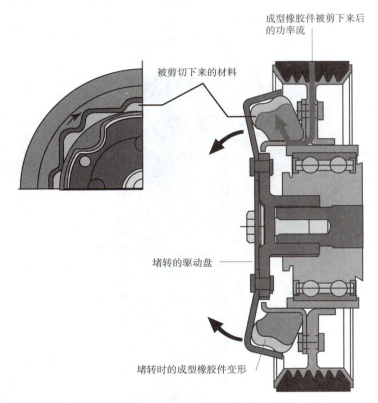

图 8-24 空调压缩机堵转："波浪形橡胶"被切断

【技师指导】高压、低压开关也可由压力传感器代替，通常高压管的压力高于 3.2 MPa 或低于 0.2 MPa 时都停转，空调打开时风扇一挡低速转动，高压管压力高于 1.6 MPa 时风扇二挡高速起动。

3. 空调离合器继电器和风扇继电器

在汽车空调电路中，压缩机电磁离合器的电流为 4~5 A，需采用空调离合器继电器控制其通/断电。

如果冷凝器和发动机散热器共用散热风扇（单扇），风扇消耗的电流可达 15 A 到数十安培。为了减少流入控制开关的电流，延长开关的使用寿命，设置散热器风扇继电器控制风扇转速。

【技师指导】大众汽车空调离合器继电器和散热器风扇转速控制继电器装在一控制盒中，2 个继电器实际中损坏较多。

4. 外界环境温度开关

低温环境下不需要使用空调，为防止低温情况下意外打开空调损坏空调元件，人们设计了外界环境温度开关。外界环境温度开关通常在高于 1 ℃ 以下时断开（也有些厂家将此开关设计为 5 ℃以下时断开），控制压缩机电磁离合器继电器电路不工作，电磁离合器不吸合。

【技师指导】外界环境温度开关发生故障很少，在夏季开关为闭合，怀疑有断路故障时可拆下并测量电阻。

【完成任务】请找到捷达轿车空调外界环境温度开关在什么位置：_____，若脱开外界环境温度开关，空调压缩机的电磁离合器能否吸合：_____。

5. 散热器电子扇电路

发动机散热器的电子扇不仅为发动机散热器散热，也为空调冷凝器散热，电子扇的调速分为有级调速和无级调速两种。

(1) 有级调速

有级调速一般分高、低速两挡，多用于手动空调，一般电路设计如下。

1）在大众汽车中，发动机散热器和空调冷凝器共用一个电子扇时，电子扇端子上有三根线，2 根 12 V 电源线，1 根地线，电动机内有一电阻，一 12 V 电线串联这个电阻时电动机为低速，一 12 V 电线直接给电动机供电，风扇为高速。

2）在丰田汽车中，发动机散热器后部有 2 个电子扇的电路中，每个电动机端子上有 2 根线，显然电动机内部无调速电阻。丰田通常采用 2 个电子扇串联形成低速，每个电动机分压为 6 V 电压，两电子扇并联时形成高速。这类电路一般用 3 个继电器控制，FAN 1 继电器在发动机 ECU 的控制下实现 2 个电动机串联。当 FAN 2 和 FAN 3 继电器在发动机 ECU 的控制下工作时，实现 2 个电动机并联。发动机 ECU 的控制依据为空调压力和发动机散热器温度，风扇电路如图 8 - 25 所示。

①低速串联电路。如图 8 - 25 所示，在发动机为第一级过热时或空调打开时，发动机散热器风扇马达和空调冷凝器风扇马达为串联电路。工作原理是：发动机 ECU 控制 FAN 3 号继电器工作，电流经 40A CDS FAN 熔断丝，FAN 3 号继电器触点，空调冷凝器风扇电动机 A6，再经 FAN 2 号继电器的触点 3 进入，从触点 4 流出，最后经散热器风扇电动机 A7 到 A1 搭铁。2 个电动机串联，每个电动机分压为 6 V，为低速运转。

②高速并联电路。当发动机温度超过第二级或空调压力超过第二级时，发动机散热器风扇电动机和空调冷凝器风扇电动机为并联电路。

发动机散热器风扇电动机电路：电流经 40A RDI FAN 熔断，经 FAN 1 号继电器的触点 3 进入，从触点 5 流出，最后经散热器风扇电动机 A7 到 A1 搭铁。

空调冷凝器风扇电动机电路：电流经 40A CDS FAN 熔断丝，FAN 3 号继电器触点，空调冷凝器风扇电动机 A6，再经 FAN 2 号继电器的触点 3 进入，从触点 5 流出，直接到 A1 搭铁。两个电路中风扇电动机各为 12 V，电动机高速运动。

【完成任务】请写出丰田三继电器带串联和并联的风扇控制电路，串联低速电路：_____，并联高速电路：_____。

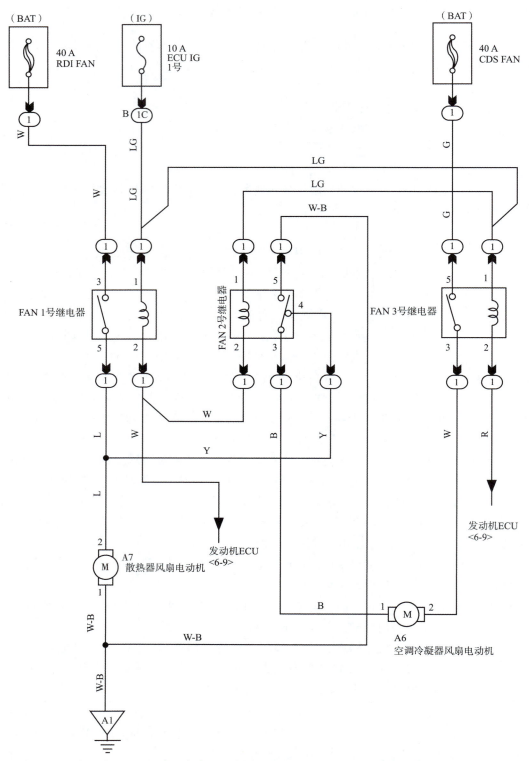

图 8-25 丰田汽车三继电器、带高低速的双电子扇控制电路

捷达轿车空调打开时，风扇为一挡转速，还是二挡转速？_____。若高压管的高压上升至 2.5 MPa 以上，风扇为几挡转速？_____。由于捷达手动空调风扇控制经过 J293 双继电器控制，电路样式较多，请找到实车电路图资料，根据实车的 J293 继电器，拆下继电器盒盖，画出继电器内部工作电路。图 8-26 为捷达 5V 的 J293 继电器，不同车型、不同年款的 J293 是不同的，可以根据学校条件具体选择。

图 8-26　捷达 5 V 的 J293 继电器

写出你所用实车 J293 继电器的引脚定义（两插头共计 14 引脚，其中有很多备用引脚）：
_____。

J293 继电器内部电路图

(2) 无级调速

电子扇由风扇电动机模块和风扇电动机组成，发动机电脑根据散热器出口处水温传感器信号、空调压力、空调设置、车速信号，计算出风扇转速，输出频率一般为 10~100 Hz，以调频信号改变电子风扇转速，风扇转速随着冷却水温度和空调压力的升高而提高，以及随着车辆行驶速度的提高而下降。

第八章　汽车空气调节系统

207

【技师指导】大众汽车的自动空调通常采用双电子扇控制，风扇转速控制主要根据发动机出液口温度传感器（G62）信号、散热器出液口温度传感器（G83）信号，以及通过 CAN 通信传来的空调压力传感器（G65）信号进行计算，然后输出占空比信号至安装在主散热风扇上的散热风扇控制器（J293），以实现对主散热风扇（V7）和副散热风扇（V35）进行开启及无级调速的功能。

【技师指导】电子风扇电动机模块是功率器件，损坏率较高，在用万用表检测电子风扇的电源和搭铁线均正常后，接上空调压力表，打开空调，这时随着空调压力的升高，示波器显示的输出频率也升高，即数值在 10～100 Hz 变化。由此可判断发动机电脑在调速，可以推出电子风扇电动机模块不良。散热器风扇电动机电路是经常损坏的电路，例如风扇不转、只有低速、只有高速、风扇常转不停等。汽车的空调风扇电路和汽车的雨刮电路是汽车电气两个复杂的基本电路，也是修理厂或服务站进行技能考核的主要内容。

【完成任务】当空调高压管内的压力升高，风扇转速向高调还是向低调？_____。发动机散热器进口温度和出口温差小，风扇无级调速是高还是低？_____。

【技师指导】在大众速腾（SAGITAR）的自动空调中，自动空调控制器 J255 通过一个脉宽调制信号（PWM）来控制鼓风机转速。同时，内置在鼓风机内部的风扇功率控制器反馈风扇功率控制器自诊断后的状态信号给自动空调控制器 J255。例如，当反馈信号中有一个脉冲时，表明没有故障；当有两个脉冲时，表明电流被限制；当有 3 个脉冲时，表明温度太高，可能导致输出功率降低，甚至鼓风机不工作。

6. 恒温开关

恒温开关用于防止制冷剂流入蒸发器过多而使蒸发器外部翅片结霜，导致翅片的通风性变差。恒温开关是用内部充有制冷剂的感温管插入蒸发器的翅片处，感温管内制冷剂的膨胀和收缩触发感温管末端的恒温开关闭合和断开，从而能根据蒸发器出口温度来控制空调压缩机的启/停。如图 8-27 所示，恒温开关多插在蒸发器内，也有少数恒温开关布置在 H 型膨胀阀上。

图 8-27 插在蒸发器内的恒温开关

【技师指导】手动空调恒温开关细管内的也是制冷剂，恒温开关管感温包要插入蒸发器指定深度，进入翅片，才能感受到蒸发器的温度，判别是否结霜。若细管内制冷剂出现泄漏，将导致压缩机无法在蒸发器结霜的情况下控制压缩机的电磁离合器继电器。恒温开关的触点接触力的大小是可以调节的，这样可在一定范围内调节恒温开关的断开温度。

自动空调中的恒温开关也可以用温度传感器来代替。

7. 鼓风机

鼓风机安装在蒸发箱总成内，其作用是将车内空气或车外新鲜空气通过风道强制吹过蒸发器，冷却后的空气从出风口送至车厢内。鼓风机风扇多采用离心式，即沿转轴的平行方向吸气，朝径向（离心力的方向）排气。风扇由 60～150 W 的直流电动机驱动。

鼓风机调速分为有级和无级两种：

1）有级调速鼓风机可用电阻器来调速，分高、较高、中和低 4 挡，以适应不同出风量的要求。

2）无级调速鼓风机是空调电脑以一线性的电压信号或频率信号输出至鼓风机放大器来实现鼓风机转速的变化。

鼓风机功率可通过空调控制模块控制输出电压或频率提高，鼓风机转速亦随着提高。例如，一般功率放大器位于空调蒸发箱外的鼓风机的电动机附近，插接器有 5 条线，分别为 12 V 电源线、接地线、A/C 电脑控制信号线（信号线在 2.1～7.2 V 之间变化，电压为 2.1 V 时为鼓风机最低挡，信号电压大于 7.2 V 时为最高挡，鼓风机全速转动），最后，剩下的 2 条线为鼓风机电动机供电线。

【完成任务】自动空调的鼓风机风速控制与什么有关？＿＿＿＿＿＿＿＿＿＿＿＿＿
＿＿＿＿＿＿＿＿＿＿＿＿＿＿＿＿＿＿＿。

第三节　自动空调系统

【任务驱动指导】要求能说出自动空调和手动空调的区别；能操作自动空调的控制面板，根据现在状态说出下一步空调控制什么，比如将汽车驾驶室的温度调低，说出自动空调的什么执行元件会响应，进行什么样的动作；能对实车的自动空调电路图进行讲解，并在实车上找到 ECU 的外围元件位置，说出传感器和执行器的性质；要求能通过诊断仪进行故障码读取、数据流分析、执行元件驱动的操作，配合的典型故障最好不是线路故障，而是元件性能或机械性能故障，具体由教师确定。

汽车空调分为手动空调器和自动空调器，有没有空调控制器（ECU）是区分手动空调和自动空调的根本依据。

1. 手动空调器

手动空调器是驾驶员通过冷热调节开关选择蒸发器和暖风水箱之间混合风挡板的位置，

通过选择鼓风机转速和选择出风风道来实现空调控制。

2. 自动空调器

自动空调器分为半自动空调和全自动空调两种。

半自动空调（Climatic）有空调控制单元，空调面板控制的温度需求和车内的温度传感器可以实现闭环控制，但有部分执行器是不能控制的，例如鼓风机转速仍采用手动调节，或某些空气模式的翻板控制也仍采用手动控制金属拉丝和真空控制。

全自动空调（Climatronic）是根据驾驶员所设置的温度，结合实际车内的温度、车外温度和太阳辐射热等，自动调节混合风挡板位置和鼓风机转速，从而将车内温度保持在设定的温度。风道内的伺服电动机也会自动调节。全自动空调不仅对鼓风机转速进行控制，同时也对驾驶员设定的出风模式进行修正，比如冬季开启除霜开关时，也会优先对脚进行吹暖风。在自动空调器中，每个传感器独立地将信号传送至空调器 ECU，空调器 ECU 根据预先编制的程序识别这些信号，从而独立地控制一个或多个执行器。空调器 ECU 还有自我诊断功能，诊断空调电控系统故障。

一、自动空调控制

汽车空调自动温度控制（Automatic Temperature Control，ATC），俗称恒温空调系统。一旦设定目标温度，ATC 系统即自动控制使车内温度保持在设定值。

自动空调电脑接收以下信号：

（1）接收发动机水温信号以控制发动机散热器风扇无级转动或高、低速转动；

（2）接收空调高压管路的压力信号以控制散热器风扇无级转动或高、低速转动；

（3）接收自动变速器信号以在强制降挡时通知空调控制器断开电磁离合器；

（4）接收外部环境温度信号以控制是否接通电磁离合器；

（5）接收驾驶室内的出风口温度信号和位置伺服电动机的信号，以控制各风道到达理想的开度；

（6）接收阳光强度和外界温度可确定向车内输入热量的情况，以进行预控制；

（7）室内湿度传感器（仅见于高档轿车上，一般位于室内观后镜上部）用于检测风挡玻璃附的空气湿度，实现自动开启除雾功能；

一些安全类如高压管的压力传感器、蒸发器的温度传感器用于断开空调电磁离合器。其他自检类传感器，如空调压缩机转速信号结合发动机转速信号用于空调控制器判断电磁离合器打滑或皮带打滑，还有暖风散热器的温度用于控制鼓风机转速。最后，还有空调控制面板的开关信号输入，以及 CAN 通信的信号。

目前空调压力传感器输出有脉冲调制信号（PWM）输出和 LIN 总线输出。当采用脉冲调制信号（PWM）时，空调压力越高，输出的脉冲调制信号（PWM）占空比越大。

二、自动空调元件位置

图 8-28 为自动空调系统主要元件的位置。

三、自动空调传感器

自动空调传感器包括车外温度传感器、车内温度传感器、日照传感器（阳光强度传感器）、蒸发器温度传感器、暖风水箱温度传感器。

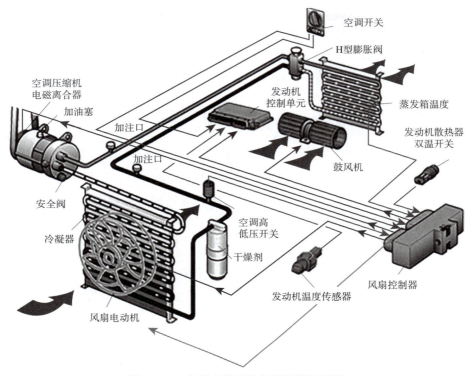

图 8-28 自动空调系统主要元件的位置

1. 车外温度传感器（Outside Temperature Sensor）

一般位于空调冷凝器前部支架上，采用负温度系数热敏电阻制成。

2. 车内温度传感器（In-vehicle Sensor）

一般安装通风道内，采用负温度系数热敏电阻，用于反馈车内的实际温度。

【技师指导】 大众速腾汽车空调系统在控制面板上内置室内温度传感器，代替过去在通风道内测量流过室内温度传感器 G56，同时还可用来测量控制面板表面温度、控制单元温度、阳光强度。相对于前一代具有以下优点：传感器支架受到保护，因此传感器不易变脏；没有机械旋转元件，传感器更耐久；无须通风格；成本更低。此传感器实际上是一集成了光电二极管和负温度系数电阻的光热传感器。因此，它既可以测量温度，又可以测量太阳光的热辐射强度。传感器将温度和光强信号传递给控制单元，控制单元对信号进行评估，准确地计算出驾驶室的实际温度。这样，即使传感器表面受光照影响变得很热，控制单元仍可以准确地计算出车内实际温度。

3. 日照传感器（Sun Load Sensor）

由光敏二极管或光敏三极管制成，用来感应阳光照射车辆的强度，计算外界向车内输入的热量，通常装在仪表台上方。

4. 蒸发器温度传感器（Evaporator Temperature Sensor）

一般安装在蒸发器翅片上，以精确感应蒸发器的温度，采用负温度系数热敏电阻。

5. 暖风水箱温度传感器（Engine Temperature Sensor）

一般安装在暖风水箱上，以精确测量水温，采用负温度系数热敏电阻。

四、执行机构

1. 鼓风机转速控制

空调系统 ECU 根据设定的目标温度、车内实际温度、车外温度、阳光强度、蒸发器温度等信号，发送不同的指令给鼓风机电动机和电控变量控制阀。

由于空调的鼓风机或风扇的功率较大，电脑不能直接提供电流，电脑只能通过功率放大器进行无级转速控制，或采用继电器进行有级控制。无级控制是对直流 12 V 进行 PWM 波控制，这样在鼓风机附近会有一功率放大器。

当发动机起动时或冷却液温度低于预定值，空调系统 ECU 使鼓风机不起作用。

【完成任务】鼓风控制模式相当于手动空调控制面板的什么操作：_____
_____。

2. 混合空气控制

混合空气执行器的作用是控制暖风水箱和蒸发器，根据驾驶员设定的温度，自动空调控制单元会自动控制混合空气风挡板的位置，来控制车内温度。

【技师指导】在捷达轿车的手动空调中，混合风控制钮分蓝色和红色钮，中间传动过程是采用金属拉丝控制，控制位置完全由驾驶员决定。对其他气道翻板的控制采用真空膜盒控制，翻板只有开和关的功能。

在自动空调中，各翻板的控制采用带有位置反馈的电动机来控制实现位置控制，这种电动机称为伺服控制电动机。对于最新的中高档轿车，为实现更精确的位置控制而采用步进电动机控制。

混合空气控制举例：如冬季，车厢内实际温度为 16 ℃时，当驾驶员设定温度为 22 ℃时，自动空调控制单元发送指令给位置反馈电动机，位置反馈电动机关闭蒸发器侧通道，并打开从暖风散热器一侧的通道，使车内温度迅速升高到 22 ℃。

如夏季，当驾驶员设定温度为 22 ℃，而车厢内温度为 28 ℃时，自动空调控制单元发送指令给位置反馈电动机，混合空气阀打开从蒸发器一侧的通道，并关闭暖风散热器一侧的通道，并使鼓风机电动机高速运转，使车内温度迅速下降到 22 ℃。

【完成任务】混合风控制模式相当于手动空调控制面板的什么操作：_____
_____。

3. 出风口模式电动机

根据驾驶员选定的出风口模式，自动空调控制各出风口的位置反馈电动机，从而改变空调出风口。

【完成任务】出风口模式电动机相当于手动空调控制面板的什么操作？_____。

4. 空调压缩机离合器

当驾驶员选择"A/C"时，空调系统控制单元使压缩机离合器控制继电器的线圈搭铁，触点闭合，电流通过电磁离合器线圈，使电磁离合器结合，压缩机转动。

当车外温度传感器检测到外部环境温度低于设定值时，控制单元使压缩机离合器不起作用，相当于手动空调的外界环境温度开关。

发动机系统在节气门全开或发动机处于高速运转时，ECU 使压缩机离合器不起作用，让动力全部用于加速汽车。

【完成任务】出风口模式电动机相当于手动空调控制面板的什么操作？_____。

5. 暖风水阀

高档轿车采用双区或多区空调，前空调空气经蒸发器，空气被降温除湿，然后通过加热器。在双区空调中，空调加热器被分为左、右部分，左侧加热器与汽车左侧出风口相通，右侧加热器与右侧出风口相通。通过双温水阀分别对加热器左、右通道的冷却液流量进行控制。

双温水阀是一占空比电磁阀，不通电时为常开阀，由空调控制单元控制。双温水阀可以控制流入暖风水箱左、右两侧的冷却液流量。双温水阀依靠实际温度与设置温度之间的差值来控制电磁阀的占空比。

6. 膨胀阀控制

电子膨胀阀包括电热式膨胀阀、电磁式膨胀阀和以步进电动机为执行机构的新一代膨胀阀，工作原理是以蒸发器出口温度或压力为信号来控制膨胀阀的流量。

五、空调控制单元

空调控制单元通过计算、比较设定温度与车内温度，结合车外温度、日照强度、节能修正量信号向执行机构发出指令，由执行机构执行相应的操作。

自动空调不再使用真空膜盒操纵内外循环切换、混合风控制和出风口控制，而是通过电脑控制各个部件上的位置反馈电动机实现风道切换。

【技师指导】汽车自动空调系统，可以根据需要调节风速和风量；改变压缩机运行状态，同时自动空调具有故障自诊断功能。

六、分区空调

分区空调是指不同位置的驾驶员能对自己所在位置的空气状态进行独立调节，乘员的温度都可以分别设置。

双区空调是指驾驶员和副驾驶两侧的温度可分别控制，后排没有空调调节装置。三区空调是除了驾驶员与副驾驶可以控制外，后排还设置了小型的中控台，后排乘客通过这个中控台可控制后排的温度，多为高档轿车和 MPV 类车型配置。四区空调是指 4 个座位均可独立控制本区域的温度，后座中央和 B 柱都设置了空调出风口，中间的中控台控制也有两个控制调节装置，目前四区空调只配备在豪华座驾上。

【完成任务】研究你实习的空调是几区空调：_____，都是哪几区：_____
_____。

七、自动空调控制面板

奔驰轿车的空调控制面板如图 8-29 所示。

1—左 AUTO 按钮；2—左侧空气四方向控制；3—左侧出风量控制；4—左侧温度控制；5—显示屏；6—右侧温度控制；7—右侧出风量控制；8—右侧空气四方向控制；9—右侧 AUTO 按钮；10—后风窗除霜；11—切换至后空调控制；12—关闭；13—AC OFF；14—休息钮；15—进行活性炭过滤；16—内循环按钮；17—前除霜按钮。

图 8-29　奔驰轿车的空调控制面板

【技师指导】A/C 灯亮，说明压缩机起动，进行制冷；AUTO 灯亮，说明起动了自动控制功能，它会根据车内的温度来控制风速、压缩机和内外循环等；REST 钮用于汽车发动机停机后水循环。

八、前、后蒸发器总成

图 8-30 为奔驰前自动空调蒸发器内部结构。从图中的蒸发器总成可知翻板较多，根据作用可定义翻板名称，反过来也可根据名称参考其作用，例如前风窗除霜翻板（或挡板）等。这里我们与手动空调对比记忆蒸发器总成功能。

【完成任务】比较自动空调和手动空调的蒸发器，自动空调的蒸发器占整个通道上，还是只占一部分通道：_____。

蒸发器总成功能：与手动空调蒸发器总成相比增加了活性炭过滤器，并由活性炭翻板状态控制是否进行过滤。这意味着这种蒸发器总成有滤毒功能，换滤芯时灰尘过滤器和活性炭过滤器都更换,不能像手动空调那样只换灰尘过滤器;这些控制空气走向的翻板与手动空调蒸发器总成相比,是把金属拉丝或真空膜盒换成了步进电动机进行位置控制,步进电动机可控制翻板有很多位置,这是手动空调做不到的,各出风口处翻板位置可由空调控制器自动调节;除湿功能与手动空调相同,都是先经蒸发器制冷去水,再制热吹出;与手动空调相比,鼓风机可以是有级的或无级的送风,多为无级速度调节。

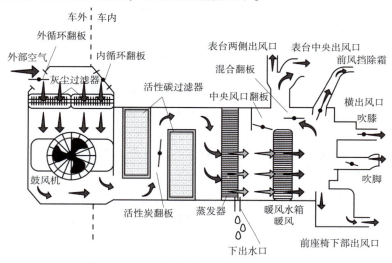

图 8-30 奔驰前自动空调蒸发器内部结构

图 8-31 为奔驰后自动空调蒸发器总成。对于有后独立空调的,采用独立空调产生制冷和制热,出风口有后部人员脚部加热风口、B 柱出风口和后中央出风口。

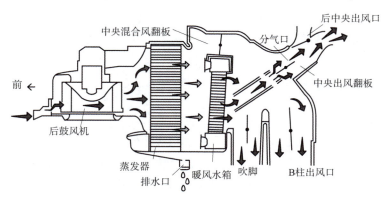

图 8-31 奔驰后自动空调蒸发器总成

九、执行元件自诊断

自动空调可进行执行元件诊断,例如,大众速腾的执行元件诊断元件如下:左侧温度翻板位置电动机 V158、右侧温度翻板位置电动机 V159、空气再循环翻板位置电动机 V113、进气翻板电动机 V17、除霜翻板电动机 V107、中央翻板电动机 V70、空调压缩机调节阀 N280、鼓风机电动机 V2。

十、故障引导程序

例如，大众速腾轿车自动空调的故障引导如下：

+ Body（车身电气）
    + Heating　　Ventilation　　A/C system（加热、通风、制冷系统）
        + 01 – Systems capable of self – diagnosis（系统自检）
            + Climatronic　（自动空调）
                + Functions（功能）
                    Basic settings（基本设定，需要用故障引导程序）
                    Check cooling performance（制冷性能）
                    Value block，reading out（读取数据）

【完成任务】在进行 Check cooling performance 检测时：
弄清楚提示影响制冷能力的因素有哪些；
根据提示进行检测；
检测时参考温度与压力的关系，按提示进行检测；
按实际值进行检测，最终将检测出是什么因素影响制冷 。

第四节　空调保养和常见维修作业

【任务驱动指导】学生分组，实习更换空调滤清器操作；检查制冷系统制冷剂数量；对系统抽真空，加注制冷剂和制冷油，检查制冷系统的出风口温度和风量是否令人满意。

一、汽车空调系统的维护与保养

1. 空调滤清器

空调滤清器，俗称花粉滤清器，其作用是过滤从外界进入车厢内部的空气，使空气的洁净度提高。空调滤清器分为普通型空调滤清器和活性炭系列空调滤清器两类。

普通型空调滤清器，多为单层，起抑制灰尘和颗粒物进入的作用。

活性炭系列空调滤清器，是由夹有微小的颗粒活性炭做成的活性炭滤布，再经深加工制作成的。活性炭系列空调滤清器，能在空气经过的很短时间里利用颗粒活性炭本身的物理吸附特性，吸附空气中的微小和有害物质。

当发现空调系统有异常时，应综合考虑的因素有：在空调的鼓风机挡位已经开到够大，但是制冷或制热的出风量很小，可能为使用的空调滤清器有通风效果差的质量问题，或是空调滤清器使用时间过长堵塞，这种情况应及时更换。空调工作时吹出的风有异味，原因可能是空调系统已很久没有使用，内部蒸发器、暖风散热器和空调滤清器因受潮发霉引起故障，建议清洗空调系统，并更换空调滤清器。

【技师指导】正常灰尘环境下的汽车行驶时，空调滤清器的更换里程为 8 000 ~ 10 000 km时更换，时间大约为一年，换不换主要根据环境和空调的使用频率，可取下滤清器看是否能继续使用。更换空调滤清器时，如果滤清器仅是有灰尘，可使用压缩空气从出侧向进侧反向清洁，气枪与滤清器保持 5 cm，并以 500 kPa 吹大约 2 min。

2. 压缩机的维护与保养

在停用制冷系统后，应每两周起动压缩机工作 5 min。这样做有以下优点：
（1）将冷冻机油输送到轴封上，防止轴封收缩变形，密封作用降低；
（2）压缩机是精密部件，长时间不用，其精密的配合表面会产生"冷焊"现象，增大磨耗；
（3）制冷剂和冷冻机油会长期产生化学变化，压缩机长期不工作，易在配合表面形成蚀点，破坏零件的光洁度和精度。
（4）压缩机要注意检查轴封，以及压缩机与进排管的连接部位是否有泄漏。发现冷冻机油泄漏要及时修理，并按规范加注汽车专用冷冻机油，不可多加，也不可少加。
（5）皮带张力过大，易造成压缩机皮带轮轴承早期失效。表现为压缩机噪声大，如不及时修理也会造成电磁离合器损坏。检查皮带张紧程度，正常挠度为 10 ~ 15 mm。

【技师指导】普通轿车空调系统的冷冻油的容量为 135 mL 左右，分析其是常见矿泉水瓶体积的几分之几？

3. 汽车空调冷凝器的维护与保养

一定要保证冷凝器有最大的气流量。因此，平时要经常清洁冷凝器通道，不要被杂物、油污、泥土和昆虫堵塞。清洗时需注意以下两点：
（1）高压水枪近距离直喷或斜喷，易使散热翅片变形，冷凝器更加堵死，降低散热效果，可稍远距离用低压直射，一旦有散热翅片变形，应用梳子梳整齐。
（2）除了清洁冷凝器表面外，还需清理发动机散热器的散热翅片，如果这里堵塞严重，往往造成发动机水温过高，同时也极大地影响制冷效果。

【技师指导】清洗冷凝器时，操作水枪的距离为 2 m 左右，水要垂直射向冷凝器表面。检查散热翅片变形情况，一旦有散热翅片变形，应用梳子梳整齐。实车操作时，不要将水大量喷到发动机或线束上。

4. 蒸发器的维护与保养

蒸发器同冷凝器一样都是换热器，要求保持通风口清洁、排水道畅通、鼓风机运转正常等。

【完成任务】不拆冷凝器，想直接清洗冷凝器时，可拆下鼓风机后，从拆掉鼓风机的蒸发器孔处将水用软管引入。用水清洗蒸发器翅片内的污物，直到排水管中排出的是清水。

5. 汽车空调储液罐的更换

储液罐正常使用两年后要及时交换，因为储液罐内的干燥剂使用两年左右就会失效。如果是过饱和地吸收了水分，干燥包容易爆裂，干燥剂粉末会堵塞管路。每次拆开管路进行修理或清洗时，必须更换新的储液罐。

【技师指导】储液罐正常使用两年后要及时更换，由于汽车空调系统制冷剂成本较高，可不操作此项目。实际中极少出现干燥包爆裂现象。

6. 汽车空调接头

检查各管路接头是否有油污，有油污表明该部位有泄漏，应及时进行维修。汽车空调管路中多采用弹簧锁快速接头，拆卸管接头时必须使用专用工具，共有 3 种规格：1/2、5/8、3/4 英寸。

7. 汽车空调维修其他注意事项

（1）汽车必须使用专用制冷剂，以及专用冷冻机油；

（2）空调系统必须使用清洁的、干燥的制冷剂和冷冻机油，系统中有空气、水分及污物都可能对系统的温度和压力产生不良的影响。降低制冷效果，导致系统部件损坏，管路阻塞等。

（3）维修时，打开管路的 O 形圈必须更换，并在装配前涂上冷冻机油。

（4）打开管路进行检修后必须更换储液罐。

二、加注制冷剂

如图 8-32 所示，空调检修压力表由低压侧压力表和高压侧压力表组成，3 个软管接头中一接低压工作阀，一接高压工作阀，一接制冷剂罐或真空泵吸入口，低压手动阀（LO）和高压手动阀（HI）用于控制低压管和高压管是否与中间管相通。

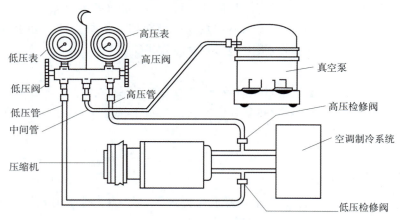

图 8-32 抽真空时的管路连接

【技师指导】高、低压管对外接法永不变，变化的只是中间管。中间管功能包括向外排放制冷剂、给系统抽真空、给系统打压、给系统加注制冷剂等。图 8-31 为制冷系统抽真空时的管路连接,加注制冷剂时只要把真空泵换成制冷罐。抽真空的时间一般不低于30 min,使得歧管压力表低压侧显示为 -750 mmHg 或更高。保证系统内空气与水汽完全被抽出。(压力单位换算:100 kPa = 1 bar = 0.1 MPa = 1 kgf/cm^2 = 760 mmHg)。

空调压力表用胶皮软管与汽车空调系统连接,在胶皮软管末端接头上带有顶销,用于顶开压缩机上的气门阀。胶皮软管有多种颜色,按规定:蓝色软管用于低压侧,红色软管用于高压侧,黄色软管(中间管)对外连接。

空调压力表主要用于对空调系统抽真空、充入或放出制冷剂以及判定空调系统故障等。
(1)低压手动阀开启,高压手动阀关闭,此时可从低压侧向制冷系统充注气态制冷剂。
(2)低压手动阀关闭,高压手动阀开启,此时可使系统放空,排出制冷剂,也可从高压侧向制冷系统充注液态制冷剂。
(3)两个手动阀均关闭,可用于检测高压侧和低压侧的压力。
(4)两个手动阀均开启,内部通道全部相通。如果接上真空泵,即可对系统抽真空。
压力表上所标出的压力一般为表压力,为了抽真空时应用方便,压力表上还标有真空刻度。

【完成任务】 在老师的指导下,根据原厂修理资料完成一次空调抽真空和加制冷剂操作。

第五节 电动汽车空调(扩展学习)

相对国内,国外电动汽车空调发展较为成熟,国外电动汽车空调不乏跟国内相似的模式,但在电动汽车热泵型空调上已经有了一定的基础,日本本田纯电动车就采用电驱动热泵式空调系统。此外,在特别寒冷的地区使用时,部分车型可以选装一个燃油加热器采暖系统。

日本电装(DENSO)公司开发采用 R134a 制冷剂的电动汽车热泵型空调系统,其在热泵系统的风道中采用车内冷凝器和蒸发器的结构。电装公司在2003年还发现了自然工质 CO_2 良好的热物理性能,也为电动车开发了一套 CO_2 热泵空调系统,系统采用了在风道内设置蒸发器和冷凝器两个换热器的方案。该系统与 R134a 系统不同的是:当系统处于制冷模式时,制冷剂同时流经内部冷凝器和外部冷凝器。

注意:在风道中仅用换热器时,在制冷模式下为蒸发器,制热模式下为冷凝器。采用这种结构的热泵空调系统,不仅需要开发允许双向流动的膨胀阀,并且在热泵工况下,系统融霜时,风道内换热器上的冷凝水将迅速蒸发,在挡风玻璃上结霜,不利于安全驾驶。因此,有必要在热泵系统的风道中采用能设有内部冷凝器和蒸发器的结构,车外冷凝器和蒸发器共用一个热交换器。

为了减少空调对蓄电池的电能消耗,美国 Amerigon 公司开发了空调座椅,这种空调座椅上装有热电热泵,热电热泵的作用就是通过需要调温的空间之外的水箱转移热量,从而实现需要调温的空间制冷或制热。这种空调座椅除了节能外,还可以改善驾驶、乘坐的舒适性，在电动汽车上配套使用比较适合。

电动汽车和传统汽车的驱动动力不同，使得它们的空调系统也有很大的区别。电动车没有用来采暖的发动机余热，不能提供汽车空调冬天采暖用的热源，电动车的空调系统必须自身具有供暖的功能，即要求必须采用热泵型空调系统。同时，压缩机也只能采用电动机直接驱动，结构上与现有的压缩机型式不完全相同。由于用来给热泵空调系统提供动力的电池主要是用来驱动汽车的，空调系统能量的消耗对汽车每充一次电的行程的影响很大。如果电动汽车仍采用现有能效比较低的空调系统，将要求耗费 10% 以上的电功率，这就意味着要在增加电池的制造成本和降低电动汽车的驱动性能指标上选择。同燃油汽车相比，对电动汽车空调系统的节能高效提出了更高的要求。同时，电动汽车空调必须要解决制冷、制热两大问题。根据电动汽车特有的性质，目前电动汽车空调有半导体式（热电偶）、电动热泵式、燃油加热式、PTC 加热式，其中电动热泵式空调最有发展前途。

一、半导体式制冷/制热

半导体式制冷又称电子制冷，或者温差电制冷，是 20 世纪 50 年代发展起来的一门制冷技术和半导体技术交叉的学科，与压缩式制冷和吸收式制冷并称为世界三大制冷方式。半导体制冷器的基本器件是热电偶对，即把一 N 型半导体和一 P 型半导体连接成热电偶（见图 8-33），通上直流电后，在接口处就会产生温差和热量的转移。在电路上串联起若干对半导体热电偶对，而传热方面是并联的，这样就构成了常见的制冷热电堆。借助热交换器等各种传热手段，使热电堆的热端不断散热并且保持一定的温度，而把热电堆的冷端放到工作环境中去吸热降温，这就是半导体制冷的原理。

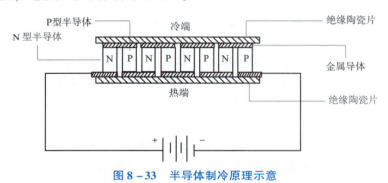

图 8-33 半导体制冷原理示意

半导体制冷作为特种冷源，在技术应用上具有以下优点：不需要任何制冷剂，可连续工作，没有污染源和旋转部件，不会产生回转效应，没有滑动部件，工作时没有振动、噪声、寿命长，安装容易。半导体制冷片具有两种功能，既能制冷，又能加热，制冷效率一般不高，但制热效率很高，永远大于1。因此使用一个片件就可以代替分立的加热系统和制冷系统。半导体制冷片是电流换能型片件，通过输入电流的控制，可实现高精度的温度控制，再加上温度检测和控制手段，很容易实现遥控、程控、计算机控制，便于组成自动控制系统。半导体制冷片热惯性非常小，制冷、制热时间很快，在热端散热良好冷端空载的情况下，通电不到 1 min，制冷片就能达到最大温差。半导体制冷片的反向使用就是温差发电，半导体制冷片一般适用于中低温区发电。半导体制冷片的单个制冷元件对的功率很小，但如果组合成电堆，用同类型的电堆串、并联的方法组合成制冷系统，功率就可以做得很大，因此制冷功率可以做到几毫瓦到上万瓦。半导体制冷片的温差范围，在 -130~90℃。

从空调技术成熟性和能源利用效率比较来看，半导体制冷片技术的电动汽车空调系统目前存在热电材料的优值系数较低、制冷性能不够理想，并且热电堆产量受到构成热电元件元素产量的限制等问题，不符合电动汽车空调节能高效的要求。这使得电动汽车空调更倾向于选用节能高效的热泵型空调，该技术方案对于不同类型电动汽车通用性较好，并且对整车结构改变较小，是将来电动汽车空调的发展趋势。

注意：目前还没有汽车采用此种方法做制热和制热系统，现在主要应用在家庭的饮水机内，将来是否应用未知。

二、热泵型空调系统制冷/制热

在理论上，制冷循环逆转可以用于制暖。但在环境气温低的情况下，制暖性能会下降，无法满足在低温区具备高制暖性能的汽车制暖性能要求。利用电动压缩机压缩冷媒并使其循环。行驶时，冷媒在冷凝器中受风冷却。而且，在冬天，当冷凝器（制暖时改为蒸发器）结霜时，制暖性能也难以发挥。这就需要考虑增加为冷凝器（制暖时为蒸发器）加温除霜的系统。

制暖原本在某些情况下需要比制冷更高的性能。例如，在冬天制暖行驶时，为防止车窗起雾，一般会导入车外空气。汽车因要在行驶的同时向车外排放加热的空气，此时制暖需要比制冷更高的性能。

热泵型空调系统是在原有燃油汽车上进行改进的，压缩机是由永磁直流无刷电动机直接驱动，系统的工作原理如图 8-34 所示。该系统与普通的热泵空调系统并无本质区别，由于在电动车上使用，压缩机等主要部件有其特殊性，而且国外热泵技术具备了一定的基础，该技术最大的优点就是制冷、制热效率高。全封闭电动涡旋压缩机是由一个直流无刷电动机驱动，通过制冷剂回气冷却，具有噪声低、振动小、结构紧凑、质量轻等优点。在环境温度 40℃，车内温度 27℃，相对湿度 50% 的测试工况下，系统稳定时它能以 1 kW 的能耗获得 2.9 kW 的制冷量；当环境温度为 -10℃，车内温度 25℃ 时，以 1 kW 的能耗可以获得 2.3 kW 的制热量。在 -10~40℃ 的环境温度下，均能以较高的效率为电动汽车提供舒适的驾乘环境。若能在零部件技术上得到改进，相应效率还可以得到提高。

目前热泵型电动汽车空调最大的软肋是低温制热问题，尤其是在东北地区，这也是将来该行业研究难题之一。为了使热泵型电动汽车空调更节能高效，一般从以下几个角度去着重解决：开发更高效的直流涡旋压缩机；开发控制更精准、更节能的硅电子膨胀阀；采用高效的过冷式平行流冷凝器；改善微通道蒸发器结构，使制冷剂蒸发更均匀。此外，电动汽车开门的次数以及在行车中受车速、光照、怠速等因素的影响，空调湿热负荷大。压缩机乃至整个空调系统都要适应这种多因素变化的工况，因此热泵型电动汽车空调系统变工况设计尤为重要。

蒸发器风机的风量与车室内温度、设定温度、环境温度、太阳辐射强度、蒸发器出风口温度之间的关系是非线形的，使用公式计算所需的风量：

$$风量 = T_{amb} + m^* T_{set} + n^* T_{in} + a^* T_{out} - S_{salar} - K$$

式中：T_{amb}、T_{set}、T_{in}、T_{out}、S_{salar} 分别为环境温度、设定温度、车室内温度、蒸发器出风温度、太阳辐射强度；m、n、a、K 为常数，通过查表的方法来选定。

汽车空调热泵系统与普通的家用空调比较相近,是普通家用空调在使用场合上的扩展。为防止制热时因除霜导致室内舒适性下降,采用了热气旁通不间断制热除霜方式。除霜时,运行原理基本与制热相同,只是将融霜电磁阀打开,让从压缩机出来的高温高压的过热气体有一部分被分流到室外换热器的入口,迅速把室外换热器的温度提高到0 ℃以上,融化掉室外换热器上的霜层,使换热器保持良好的换热效率。

注意:现在有客车采用此种家用空调技术改进的制冷和制热系统,笔者做开发试制时就体验过这样的大客车。客车由于有足够的空间,采用这种方法较好。

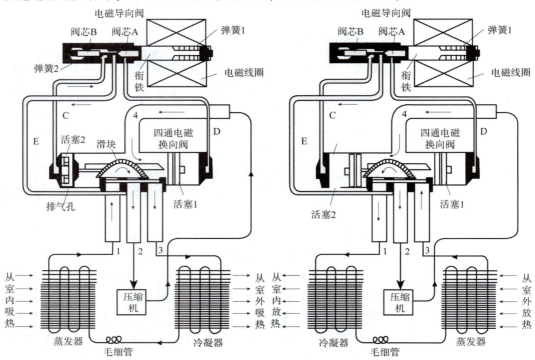

图 8-34　热泵型空调系统工作原理

三、驻车加热器制热

纯电动汽车由于无法再利用发动机余热制暖,用电制热的方式在电池容量不高而价格高时不经济,国内一部分电动车采用传统燃油车使用的驻车加热器作为加热源(见图 8-35),虽然有仍用燃油作为燃料的不足,但至少能促进电动汽车的进一步迈近。加热器安装是通过与仪表台下的原散热器冷却循环串联。其工作原理是:利用另加的油箱来供油,并通过燃烧汽油所产生的热量来加热散热器,同时使驾驶室升温。热交换器是发动机冷却水采暖系统的心脏,它的作用是把冷却水热量传给空气。

驻车加热器的工作原理:遥控器或定时器给 ECU 一个起动信号,计量油泵从油箱泵油并以脉冲形式将燃油打到燃烧室前的金属毡上,笔状点火器加热到 900 ℃左右,将喷溅的细小油滴汽化,空气由燃烧空气鼓风机吸入,与汽油混合后并点燃,火焰将热能传递给发动机冷却液,电动循环水泵推动冷却水循环进入蒸发箱内散热器,鼓风机吸入使车内冷空气通过散热器,把变热的空气鼓入车内。

(a) 气暖式　　　　　　(b) 水暖式

图 8-35　驻车加热器

(a) 气暖式；(b) 水暖式

【行业指导】似乎有些矛盾，但驻车加热器制热是加速电动汽车在特殊地区（北方地区）产业化的一种方式，特别是在客车上，因为过去客车就采用过驻车加热器作为冬季供暖的设备。

四、PTC加热器的电制热方式

电动汽车采用加热器的电制热方式时，加热器一般配置在驾驶席和副驾驶席之间的底板下方。加热器由可用电发热的PTC（Positive Temperature Coefficient）加热器元件将加热器元件的热量传送至冷却水的散热扇。因要求加热器要有较高的制暖性，因此，电源使用的是驱动电动机的锂离子充电电池的高压，而非辅助电池（12 V）。如果是纯电动汽车（EV）专用产品，也可以不使用冷却液，直接用鼓风机吹送经PTC加热器加热的暖风。

【技术指导】工程上 1 mm² 纯铜线通常可通过 5 A 电流，若 3.6 kW 加热器、电压、12 V，则需要供电线为 60 mm²，这样的线又粗又硬，无法在车上使用。

由于要制造的加热单元使用动力电池的高电压，用少量放热元件产生大量热量，因此，加热器生产需要丰富的设计和制造技术经验。加热器机身内部有板状加热器元件。通过在元件两侧通入散热剂（冷却水）提高散热性。加热器元件采用了普通PTC元件，PTC元件夹在电极中间，具有电阻随元件温度改变的性质。在低温区，电阻低，电流流通产生热量，随着温度升高，电阻逐渐增大，电流难以流通，发热量随之降低。PTC元件的特性据称符合汽车的制暖性能要求——具备在低温区的高制暖性能。

电动车沿用汽油车的制暖结构。发动机车的制暖系统由发动机、冷却液、加热芯和送风的鼓风机电动机组成。吸收发动机的热量温度升高时散热剂在加热芯中内部流过，车内冷空气从加热芯外部流过，为车内制暖，所以只要有暖风散热器和电动水泵就能工作。

此外，目前加热器的ECU（电子控制单元）与空调系统整体是各自独立的，也可将ECU与加热器融为一体。汽车厂商努力为EV配备多个加热器元件，使其制暖能力提高到与电动机车相当的水平。但是，为了尽量把电池能量留给行驶，汽车厂商在设计时对制暖耗电进行了抑制。弱混电动汽车以市区行驶速度（40~60 km/h）行驶，在某些条件下，使用制暖时的行驶距离要短于使用制冷时。制暖的电池消耗比制冷的电池消耗更大。弱混电动汽车采用了手动式空调。用户按下"MAX"开关后，温控性能和风量会以最高设定运行。目前，弱混电动汽车的制冷和制暖系统各自独立。

【行业指导】此种制热方法是目前在轿车和部分客车上采用最多的方法。

第六节 电动轿车空调制冷方式（扩展学习）

早期的国产电动汽车多受到蓄电池能力的限制，为了不影响电动汽车的续行里程，大多数电动汽车都没有配备空调系统。随着国内电动汽车逐步产业化、市场化，电动汽车必然要配备空调系统。由于受到电动汽车的独特性影响，国内汽车厂家在传统燃油汽车空调的基础上进行部分替换设计，将燃油发动机带动的压缩机替换成直流电动机直接驱动的压缩机，通过控制上进行相应的改变，来完成空调制冷的功能，目前替换设计效果基本能解决电动汽车空调的制冷问题，但制冷效率有待提高。

在空调的主要零部件选用上，目前国内的电动汽车除了压缩机和控制模块外，其他主要零部件还是沿用燃油汽车空调的零部件，冷凝设备主要用的是平行流冷凝器，蒸发设备主要用的是层叠式蒸发器，节流装置仍然是热力膨胀阀，制冷剂仍然是 R134a。据不完全了解，国内在大力开发电动汽车的厂家，如奇瑞、比亚迪、一汽、上汽、江淮等电动汽车空调配套情况基本差不多，都处于上述的发展现状。

汽车空调压缩机大致分为三类。

1）发动机或变频电动机通过传动皮带带动传统的活塞式压缩机结构，压缩机可采用摇盘式和斜盘式。

2）使用发动机和电动机驱动的混合动力型。混合动力汽车空调压缩机，对于面向需要提高现有内燃机效率、实现小型化的汽车厂商，供应的是借助传统发动机皮带传动类型的压缩机。面向以发动机为主体、电动机为辅的车辆（Mild-HEV 弱混）供应的是皮带传动和电动机驱动兼顾的混合式压缩机。

3）单纯使用变频电动机驱动的类型。对于以电动机为主体（Strong-HEV 强混、EV 电动）的车辆，则供应电动压缩机。

一、分体式电动空调压缩机

电动客车多采用变频器控制三相电动机驱动压缩机，因为有独立的电动机变频器，电动机和压缩机之间采用皮带传动方式，其他结构和图 8-5 基本相同。

二、整体式电动空调压缩机

新款 Prius 上的 ES18 电动变频压缩机由内置电动机驱动。除了由电动机驱动的部件外，压缩机的基本结构和工作原理与旧款 Prius 上的涡旋压缩机相同。空调变频器提供的交流电（201.6 V）驱动电动机，变频器集成在混合动力系统的变频器上。这样，即使发动机不工作，空调控制系统也能工作，既能达到良好的空气状况，也减少了油耗。由于采用了电动变频压缩机，压缩机转速被控制在空调 ECU 计算的所需转速内。因此，冷却性能和除湿性能都得到改善，并降低了功率消耗。压缩机的进气、排气软管采用低湿度渗入软管，这样可以减少进入制冷循环中的湿气。压缩机使用高压交流电。如果压缩机电路发生开路或短路，

HV-ECU 将切断空调变频器电路来停止向压缩机供电。为了保证压缩机和压缩机壳内部高压部分的绝缘性能，新款 Prius 采用了有高绝缘性的压缩机油（ND11）。因此，绝对不能使用除 ND11 型压缩机油或它的同等品外的压缩机油。

1. 结构

如图 8-36 所示，电动变频压缩机包含一对螺旋线缠绕的固定蜗形管（定子）和可变蜗形管（晃子）、无刷电动机、油挡板和电动机轴。固定蜗形管安装在壳体上，轴的旋转引起可变蜗形管在保持原位置不变时发生转动。这时，由这对蜗形管隔开的空间大小发生变化，实现制冷气的吸入、压缩和排出等功能。将进气管直接放在蜗形管上可以直接吸气，从而可以提高进气效率。压缩机中有一个内置油挡板，可以挡住制冷循环过程中与气态制冷剂混合的压缩机油，使气态制冷剂循环顺畅，从而降低机油的循环率。

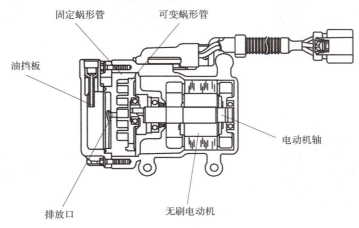

图 8-36　电动变频压缩机内部结构

2. 工作原理

图 8-37 所示为电动涡旋式压缩机的定子叶片（左）和晃子叶片（右）实物。

图 8-37　电动涡旋式压缩机的定子叶片和晃子叶片实物
(a) 定子叶片；(b) 晃子叶片

具体工作过程如图 8-38 所示。

（1）吸入过程

在定子叶片（固定蜗形管）和晃子叶片（可变蜗形管）间产生的压缩室的容量随着晃子叶片的晃动而增大，这时，气态制冷剂从进风口吸入。

（2）压缩过程

吸入步骤完成后，随着晃子叶片继续转动，压缩室的容量逐渐减小。这样，吸入的气态制冷剂逐渐压缩并被排到定子叶片的中心。当晃子叶片转约 2 周后，制冷剂的压缩完成。

（3）排放过程

气态制冷剂压缩完成而压力较高时，通过按压排放阀，气态制冷剂通过定子叶片中心排放口排出。

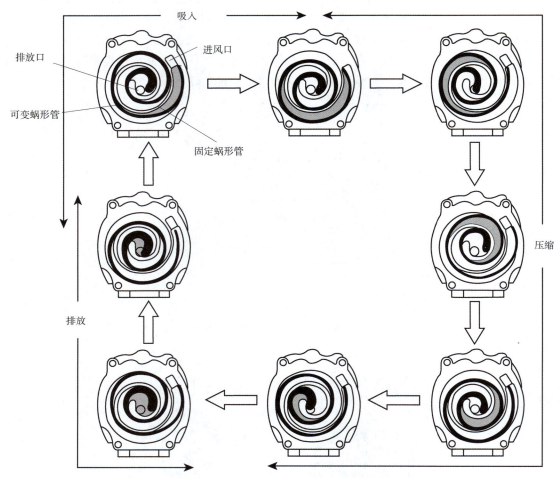

图 8-38　电动变频涡旋压缩机工作原理

第九章

中控锁及防盗

一辆具有无钥匙进入和起动系统的车辆，无法实现无钥匙进入和起动功能。但有钥匙进入和起动功能操作正常。

如果你是接车的修理技术人员，应如何解决本故障，修理方案应如何制定？

能说出中控锁的作用；
能说出防盗器的作用；
能说出中控锁和防盗器的联合使用；
能说出变码送码防盗的原理；
能说出无钥匙进入和起动系统的工作原理。

能够解决在中控锁和防盗器联合使用的情况下，机械钥匙开门正常，但无法用遥控器开门的故障；
能够提前判断遥控器电池电量不足，并更换相同的遥控器电池；
能够解决无钥匙进入和起动系统无法开门和无法起动发动机的故障。

第一节 汽车中控门锁

一、中控门锁的作用

为了使汽车的使用更加方便和安全，现代轿车多数都装备中央控制门锁系统，简称中控门锁或中控锁，装配中央控制门锁（指"不带防盗器"的中控门锁）后，可实现以下功能：

（1）将驾驶员侧或前乘客侧车门锁操纵杆（门提钮）按下时，其他几个车门及行李舱门都能自动锁定，如用钥匙锁门，也可同时锁好其他车门和行李舱门；

(2) 将驾驶员侧或前乘客侧车门锁操纵杆拉起时，其他车门和行李舱门锁扣都能同时打开，如用钥匙开门也可实现该动作；

(3) 在车室内个别车门需要打开时，可分别拉开各自门锁操纵杆。

【技师指导】 一般中控门锁没有遥控功能，车外锁门和开锁只能通过钥匙，车内开门和锁门只能通过车门操纵杆，这种中控门锁多安在两门货车上。

中控门锁与电子防盗器组合工作后，中控门锁系统的作用是能通过遥控器或钥匙对车门及行李舱锁进行集中控制。当驾驶员对左前门（或驾驶员侧前门）进行控制（锁门、开门）时，所有的门锁及行李舱锁能同时实现相同的控制效果。在中控门锁系统不工作时，乘客仍可使用各车门的机械弹簧锁来开关车门。

【技师指导】 中、低档轿车一般原车中央控制门锁和后加装防盗器组合一起作用。中控门锁和防盗器组合后，车外有遥控开锁/锁门功能，车外还有钥匙锁门/开锁功能，这样车外开门有2种方法，车内开门和锁门通过车门操纵杆或车内遥控开锁/锁门也有2种方法。若原车中控门锁盒有车速信号输入，一般当车超过10 km/h自动上锁。图9-1为机械钥匙和防盗遥控器分体，只要拿其中一个即可开门和锁门，当然起动还是需要钥匙，看到机械钥匙和防盗遥控器分体就说明原车不具备变码送码防盗功能。

二、中控锁类型

中央控制门锁的型式如下。

(1) 电磁线圈式：两位置不同的电磁线圈式是其中一线圈通电生磁吸引铁芯移动至一位置，另一铁芯通电生磁吸引铁芯移动至另一位置，这种中控门锁已经淘汰。

(2) 双压力泵式：双压力泵式则是利用双向空气压力泵产生压力或真空通过门锁执行元件（膜盒）来完成门锁的开关动作，也接近淘汰。

(3) 直流电动机式：目前使用最广泛的中央控制门锁是直流电动机式，直流电动机式是通过改变各个车门门锁电动机的旋转方向来实现门锁的动作。

图9-2为电动车门锁执行器的内部结构。由于电动机转速很高，电动机需要多级齿轮组成的减速机构后控制齿条移动。小功率电动机带动一系列起减速作用的圆柱齿轮，最后一齿轮驱动齿条，该齿条与执行杆相连。

 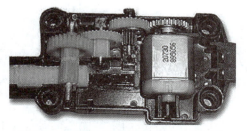

图9-1 机械钥匙和防盗遥控器分体　　图9-2 电动车门锁执行器的内部结构

三、中控锁直接控制

直接利用开关控制直流电动机的正/反转来实现门锁的开、关动作称为称直接控制型。直接控制型式中控门锁主要由电动机、继电器、门锁开关及连杆操纵机构组成，其操纵机构如图 9-3 所示。

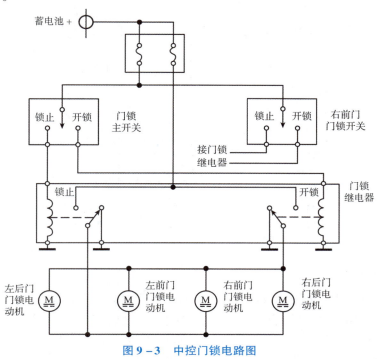

图 9-3　中控门锁电路图

工作原理：4 个电动机的旋转方向由经过电动机电枢的极性决定。主门锁开关控制锁门继电器和开锁继电器的线圈，控制两继电器的那个接负（地）引脚变为接正。这样利用电动机的正转或反转，即可完成车门的闭锁和开锁动作。右前车门一般不设计门锁开关，若图 9-3 中有的话，也像主开关一样接到开锁/锁门继电器线圈上，相当于两控制开关并联。

四、中控锁电子控制

门锁机构在工作时要消耗电能，为缩短工作时间，门锁电路装有定时装置。这种装置的工作原理一般是利用电容器的充、放电特性，在超过规定时间后，输送给门锁机构的电流就自行中断，正常锁门或开门也是如此，定时装置可以保护电路和用电器的安全。四门轿车使用电动机多，为防止电控门锁开关过载，一般增装继电器，通过门锁开关控制继电器，再控制电动机。

为门锁执行机构提供锁/开脉冲电流的控制装置称为门锁控制器，常用形式有以下 3 种。

1. 晶体管脉冲电流式

晶体管脉冲电流式门锁控制器内部有 2 个继电器：一个控制锁门，另一个控制开门。继电器线圈电流由晶体管开关控制，它利用电容器的充、放电过程控制通过一定时间的脉冲电流（如 1~2 s），使执行机构完成锁门和开门动作。其电路如图 9-4 所示（要说明的这个例子是电磁线圈式，不是电动机式）。

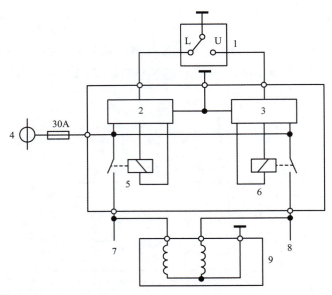

1—门锁开关；2—锁门控制电路；3—开门控制电路；4—接电源正极；5—锁门继电器；6—开门继电器；7、8—接其他车门锁；9—门锁执行机构（电磁式）；L—LOCK 锁门；U—UNLOCK 开门。

图 9-4　晶体管式门锁控制器

2. 电容脉冲电流式

该门锁控制器利用电容充、放电特性，平时电容器充足电，工作时把它接入控制电路使电路放电，使两电路中之一通电而短时吸合。电容器完全放电后，通过继电器的电容中断而使其触点断开，门锁系统不再工作，其电路如图 9-5 所示（要说明的这个例子是电磁线圈式不是电动机式，只在两门货车和微型面包车上有使用）。

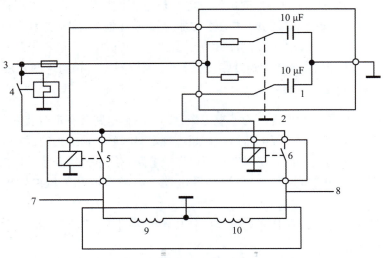

1—电容器；2—门锁开关；3—接电源正极；4—热敏断路器；5—锁门继电器；6—开门继电器；7—接其他车门（锁）；8—接其他车门（开）；9、10—门锁执行机构（电磁式）。

图 9-5　电容式门锁控制器

3. 带车速感应的脉冲电流式

在中控门锁系统中加载车速为 10 km/h 的感应开关,当车速在 10 km/h 以上时,若车门未上锁,驾驶员不需动手,则门锁控制器自动将门锁上。如果个别车门要自行开门或锁门,可分别操作,其电路如图 9-6 所示。

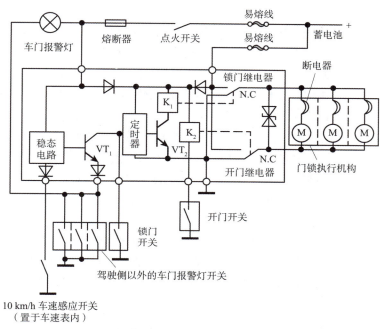

图 9-6　带车速感应的脉冲电流式中控门锁系统

当点火开关接通时,电流流经报警灯可使 3 个车门的报警灯开关(此时门未锁)搭铁,报警灯亮。若按下锁门开关,定时器使三极管 VT_2 导通一下,在三极管 VT_2 导通期间,锁定继电器线圈 K_1 通电,动合触点闭合,门锁执行机构通正向电流,执行锁门动作。当按下开锁开关,则开锁继电器线圈 K_2 通电,动合触点闭合,门锁执行机构通反向电流,执行开门动作。汽车行驶时,若车门未锁,且车速低于 10 km/h 时,置于车速表内的 10 km 开关闭合,此时稳态电路不向三极管 VT_1 提供基极电流;当行车速度高于 10 km/h 时,10 km/h 车速感应开关断开,此时稳态电路向三极管 VT_1 提供基极电流,VT_1 导通,定时器触发端经 VT_1 和车门报警开关搭铁,如同按下锁门开关一样,使车门锁定,从而保证行车安全。

第二节　铁将军防盗器

一、防盗系统的功用与种类

1. 防盗系统功用

汽车防盗系统必须能使偷盗者放弃偷盗汽车的企图。理想的防盗装置应能使偷盗者不能开动汽车,使之迷惑不解,并能使汽车发出报警信号,给偷盗者心理上的冲击。警报一般以灯光闪烁与发声报警形式为主，警报发生后持续约 1 min，但发动机起动电路直到车主用车钥匙打开汽车门锁之前都应始终处于断路状态。

2. 防盗系统种类

常见的汽车防盗装置有：机械式、电子式和网络式。

（1）机械式防盗装置

机械式防盗装置是在拔掉钥匙后，用一锁舌锁住方向盘，现在汽车几乎都有这种功能，要记住的是转不动钥匙时，可左右转动一下方向盘再转动钥匙。

（2）电子式防盗装置

电子式防盗装置在国内有汽车加装防盗器和原车配装防盗止动器，本书将重点讲解。

（3）网络式防盗装置

网络式防盗装置利用卫星进行定位跟踪。网络式防盗装置主要用于事后寻车，并不能阻止盗窃者第一现场用发动机动力盗走车辆，只有车主或家人让指挥中心寻车时，才能停止车辆。它必须在没有盲区的网络下才能工作，更主要的是需要公安部门设立监控中心。发达国家已开始试用，我国还没有正式批量使用。不过，随着智能交通（ITS）和通信技术的发展、成熟，该技术必将广泛应用在汽车领域。

总体来说，汽车加装防盗器和原车配装防盗止动器几乎覆盖全部国内汽车。其中，原车配装防盗止动器是目前最安全的防盗方式，因为其他方式都能通过简单的改线或拆除防盗装置，从而起动发动机盗走车辆。防盗止动器的优点就是盗窃者不能利用汽车发动机的动力行驶。

二、加装防盗器方式

防盗器应用一般有 2 种情况：一种是防盗器单独使用，通过声光报警来吓走盗窃者，通过断点火功能（或断起动机起动功能）来阻止汽车起动，原车无中控门锁模块，防盗器又配了 4 个锁门/开锁螺线管电磁阀，也可遥控开门/锁门；另一种原车有中控门锁，防盗器要和原车中控门锁联合使用，实现阻吓功能、断/点火功能、遥控开锁/锁门功能。

三、铁将军防盗器功能

铁将军防盗器外接各元件功能如下（见图 9-7）：

1）喇叭用于报警，转向灯用于远距离识别是否接收到遥控信号，当遥控锁门和开锁时转向灯应闪烁；

2）振动传感器用于测量外界施加的振动，用于触发声光报警；

3）车门开关要接在左前车门开关上，开门时实现负触发，用于识别车门是否关严，以进行语音提示；

4）行李箱电动机通过继电器控制，防盗器控制线圈搭铁，可遥控后备厢开锁/闭锁；

5）断电继电器（常闭继电器）可以在设定防盗时，断开起动电路或点火线圈电路；

6）接制动灯开关的目的是车辆行驶的过程中防止误开车门，修理人员对这个功能一般情况下不用；

7）天线用于接收遥控器发出的信号；

8）LED 灯在进入防盗状态时闪烁；

9）粗红和粗黑用于供电，点火开关 KEY ON 在这里作为信号输入，是为了识别汽车钥匙是否在点火开关内。

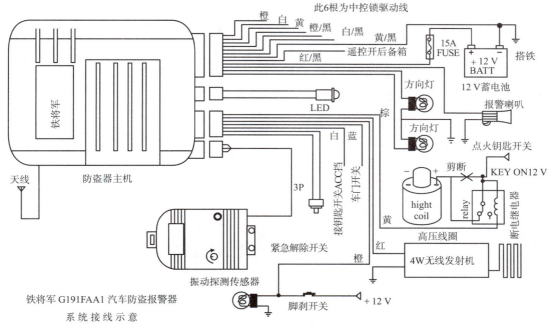

图 9－7　铁将军 G191FAA1 汽车防盗报警器接线图

【完成任务】请对照图 9－7 和图 9－8，说明图 9－8 中的 5 个继电器（继电器型号 NT73CS10 和 D12－SHS）的作用是什么。

※提示：图 9－7 中靠近 LED 灯的是 JR4 双触点左右转向灯继电器，而图 9－8 中 CN7 为 LED 灯。

JR1：_____；JR2：_____；JR3：_____；JR5：_____。

【完成任务】请对照图 9－7 和图 9－8，写出连接器外接元件 CN5（3 根线，也称 3 针或 3pin）：_____；CN6（7 根线）：_____；CN8（12 根线）：_____；接收头电路（3 根线）：_____；CN8 的第 4 引脚是什么：_____；CN8 的第 6 引脚是什么：_____；CN8 的第 5 引脚是什么：_____。在 JR5 本质是几脚继电器_____；JR2 线圈不通电时为 8、9 之间导通，一旦通电时是 8 跟_____之间导通。

JR5 线圈不通电时为 11、12 之间导通，一旦通电时是 11 跟_____之间导通。

【技师指导】夏利 N3 轿车上配有铁将军防盗器，用遥控器遥控开锁时，转向灯还能闪，但就是无法遥控开锁。后用钥匙直接开锁，中控门锁能正常开锁和闭锁。怀疑继电器 JR2 和 JR5 有故障，但一时找不到 NT73CS10 继电器，采用两个五脚欧姆龙微型继电器替换 JR2 和 JR5 后，故障消失，以后未再出过故障。本车为"一控三式"接法。

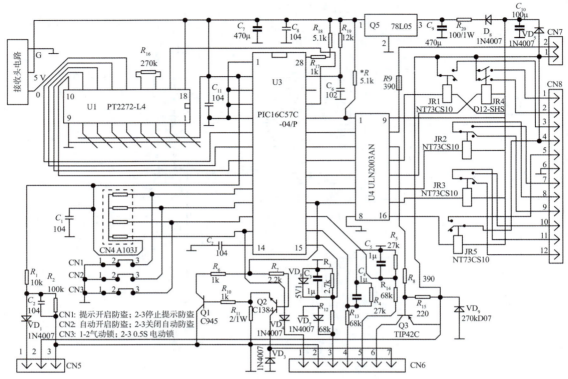

图 9-8　铁将军 G191FAA1 汽车防盗报警器主机原理图

四、防盗器遥控中控门锁

在中央控制门锁电路中，信号线和搭铁（0 V）接触后，产生开启或关闭门锁的信号，称为负触发信号；信号线和火线（12 V）接触后产生开启或关闭门锁的信号，称为正触发信号。在个别控制中既使用正触发来产生信号，也使用负触发来产生信号。

1. JR3 和 JR2 继电器

不遥控时，JR3/JR2 如图 9-9 所示。

（1）遥控锁门时，防盗器内的锁门继电器 JR3 通电动作触点开关下移 1~2 s 后回位；

（2）遥控开锁时，防盗器内的开锁继电器 JR2 通电动作触点开关下移 1~2 s 后回位。所以实际要依据 JR3、JR2 继电器在遥控器遥控下的动作灵活接入。

2. 防盗器主机对中控门锁的输入方式

负触发接线：如图 9-10 所示，防盗器的关信号（白）和开信号（白/黑）要与中控门锁控制单元相接，事先已知中控制锁控制单元采用负触发。遥控开锁时，开信号（白/黑）与黄/黑搭铁，拉低了中控门锁的开信号电位，控制开锁。遥控锁门时，关信号（白）与黄搭铁，拉低了中控门锁的关信号电位，控制开锁。

正触发接线：如图 9-11 所示，防盗器的关信号（白）和开信号（白/黑）要与中控门锁控制单元相接，事先已知中控制锁控制单元采用正触发。遥控开锁时，开信号（白/黑）与黄/黑 12 V 相通，拉高了中控门锁的开信号电位，控制开锁。遥控锁门时，关信号（白）与黄 12V 相通，拉高了中控门锁的关信号电位，控制开锁。

正负触发接线：如图 9-12 所示，是不剪线的触发方式，因为开锁或锁门信号只控制一个继电器工作，恰好直接形成了电动机的换向电路，这种电路可用防盗器电动机直接控制锁门或开锁，而不用中控门锁控制单元。

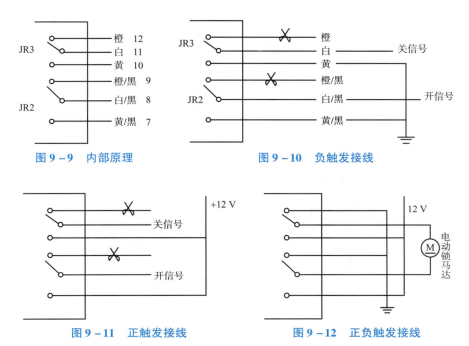

图 9-9　内部原理　　　　　图 9-10　负触发接线

图 9-11　正触发接线　　　　图 9-12　正负触发接线

【完成任务】根据图 9-8，分析开锁、锁门、静音、开启后备厢电路是如何工作的，按键参考图 9-13。

图 9-13　铁将军遥控器

遥控制信号从铁将军的哪个元件输入：_____；

防盗控制器如何区分不同遥控信号：_____。

五、原车中控门锁单线负触发电路防盗改装

图 9-14 为天津一汽威志轿车原车单线负触发中控门锁电路（接地开锁）。原车中控门锁单线负触发是指中控触发线接地电动机开锁，断开接地，电动机实现上锁。图 9-15 为原车中控门锁单线负触发电路加装防盗器电路（静态）。

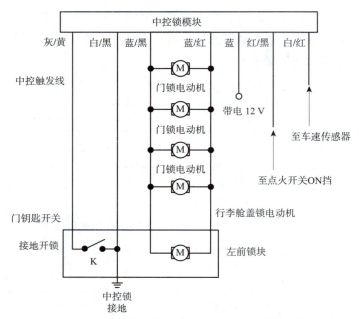

图 9-14 天津一汽威志轿车原车单线负触发中控门锁电路（接地开锁）

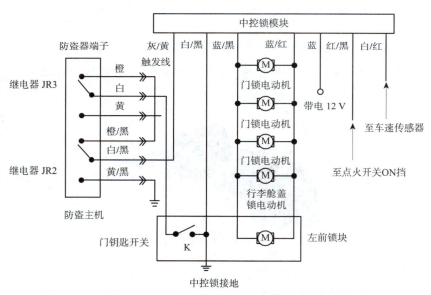

图 9-15 原车中控门锁单线负触发电路加装防盗器电路（静态）

1）当防盗器处于不动作状态时，防盗主机内继电器 JR3 和继电器 JR2 处于静态，信号线由防盗主机的白/黑色线→橙/黑色线→橙色线→白色线→驾驶员车门门锁主开关 K，中控系统可以照常工作，车外用钥匙或车内拉动驾驶员门锁提钮都能正常开或锁全车所有门锁。车辆行驶时，车速达到 10 km/h 以上时全车门锁均能自动上锁，停车后关闭点火开关，全车门锁均能自动开启。

2）当遥控防盗器执行锁门动作时，继电器 JR3 动作（瞬间的，1~2 s 恢复），信号线检测到与接地断开信号，全车门锁上锁，驾驶员门锁电动机中的开关 K 被电动机动作联动断开（在开门状态时 K 是闭合的）并保持，信号线保持与接地断开，全车门锁保持上锁。当遥控防盗器执行开锁动作时，继电器 JR2 动作（瞬间的，1～2 s 恢复）信号线检测到接地信号，全车门锁开启，驾驶员门锁电动机中的开关 K 闭合（在锁门状态时 K 是断开的）并保持，全车门锁保持开锁。

【技师指导】要判断是防盗系统有故障，还是中控门锁故障，可先通过门锁开关 K 控制中控门锁，观察其是否正常工作。多数中控门锁采用防盗器控制后，由于要通过主门锁块内主门电动机先动作，促使门锁开关 K 动作后给中控门锁控制模块输入信号，所以可以出现主门能遥控锁门，但其他三门却不能锁门的情况，这是门锁开关 K 未连动动作造成的，可更换主门锁块排除故障。如果遥控锁门或开门时只有转向灯闪烁，说明无线信号接收无故障，故障多发生在防盗主机的两继电器 JR3 和 JR2，一般更换继电器 JR3 和 JR2 即可排除。

多数防盗器遥控时不能锁门或开门是由于遥控器电池用完造成的。另外，遥控器遥控中控门锁锁门或开锁时，出现个别锁有时锁不上或不开锁时多数是门锁机械生锈导致不顺畅造成的，可通过换门锁块、调整或润滑门锁解决。

【技师指导】超声波监控防盗和加装防盗器的振动防盗
例如，铁将军防盗器的振动传感器在感应到车辆被振动时会进行声光报警，在低档车中可以加装。

奥迪在汽车 B 柱采用 4 个声波传感器（左、右侧各 2 个）以 40 Hz 的频率发射声波（人耳无法听见）到车门窗，同时传感器又接收反射回来的波信号，声波控制单元分析反射回来波是否受到诸如车门和门窗振动。如果有必要，则触发报警，防盗报警器控制单元使扬声器发出声音警报与闪烁转向信号交替发出。当司机侧车门打开后，内部监控功能主动中断。内部监控开关装在司机侧 B 柱上，只需按一下该开关，就能中断防盗器的监控功能，防止意外触发报警器。如果 4 个声波传感器中的某一传递信号失败，则将中断对该车窗的监控。

第三节　发动机防盗止动系统

防盗止动设计思想是阻止利用发动机动力盗走车辆，称为 Immobiliser，译为阻止车辆移动，简称为防盗止动器。防盗止动器发展到今天已经经历了五代，不过核心仍是第二代的变码送码防盗的原理。

【技师指导】针对新能源汽车中的纯电动汽车，为阻止利用电动机动力盗走车辆而采用的方法，其原理与发动机止动系统原理相同，只不过被止动的控制单元不同，发动机止动是防盗系统对发动机控制单元进行控制，电动机止动是防盗系统对电动机控制单元进行控制。

一、防盗锁止系统（IMMO）发展

IMMO（Immobilizer System）的方案经过几代的改进，已经成为汽车上广泛应用的防盗技术。

第一代 IMMO 方案（Fix Code），只是在钥匙插进锁孔后，发送特定的密码，验证通过即可点火起动，例如典型的应答器是 PCF7930。

第二代 IMMO 方案（Read-write），例如使用应答器 PCF7931，且每次发送的密码都不同，同时基站发送密码保护信息。

第三代 IMMO 方案，例如使用应答器 PCF7935，由基站首先发送一串随机数，应答器再回应经过加密的代码，经过验证后才可起动发动机。

第四代 IMMO 方案，例如使用应答器 PCF7936，基站不仅发送随机数，同时发送加密信息，通过认证后，应答器才发送加密的应答信号，用于起动。这是目前主要的 IMMO 应用方式。

第五代 IMMO 方案，例如使用应答器 PCF7939，采用 AES128 的加密算法传输数据，即密钥长度为 128 位的高级加密标准（Advanced Encryption Standard）。

二、第二代防盗系统组成

大众汽车"原车"第一代防盗为固定码防盗，国内 1998 年开始在中、高档汽车原车上采用这种变码送码防盗系统，称为第二代防盗。

该系统的组成：防盗器控制单元、点火开关上的读/写线圈（天线）、点火钥匙（内置送码器）、发动机控制单元，如图 9–16（a）、（b）所示。

近几年来汽车厂家采用中控门锁遥控和电子防盗钥匙系统集成在一把钥匙上，这样的钥匙有机械开/锁门、中控门锁遥控开/锁门和防盗识别功能，如图 9–17 所示。中控门锁模块采用电子控制并且与其他控制单元有通信功能和自诊断功能，可用检测仪进行通信协助检查故障。

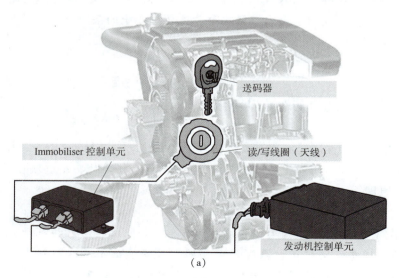

(a)

图 9–16 第二代防盗系统组成

（a）第二代防盗系统组成（有单独 Immobiliser 控制单元）；

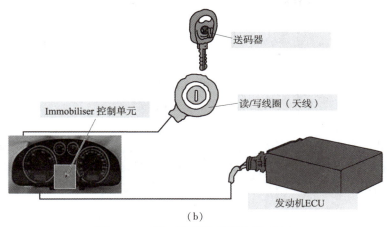

图 9 – 16　第二代防盗系统组成（续）

(b) 第二代防盗系统组成（Immobiliser 控制单元在仪表内）

　　　　(a)　　　　　　　　　　　(b)

图 9 – 17　中控门锁遥控开/锁门和防盗识别

(a) 钥匙为机械钥匙 + 防盗；(b) 机械钥匙 + 防盗识别 + 中控门锁功能

三、第二代防盗系统工作原理

图 9 – 18 所示为第二代防盗系统工作原理，其工作原理如下。

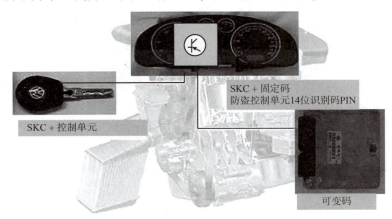

图 9 – 18　第二代防盗系统工作原理

1. 固定码的传输

点火开关打开，防盗止动器 ECU 通过改变天线磁场能量，向送码器传输数据提出质询，然后，钥匙发送回来它的固定码（首次匹配中这个固定码存储在防盗止动器中），传送的固定码与存储的码在防盗止动器中进行比较，如果相同则开始传送可变码。

2. 可变码的传输

防盗止动器随机产生一可变码，这个码是钥匙和防盗止动器用于计算的基础。在钥匙内和防盗止动器内有一公式列表（密码术公式）和一相同且不可改写的 SKC（公式指示器），在钥匙和防盗止动器中分别计算结果。钥匙发送结果给防盗止动器，防盗止动器把这个结果和自己的计算结果进行比较，如果相同，钥匙确认完成。

发动机控制单元随机产生一变码并传送给防盗止动器，防盗止动器把这个码和存储的码进行比较，如果相同，发动机被允许起动。发动机控制单元每次起动后按照随机选定原则产生一密码（变化的码），并把这个码存储在发动机控制单元和防盗止动器中，用于下次发动机起动时计算（大众车系由 w 线传输），如表 9-1 所示。

表 9-1 第二代防盗系统的密码传输过程

步骤	防盗器控制单元	传送	钥匙的发射机应答器
			第一阶段
1	打开点火开关		
2		→ 能量 ←	固定密码
3	如果固定密码正确，则给予准许指令		
以上过程属于普通的固定密码发射机应答器			第二阶段
4	产生变换式密码	→ 变换式密码 →	
5	按固定的公式进行计算		按固定的公式进行计算
6	控制单元的计算结果 ←	钥匙发射应答器的计算结果 ←	
7	如果 控制单元的计算结果=钥匙发射应答器的计算结果		
控制单元准许点火指令（发动机控制单元）			

钥匙和防盗器的互相确认是通过无线传输完成的，原理是利用在机械钥匙内内置智能芯片，芯片上接有线圈，在防盗器内也引出一线圈接到点火锁底座上，这个线圈用于和钥匙内的线圈间互相通信。智能钥匙芯片内存有出厂时通过无线信号写入的码，防盗器控制单元内也有 8 个码存储器，通常出厂时 3 把钥匙要占有 8 个码存储器中的 3 个存储器，实际上最多可配有 8 把钥匙，想配钥匙要去服务站。无论用哪把钥匙插入点火锁，两者通信后钥匙码被防盗器获知，这个码只要在 8 个存储器中找到一个相同的即可确定钥匙是原车的。若钥匙码不在 8 个存储器中，防盗器控制单元确认钥匙不是原车的，可向发动机控制单元发送停止发动机工作的信号。

防盗器控制单元确认钥匙单元后，然后是发动机控制单元和防盗器控制单元之间互相确认，确认动作通过防盗器和发动机控制单元之间的信号线完成。发动机控制单元和防盗器控制单元在出厂时内写入了相同的密码公式，防盗器控制单元生成随机数，随机数经在防盗器控制单元的密码公式计算可得结果。同时防盗器控制单元也把这个随机数通过信号线传给发动机控制单元，在发动机控制单元内经相同的密码公式计算得一结果，这个结果返回防盗器控制单元，正常情况下，两者相同。这样，防盗器控制单元就确认发动机控制单元是原车的，防盗器控制单元继续让发动机工作。若防盗器和发动机控制单元之间密码公式不同，发动机控制单元返回防盗器控制单元的计算结果则不相同,可向发动机控制单元发送停止发动机工作的信号,发动机停止工作。

变码送码过程:正常情况下,防盗器控制单元确认钥匙单元后,防盗器控制单元确认发动机控制单元后,防盗器再产生一随机数,存入 8 个存储器中存这把钥匙码的存储单元,同时通过无线传输把这个随机数写入钥匙芯片。

【技师指导】对于要增加 1 把钥匙的情况,车主只要提供合法手续,服务站人员在新钥匙上做出与旧钥匙相同的凹槽,再通过操作诊断仪向防盗器发出指令增加钥匙,防盗器单元向新钥匙注入新随机数到新钥匙芯片,同时防盗器单元 8 个存储器增加 1 个钥匙数量。

对于丢钥匙的情况,要先更换门锁芯和点火锁芯,两锁芯的弹子锁相同。然后通过诊断仪删除 8 个存储器的数据,这样原来的钥匙全部作废。最后通过诊断仪在配出相应数量的智能钥匙。

第四节　无钥匙进入及起动系统

一、什么是 PEPS

无钥匙进入系统自 2003 年问世,由于兼容发动机防盗(IMMO)的安全性和开门、起动无须按键的方便性,受到了广大驾驶员的青睐。

无钥匙进入及起动系统简称 PEPS(Passive Entry Passive Start)系统,是适应汽车防盗系统发展而推出的一款新型智能电子防盗系统,它采用先进的 RFID(无线射频识别)技术,实现无须按动遥控器即可进入车内以及一键起动发动机等功能(本节略)。PEPS 具有更加智能化的门禁管理、更高的防盗性能,已经成为汽车电子防盗系统应用的主流。

无钥匙进入的主要元件组成由高频通信天线采用 315 MHz、433 MHz 等不同频率进行通信;低频天线采用 125 kHz 频率通信用于定位钥匙的位置;门把手感应电容开关利用人手的伸入产生的电容变化进行检测。

二、使用方法

不管使用什么品牌汽车的无钥匙进入系统,方法都基本一致:首先携带汽车钥匙在身上,然后在开门时将车钥匙靠近汽车,它会自动和汽车的解码器匹配,此后只需按汽车门把上的解锁按钮即可解锁(有些汽车可能是拉一下门把手解锁)然后直接开门即可上车。

同样,在下车后需要锁上汽车时,只要用户已经随身携带汽车钥匙,那么并不需要掏出汽车钥匙,只需按一下门把手上的开关按钮,就可以再次上锁,非常方便。此外,只要用户携带了匹配的汽车钥匙在身上,也可以直接打开后备厢,只要用户在靠近车尾的地方,有些车甚至可以在不解锁整车的情况下只解锁后备厢,然后用户只需关上后备厢后车辆便又自动完成整车锁定。一般这种钥匙也带有遥控功能,几十米距离内均可遥控解锁或者锁车,或者解锁后备厢。遥控钥匙使用的是纽扣电池,要注意及时更换缺电的钥匙。

【厂家资料】 无钥匙进入系统功能详解

1. 无钥匙进入功能

1）当钥匙靠近车体时，车门自动开锁并解除防盗警戒状态，同时方向灯闪烁 2 次；当钥匙离开车体时，车门自动上锁并进入防盗警戒状态，此时转向灯闪烁 1 次，喇叭响一短声；

2）主门的有效检测距离不小于 1.5 m，其他门钥匙在门边时有效。

2. 自动升窗与设防功能

1）当钥匙离开车体 3~5 m 时，车门自动上锁并进入防盗警戒状态，此时转向灯闪烁 1 次，喇叭响一短声；

2）车窗会自动升起（此功能视品牌、车型规格定）。

3. 无线遥控功能

1）遥控上锁：按此按键，车门上锁，转向灯闪烁 1 次，同时喇叭响 1 声，汽车进入防盗警戒状态；

2）遥控开锁：按此按键，车门开锁，转向灯闪烁 2 次，同时解除防盗报警状态；

3）寻车功能：按此按键，电子喇叭响 8 声，转向灯闪烁 8 次；若主机检测到钥匙或接收到开门信号，则自动终止寻车功能（此功能视品牌、车型规格定）；

4）无线遥控距离不小于 20 m。

4. 防盗报警功能

1）在防盗警戒状态下，有边门触发或 ACC 信号触发，则系统开始报警，此时，电子喇叭鸣叫 30 s，方向灯闪烁 3 min；

2）一旦防盗系统被触发，则系统立即切断起动电路和油路，只有防盗被解除后方可恢复；

3）若在防盗警戒起动后发现车门未正确关好，则系统发出警示信号；电子喇叭鸣叫 8 次，同时方向灯闪烁 8 次；若 5 s 后仍未关好门，则自动断开油路和起动电路。

5. 其他功能

1）遥控器低电量提示：当遥控器电池电量过低时，在无钥匙或遥控开门、关门时喇叭鸣叫 4 短声；

2）在线诊断：可在线检测系统故障、在线升级系统设置。

3）省电模式：系统采用自动唤醒方式控制，遥控进入汽车天线辐射领域时自动唤醒遥控，当离开时，遥控进入睡眠状态，可自动进入省电模式。

三、低频定位天线

如图 9-19 所示，定位钥匙位置的低频发射天线：低频频率通常为 125 kHz，低频发射天线通常为矩形截面的绕线天线，该场为感应场，工作在近区场。钥匙内的低频接收天线：钥匙内的低频接收天线则为 X、Y、Z 三维绕线线圈，当钥匙的 X、Y、Z 低频接收线圈进入该场中，钥匙低频接收天线产生电磁感应。当钥匙三维绕线接收天线进入由车上矩形发射天线形成的交变磁场中时，产生感应电动势，这个感应电动势的大小因距离大小不同，近则电动势（感应电压）大，远则电动势小。钥匙内 X、Y、Z 三维绕线线圈天线根据距离车的远近接收的三维电动势的大小确定了距车的距离和方位。

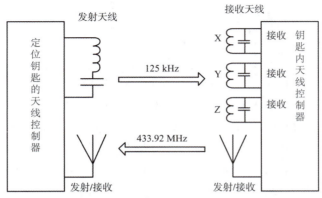

图 9-19　天线和钥匙的信号传递

低频天线并排一直发送低频信号，而是以一定时间间隔发低频信号，否则蓄电池的电量会降低；而且也不能每天一直这样间隔发，系统一般设计为 3 d 左右天线会持续搜钥匙，之后系统关闭。其次，在车辆起动后，车内天线一般不会搜钥匙。

【技师指导】有的公司设计了车辆起动后也搜钥匙的功能而引发了问题。

有些公司设计为即使车辆起动后也搜钥匙，其实没有必要，而且会缩短钥匙电池寿命。最重要的是会出现问题，比如搜不到钥匙经常报警，或者钥匙跟手机放在一起容易找不到钥匙，尤其是 iPhone，其低频干扰严重。

【技师指导】行车过程中将钥匙扔出去会怎么样？

极少数的主机厂的系统会报警，大部分主机厂的系统不会报警，因为一般的系统设计是只有开关门才能触发搜钥匙，车辆绝对不会因此熄火。因此，继续行驶即可。

四、无钥匙进入系统原理

车辆一般装配 5~6 根低频天线（其实就是线圈绕组，核心是铁氧体或者其他类似的磁导率大的物质等效于一电感），一般是左右门上各 1 根，车内 2 根，后备厢 1 根，后保险杠 1 根。首先，使用低频交变电压去驱动由天线及电容组成的谐振电路（一般125 kHz 居多，也有厂商使用134 kHz，还有其他的，但是极少），使用低频的原因是低频谐振电路形成磁场而非电场（磁场占统治地位），而且其磁场范围容易控制，这点非常重要。通过调整驱动电压的大小来确定覆盖范围，换句话说就是以天线为圆心的一个球体磁场。

通过一定的设置来划分出不同的区域，比如，车内区域用作一键起动，后备厢区域用作后备厢检测，后保险杠天线被用作后备厢开启探测，两边门把手天线覆盖的区域用作两边门解锁。

当用户携带合法钥匙，触发相应的功能后（如门把手上的按钮或者门把手内侧的电容传感器或者车内的一键起动按钮或者后备厢的开启按钮等触发设备），相应的天线便开始被驱动来搜索其覆盖范围内是否有合法钥匙存在。当钥匙收到低频触发命令后，通过射频返回给车辆 ECU 认证信息，ECU 对认证信息进行解码解密，密码正确后执行相应的功能。

五、无钥匙进入系统的应用变化

随着技术的进步，系统的应用也是变化的。

车辆可以设计成（外部）天线一直发送低频信号，就是当用户离开车，关上门之后就触发搜索，当系统发现钥匙离开系统之前设定的一个区域后，车辆自动上锁。同理，当用户回来的时候，系统发现钥匙进入系统预先设定的一个区域后，车辆自动解锁。

例如，当钥匙在远离车辆之后接近车辆时，首先进入距离车较远的区域时，自动触发迎宾灯功能，车辆迎宾灯开启，电动座椅、电动方向盘自动移位。继续走近车辆，进入较近的区域时，车辆自动解锁。反之，离开车辆时，走出较近的区域，车辆自动上锁，继续离开车辆，走到稍远的区域，迎宾灯自动关闭。

六、无钥匙进入的优、缺点

优点：最大的好处是不用拿在手上，只放在口袋里或包里即可，不用每次找钥匙。电子钥匙加密系统无法复制，采用第四代 RFID 芯片，想复制钥匙没可能，没有合法单据官方不会配制。整车防盗，意思是即使整辆车被拖走了，也没有用，通过对电路、油路、起动三点锁定，当防盗器被非法拆除，车辆照样无法起动。某些高端车型锁车后自动关闭车窗，当车主下车后，如果忘记关闭车窗，无须重新起动发动机逐个关闭车窗，车辆安全系统会自动升起车窗，大大地提高了汽车的安全防范水平。

缺点：忘了拿放钥匙的包，比如一直把钥匙放包里，走到车边发现怎么也开不了锁，原来是因为忘记拿放钥匙的包。开车途中，车钥匙放在其他人包中或口袋中，半路下车后，车子不敢熄火，必须把车钥匙拿回来才可以。经常迷糊车子是否有锁车？如果距离太近，比如车子停在自家门口很近，车子可以发动，不过目前大部分设置缩短了感应距离，有些是30 cm，可以解决这个问题。

【技师指导】

无钥匙起动系统作为先进的车辆起动方式，为广大车主提供了便捷，但同时也为部分粗心的车主带来了隐患。例如，车主大意将车钥匙落在车内，下车后又没检查车门是否上锁，以致让窃贼有机可乘，当然传统的防盗钥匙也有这样的缺点。

如果车辆安装了无钥匙起动系统，下车时务必要带上车钥匙，下车后也要确认车门上了锁才离开。

第十章

车窗及后视镜控制

一辆轿车当电动车窗升到顶部时就会发出"更更"声,且有玻璃升不到最高点,总有小缝。

如果你是接车的修理技术人员,应如何解决本故障,修理方案应如何制定?

能说出车窗升降的电路原理;
能说出观后镜的电路原理;
能说出防眩目的原理。

能够在更换电动窗玻璃后,判别轨道阻力是否正常,玻璃是否有从轨道脱出的可能;
能够检查电动窗电路,并设定单触功能;
能够检查天窗电路工作是否正常。

第一节 车窗简介

一、作用和分类

电动车窗采用直流电动机对车窗玻璃进行升、降控制。目前电动车窗的玻璃升降机构有绳式和齿条式。图10-1为绳式玻璃升降机构和齿条式玻璃升降机构。

二、升降机结构

绳式玻璃升降机构的电动机经蜗轮蜗杆减速机构带动旋绳器转子转动,拉动导绳在空心管中移动,支架竖立固定放在车门内部,玻璃固定在玻璃托架上,将玻璃托架再安装在安装玻璃托的架上。

齿条式玻璃升降机构的电动机经蜗轮蜗杆减速机构带动一齿轮转动,推动齿扇上、下移动,由于支架固定在车门内部,支架调节好位置后固定不动,玻璃固定在玻璃托的架上,将玻璃托架再安装在安装玻璃托的架上。为了消除齿条和齿轮工作的噪声，采用消除间隙的弹簧，这个弹簧还可以减轻上升时电动机的电流。显然扇形齿条的上、下运动导致"X形"的左下点在滑道移动，导致安装玻璃托的架上、下运动。

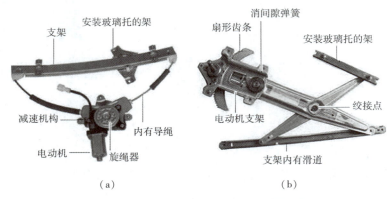

图 10-1　绳式玻璃升降机构和齿条式玻璃升降机构
(a) 绳式玻璃升降机构；(b) 齿条式玻璃升降机构

【技师指导】更换电动玻璃升降器是修理中的主要作业项目，其中的过程需要两人合作，以保证拆装过程中玻璃窗不会损坏。升降器损坏的主要原因是调节不正确，导致玻璃窗在轨运行阻力过大、车门框变形，以及垂直导槽中进入雨水等都会增加运行阻力，使齿条式玻璃升降器的齿条磨损严重，严重时在上升扇形齿条的末端扇形齿会出现缺失无法啮合，并产生"更更"的噪声。安装玻璃升降器后，有的车型需要在支架的滑道内使用滑润脂润滑。

三、电动车窗分类

汽车电动车窗从控制角度上可分为：直接控制型、微机控制型和网络微机控制型。

1. 直接控制型

第一种直接控制型是直接采用开关直接控制电动机换向，电动机电流流过控制开关。直接控制的另一种方式为开关控制继电器，电动机电流流过继电器开关。

在第一种直接控制型中，电动机电流流过开关损坏率增加，同时开关裸露在空气中，易受灰尘影响。不过整体上说，可靠性还可以，成本也最低。目前，很多新款日本低档和中档车仍采用开关直接控制。

第二种加装继电器后，导致电器线路又太多，但电流不经开关，可靠性增加。

2. 微机控制型

驾驶员位置的开关作为开关输入给车窗的控制单元，由车窗控制单元通过内置的电子开关控制内置在控制单元内部的几个微型继电器的线圈通电或断电，这几个微型继电器触点闭合或断开来控制电动机的电源和地，从而控制电动机的电流方向，一电动机电流换向需要2个继电器，4个车门门窗需要8个微型继电器。

由于采用微控制技术后，可以设计成系统能进行自诊断，修理中，可以用诊断设备来检查系统的故障。

3. 网络微机控制型

电动车窗控制开关由一个微控制器组成，通过网络向各个门的玻璃升降控制器发送信号，玻璃升降控制器根据网络上的控制信号分析控制哪个门的玻璃动作，以及是升还是降。防夹和点触也变得更简单。采用网络微控制技术后，进一步增加了可靠性。

四、直接控制电动车窗

不同汽车所采用的电动车窗的控制电路不同，按电动机是否直接搭铁分为电动机不搭铁和电动机搭铁两种控制方式。

【技师指导】按电路的具体元件分，电动车窗控制方式有供电继电器型、有延时继电器型、有限流断电器型等，这些说法是修理人员为了识别电路简化的一种说法。其他分法比如有点触功能型、防夹功能型等，不过不太常用，但实际工作中很管用，主要是为了交流理解方便。

电动机不搭铁的控制电路是指电动机定子线圈不直接搭铁，其搭铁受开关控制，通过开关改变电动机的电流方向来改变电动机的转向，从而实现车窗的升降。控制电路如图10-2所示。

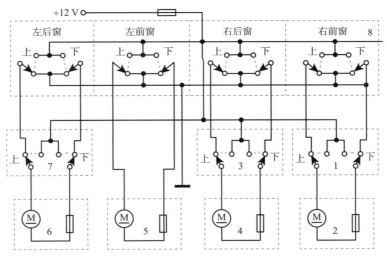

1—右前车窗开关；2—右前车窗电动机；3—右后车窗开关；4—右后车窗电动机；5—左前车窗电动机；6—左后车窗电动机；7—左前车窗开关；8—驾驶员主控开关组件。

图10-2 电动机不搭铁的电动车窗控制电路

1. 电动机搭铁的控制电路

电动机不搭铁的控制方式，因为开关既控制电动机的电源线，又控制电动机的搭铁线，所以开关结构和线路比较复杂。但电动机结构简单，应用比较广泛。

图10-3和图10-4为电动机不搭铁电动车窗系统的工作原理。驾驶员和乘客分别操作，控制右前车窗下降时的电流方向。驾驶员操作的主控开关中的右前车窗开关，使其在"下"的位置时，右前车窗电动机的一端通过主控开关与搭铁断开后接电源而通电转动，使

右前车窗向下运动,电流方向如图10-3中箭头所指。乘客操作右前车窗的独立操作开关,使其在"下"的位置时,右前车窗电动机的一端通过独立操作开关与搭铁断开,与电源供电接通,使右前车窗向下运动,电流方向如图10-4中箭头所指。

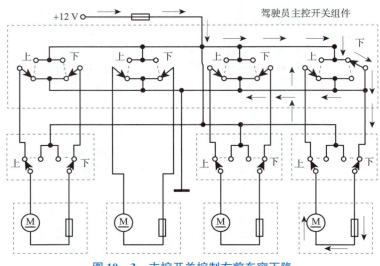

图10-3 主控开关控制右前车窗下降

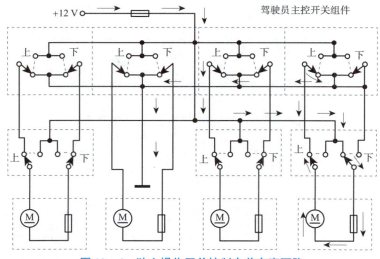

图10-4 独立操作开关控制右前车窗下降

2. 电动机搭铁型控制电路

电动机搭铁的控制电路是指电动机电刷一端直接搭铁,而电动机定子有两组磁场绕组,上升或下降过程每次接通一磁场绕组,由于两线圈的缠绕方式相反,这样定子线圈对转子线圈的力矩方向相反,使电动机的转向不同,实现车窗的升、降,其控制电路如图10-5所示。

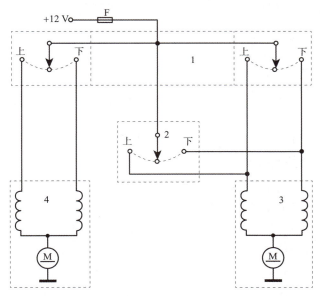

1—驾驶员主控开关组件；2—右前车窗开关；3—右前车窗电动机；4—左前车窗电动机。

图 10-5　电动机搭铁电动车窗控制电路

【完成任务】在电动机搭铁电动窗控制电路中，电动机外接线数目和电动机不搭铁外接线数目相同，全是两根线，如何通过万用表来区分是电动机搭铁型，还是不搭铁型：_____；同样的，通过开关接线的数目能分清是搭铁型还是不搭铁型吗？_____。

【技师指导】许多直接控制的车窗开关不灵敏，通常要操作几次才能响应一次，这种情况多数为灰尘沉积所致，若清洗一下仍可和新的一样使用，但大多数情况是被换成新的。有些开关是独立的组合放在右前门主控位置，有些开关和几个开关放在 1 块印制电路板上，1 个开关损坏就得全部更换。

【技师指导】拆装电动车窗时一定要注意正确的安装位置，其所有的螺栓连接孔为椭圆孔，定位前电动车窗玻璃升降一定不要与门框发生摩擦干涉。对车门经过钣金维修或玻璃破碎后更换的情况要认真检查安装精度和运行阻力，如果不准将严重影响车窗升降器电动机工作平顺性，阻力过大将导致电动机提前损坏。例如，阻力过大造成齿条型升降机的齿条磨损严重，噪声增加，特别是齿扇的边界位置最易磨损。

一般电动车窗与中央门锁、电动天线等共用搭铁线，搭铁点搭铁不良将使中央控制门锁不好用和电动天线电动机搭铁不正常工作。

第二节　车门集中控制基础

目前用于连接分布式 ECU 模块的标准汽车协议有两种，分别是 CAN 和 LIN。通过 CAN/LIN 接口实现一些主要的车门控制功能。其中，最普遍的是车门区域模块或简称为车门模块的方法。在这种方法中，如门锁、后视镜、车窗升降和辅助照明等主要车门功能模块都由车门内的 ECU 控制。

一、电动机换向的基本电路

1. 开关直接控制电动机换向

早期车窗直接控制电路完全是开关直接控制电动机正、负极调换，易烧开关触点，功能也较少。

但若门窗轨道设计阻力小，出故障率也不高，且成本低，也很好用，日系车仍广泛采用。

2. 开关控制继电器的直接换向电路

使用继电器后，电动机的电流可以增大，而不至烧开关触点。

图 10-6 为电动机换向电路，车上的电动机转向都可参考此图，不控制时电动机两端都是蓄电池电压，通过图中的控制开关来实现电动机电流方向的调换，以实现电动机正、反转。具体来说，控制开关向上接通上部五脚继电器线圈时，换向继电器触点下移，此时电动机电流向上；若控制开关控制下部的换向继电器线圈通电，下部换向继电器开关触点下移接地，电动机电流方向向下。

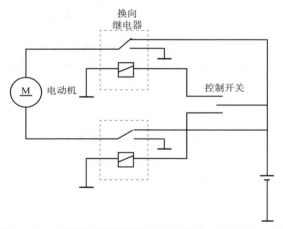

图 10-6　由控制开关直接控制继电器的电动机换向电路

为了防止电动机过载，在电路或电动机内装有 1 个或多个热敏电路开关，用来控制电流。当车窗玻璃上升到极限位置，或由于结冰而使车窗玻璃不能自由移动时，即使操纵控制开关，热敏开关也会自动断路，避免电动机通电时间过长而烧坏。

【完成任务】图 10-6 中直接控制继电器的电动机换向电路是汽车中电动机正、反向控制电路的基础，必须要掌握。换向用的继电器必须是 5 个引脚，即为常闭接火型，控制开关控制继电器线圈通电后，实现其中一继电器开关，由通正变接地的转变，电动机就会有电流流过。

将图 10-6 的控制开关换成电子开关（三极管或场效应管），由微控制器控制，就是以后微机控制的电动机正、反转电路，试画出这样的电路。

更高的微控制器控制方式采用了 H 桥驱动电动机专用芯片（可承受电动机电流芯片）来实现正、反向控制，但不如用继电器普遍。

3. H 桥芯片电动机换向电路

图 10-7 所示为一个典型的直流电动机控制电路。电路之所以名为"H 桥驱动电路"是因为它的形状酷似字母"H"。4 个三极管组成"H"的 4 条垂直腿,而电动机就是"H"中的横杠。H 桥式电动机驱动电路包括 4 个三极管。要使电动机运转,必须导通对角线上的 1 对三极管。根据不同三极管对的导通情况,电流可能从左至右或从右至左流过电动机,从而控制电动机的转向。

如图 10-7(a)所示,当三极管 VT_1 和 VT_4 导通时,电流就从电源正极经 VT_1 从左至右穿过电动机,然后再经 VT_4 回到电源负极。按图中电流箭头所示,该流向的电流将驱动电动机顺时针转动。当三极管 VT_1 和 VT_4 导通时,电流将从左至右流过电动机,从而驱动电动机按特定方向转动(周围的箭头指示为顺时针方向)。

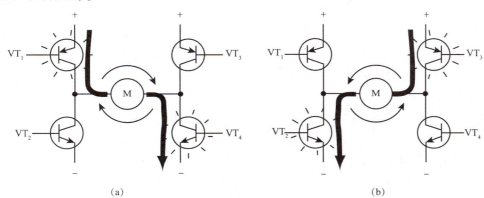

图 10-7 H 桥芯片电动机换向电路
(a) 逆时针转动;(b) 顺时针转动

图 10-7(b)为三极管 VT_2 和 VT_3 导通的情况,电流将从右至左流过电动机。当三极管 VT_2 和 VT_3 导通时,电流将从右至左流过电动机,从而驱动电动机沿另一方向转动(电动机周围的箭头表示为逆时针方向)。

【技师指导】当然笔者见到的电路仍是以图 10-6 所示的电路为多,即把控制开关换为 2 个三极管,分别控制电动机电刷接地。

二、车门负载功率

车门集中控制概念是指车门上所有执行器由所在车门控制单元全部实现。车门模块的负载类型包括电动机、灯、LED 和加热线圈。表 10-1 列出了它们的负载功率。

表 10-1 主车门负载功率

执行器	一般电流或功率	峰值电流
观后镜加热	3 A	
后视镜水平 X 调节电动机	0.3 A	1 A
后视镜垂直 Y 调节电动机	0.3 A	1 A

续表

执行器	一般电流或功率	峰值电流
门锁电动机	2.5 A	6 A
车窗电动机	10 A	30 A
转向灯	5 W/10 W	
门下照明灯	5 W	

车门模块中的负载特性和功能差异很大。车门模块通常由微控制器模块、电源、CAN/LIN 通信以及执行外部事件监视和信号探测电路在内的系统基本功能模块；与外部负载相接的驱动器和功率电路三大主要功能模块组成。

三、车门集中控制负载驱动方法

目前车门集中控制硬件架构有 2 种：一种是小功率采用一片专用芯片驱动，高度整合的功率芯片较为理想，大功率由专用大功率芯片控制或采用继电器控制；另一种是小功率采用多个标准的专用芯片驱动，大功率仍由专用大功率芯片控制或采用继电器控制。

1. 小型负载驱动方法

通常有两种方法驱动小型负载，如后视镜电动机、灯、LED、后视镜加热，甚至门锁电动机。

（1）专用功率芯片

专用功率芯片可驱动的负载包括门锁、后视镜折叠和位置调整电动机、后视镜加热和 4 个 5W 的灯（如转向灯、安全灯、后视镜灯或控制面板照明灯）。

如图 10-8 所示，车门执行器有后视镜调节电动机、后视镜加热器、后视镜折叠电动机、门灯、门锁电动机、玻璃升降电动机等。小功率电动机、灯泡和加热器可采用小功率智能螺线管驱动芯片。由于玻璃升降电动机的功率较大，所以要通过大功率的智能芯片驱动。芯片不仅驱动线圈工作，也会把监测的故障反馈给微控制器。外界开关输入通过总线模块实现，可采用低速 CAN，也可采用高速 CAN。

（2）使用标准分离式组件

标准芯片在系统配置中独立控制元件的方法有其灵活性，特别是在一些中档车门模块控制上，一些负载如后视镜折叠和门灯等不需要配置时，可采用半导体组件驱动车窗升降电动机，用分离式的标准组件驱动其他小型负载（见图 10-8（b））。

从数毫安的 LED 到 30 A 左右的车窗升降电动机，一个典型车门模块 ECU 控制的不同负载需要不同的驱动芯片。像车窗升降电动机这样的大功率负载可以用继电器和熔断丝解决方案驱动，但更好的解决方案是采用智能半导体组件，因为智能半导体组件除了开关功能外，它们还能提供更多的保护功能。对于只有少量负载的基本型车门模块来说，采用多个单功能芯片驱动形式的较多。

2. 大功率负载的电子驱动方法

对于车窗升降电动机等大功率负载来说，通常有两种不同的驱动方法：一种是基于继电器的方法；另一种是使用电子半导体组件。

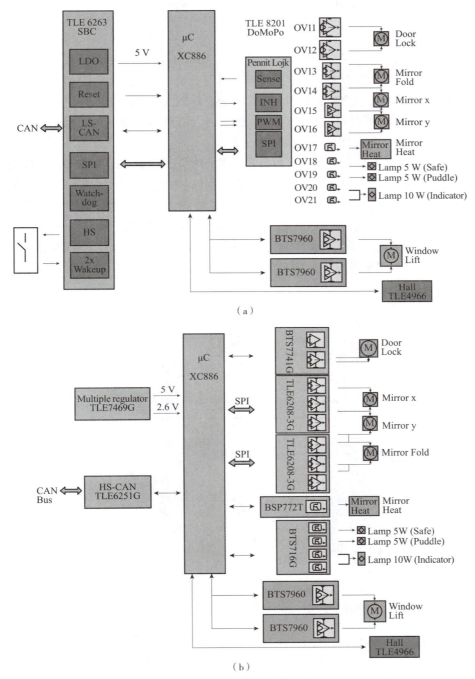

图 10-8 小功率负载驱动

(a) 1 个芯片驱动结构；(b) 多个芯片驱动结构

采用继电器的策略仍在被广泛使用，主要原因是硬件成本较低、技术成熟，且能很好地处理大电流。然而，该方法也有许多缺点：

(1) 继电器解决方案需要较多的外部组件组成基本电路，如熔断丝，而且驱动器通常是 1 对达林顿管和稳压二极管；

(2) 继电器不能为继电器自身和系统提供任何保护；

(3) 继电器不具备任何诊断功能，它需要分流电阻和运算放大器等外部组件才能实现电流监测，又会增加成本；

(4) 继电器解决方案无法实现脉冲宽度调制（PWM）控制；

(5) 继电器较大，需要熔断丝盒；

(6) 当要求开关次数较多的部件时，如后视镜上的转向灯、继电器的电子寿命相对有限；

(7) 熔断丝和继电器有发热量较大的问题，因为继电器线圈和继电器触点，以及熔断丝本身和分流电阻都有较大的功率损失。

一些新的组件可作为高功率（大电流）电动机的桥芯片，例如，BTS7960B 是大电流半桥独立芯片。驱动器 IC 直接与微控制器相连，可执行全面的保护和诊断功能。保护功能包括限流、欠电压/过电压闭锁、过温和完全短路保护。诊断功能包括故障状态标志和电流监测，后者在实现防夹断策略时通常是必需的。一些特殊功能如整合的空载时间产生也被整合在内以辅助直流电动机驱动。用 BTS7960B 驱动车窗升降电动机等大功率负载的典型应用电路如图 10 – 9 所示，两半桥组成 H 型全桥换流电路。

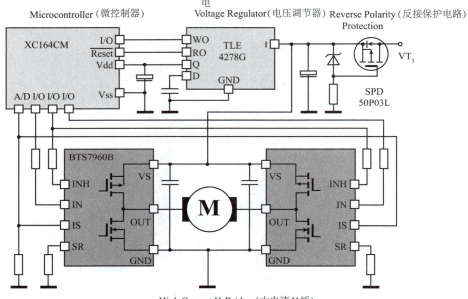

图 10 – 9 两半桥芯片的 H 型全桥驱动电子电路

【技师指导】在实际的汽车线路中，H 桥驱动电路的线路部分只有两端的 OUT 端口线（电动机电刷的供电线）为电气线束，其他全在控制 ECU 内部。

其工作原理如下：SPD50P03L 提供电源反接保护，接着稳压管稳压，电解电容滤波，输出普通的稳定 12 V 电源为 H 桥供电。TLE4278G 为高稳定精度的电源电压调节芯片，Q 为其输出的电源到左边的微控制器 XC164CM 的 V_{dd}，V_{ss} 为微控制器 XC164CM 的负极。

四、半桥"三态门"驱动的应用

由于 OUT 端口采用半桥设计，每个 OUT 端口都有高电位、低电位和高阻抗三种状态，用两个 TLE6208-3 实现后视镜电动机驱动的例子如图 10-10 所示，3 个 OUT 端口需要 3 个半桥，1 个车门后视镜的 2 个位置调整电动机（MX 和 MY）共用 OUT2 端口，同时后视镜折叠电动机因电流稍大，电动机的一端采用 OUT3 和 OUT1 并联，另一端采用 OUT2 和 OUT3 并联，可增加带载能力。半桥的三态功能可在驱动 2 个同样的电动机时节省 1 个半桥驱动器。正转、反转、停转和高阻抗等操作模式可由 SPI（SPI 是驱动芯片和外界芯片进行控制指令和电动机状态信息通道）进行控制。来自桥臂的诊断信息也能透过 SPI 反馈输出。

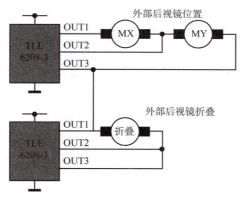

图 10-10　采用共用桥端口和并联使用端口后视镜电动机驱动

与车窗升降电动机相比，门锁电动机在尺寸和电流上都要小得多，也可采用类似的驱动。

【技师指导】在图 10-10 的实际电路中 3 个电动机仅有 5 根线，其他全在 ECU 内部。

第三节　汽车电动后视镜

后视镜分为车外左、右 2 个后视镜和车内一个后视镜，由于以前车内后视镜一般没有控制功能，所以本书仅讲车外两侧的后视镜，随着汽车防眩目技术的发展，中、高档车开始采用有电控防眩目技术的车内后视镜。

一、功能和操作

车外每个电动后视镜是由两个微型永磁电动机来调整后视镜镜面的水平、垂直位置，也称水平电动机和垂直电动机。驾驶员坐在驾驶位置上先通过按动左侧或 R 右侧选择哪个后视镜，再按动一下后视镜四方向调节开关，即可获得理想的后视镜的位置。

图 10-11 为丰田车的观后镜调节开关，1 个开关要控制 2 个后视镜，操作上先选择调左侧/右侧后视镜，选择可通过 L=Left、R=Right 来确定。再通过四方向开关控制水平电动机和垂直电动机的动作。大众汽车的电动后视镜开关采用多开关集成于一体，并设计有后视镜加热。打开后风窗除霜开关，电动后视镜也会开始加热除霜。可加热后视镜一般在湿冷的季节使用。

后视镜折叠分为手动折叠和电动折叠两种：手动折叠时驾驶员必须把手伸出窗外或下车折叠；电动折叠是驾驶员在车内就可以对其进行折叠，起动车辆时后视镜会自动打开，还可以根据车速自动折叠减少风阻。

图 10-11 丰田后视镜调节开关（左）和大众后视镜开关（右）

二、电动后视镜的结构

电动后视镜面调节由水平转动调节电动机 MX 和垂直转动调节电动机 MY 来完成。上、下方向的转动用 MY 电动机控制，左、右方向的转动由 MX 电动机控制。通过改变电动机的电流方向，即可完成后视镜的上、下及左、右调整。车外后视镜有加热功能时，在镜片背部会有加热的供电线。电动后视镜若有折叠功能时会有一个折叠电动机，车外后视镜防眩目功能一般是由后视镜的材料决定，与电路控制没有关系；车内后视镜防眩目一般是由电路控制，如果后视镜内再有线就是二极管转向灯的供电线。

三、车内后视镜防眩目原理

图 10-12 为车内防眩目后视镜结构。车内防眩目后视镜由一特殊镜子和 2 个光敏二极管及电子控制器组成，电子控制器接收来自前方和后方的光敏二极管送来的前射光和后射光信号。如果灯光照射在车内后视镜上，例如后面灯光强度大于前面灯光，电子控制器会输出电压到镜子的导电层上。导电层上的这个电压改变镜面电化层颜色，电压越高，电化层颜色越深。此时即使再强的照射光照到后视镜上，经防眩目后视镜反射到驾驶员眼睛上时也会显示暗光，不会耀眼。镜面电化层反射强度根据后方光线的入射强度自动被控制，持续变化以防止眩目。

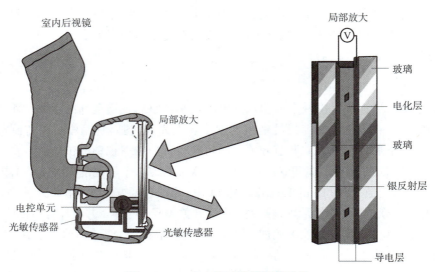

图 10-12 车内防眩目后视镜结构

车内后视镜的防眩目功能会在车辆挂入倒挡倒车时被解除。

第十一章

电动座椅

一辆丰田皇冠轿车电动座椅开关操作时，座椅的前、后操作有时能工作，有时不能工作。如果你是接车的修理技术人员，应如何解决本故障，修理方案应如何制定？

能说出电动座椅电动机正、反转工作电路原理。

能够在侧面安全气囊爆出后，更换电动座椅总成；
能够检查电动座椅电路。

第一节　功能和操作

一、功能

1. 座椅功能

按照座椅调节方向的不同，普通的电动座椅以前分为四方向、六方向、八方向，先进的电动座椅功能方向调节数目甚至可调节到20个方向。

1）可实现坐垫的前后调节（100～160 mm）、上下调节（30～50 mm）、坐垫前部的上下调节；
2）椅背的倾斜调节、腰椎支撑位置四方向调节、腰部夹紧调节；
3）头枕的上下、前后调节；
4）腿托位置调节；
5）各部调节的记忆功能；
6）加热功能；
7）空调功能。

一般电动座椅只有前后调节（100～160 mm）、上下调节（30～50 mm）、坐垫前部的上下调节、椅背的倾斜调节，即八方向调节，一般不会有上述2）、3）中提到的那么多功能。

腰部的调整一般用小电动机驱动空气泵完成气垫的充气，有些制造厂用可调节移动的支撑块对驾驶员的坐姿进行调整，使驾驶员感觉更加舒适和安全。如图11-1为有存储功能的八方向电动座椅开关。

【完成任务】在图11-1中写出开关的作用。

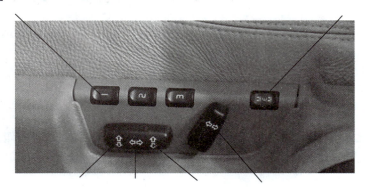

图11-1　有存储功能的八方向电动座椅

【完成任务】根据图11-2所示，说出下列开关的功能和实现方式（电动机还是流体（液压或气压）实现）。

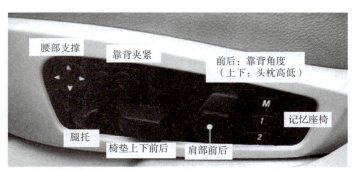

图11-2　带存储的多功能调节电动座椅

腰部支撑：_____；最可能实现方式：_____。腿托：_____；最可能实现方式：_____。肩部前后调节最可能实现方式：_____。

电动座椅调节控制功能较少时，还可以直接用开关进行电动机换向控制。当电动机很多时，电动机控制线束会很多，造成成本升高和可靠性下降，因此需要采用电控单元控制。ECU接收开关信号后，ECU直接控制在ECU内的两继电器动作实现电动机正、反转，与电动车窗和中控锁的原理一样，这样设计可使原理一目了然。

2. 带位置存储功能的电动座椅

通常只有驾驶员座椅具有记忆功能，为了不造成座椅位置变动后，后视镜位置要重新调整的麻烦，驾驶员在调节完座椅和后视镜后进行座椅位置存储时，ECU不仅记录座椅位置，还要记录后视镜位置。当驾驶员再次上车时，驾驶员选定自己存储时的按键号，座椅和后视镜会自动移动到这个驾驶员存储的位置。

倒车时，右侧后视镜的角度也会根据驾驶者的不同做出调整。

记忆系统被人为关闭后，座椅和后视镜仍可手动调整。

图 11-3 为 2003 款宝来电动座椅的位置存储开关。M 为存储，1、2、3 代表不同 3 个人的位置，STOP 为取消功能（如这 3 个位置没有一个是你存储的，而你又想为自己存储一个位置，有时也写为 OFF）。

图 11-3　电动座椅的位置存储开关

当蓄电池断开后，已存储的 3 组座椅和后视镜的位置信息将丢失；蓄电池上电后，要让车主重新调节座椅和后视镜并重新存储，维修人员要能解释位置存储消失的原因，否则车主会以为产生了新的故障。

【完成任务】根据图 11-3 所示，说出座椅存储操作。

打开点火开关，先进行什么调节：_____；再进行什么调节：_____；再选自己的位置号：最后按_____；有的车位置存储完成后会有声音提示。

3. 座椅加热和按摩功能

座椅上除了方向调节外，还有电加热型及按摩型座椅，电加热型座椅的电加热程度可进行多级调节，如图 11-4 所示。

图 11-4　座椅电加热和加热开关

通常电加热座椅 1 min 内有温热，3 min 后会达到最高温度。座椅加热的传统控制方法是用一个简单的恒温开关；最新发展是电子控制结合热敏电阻的方法，系统包括开关、电位器、定时装置、短路和断路探测装置。目前座椅电加热一般是选装或自己后加装。

按摩座椅采用电动机振动来实现按摩功能。

二、电动座椅结构

电动座椅一般由多个双向电动机、传动装置和座椅调节开关等组成，如图 11-5 和图 11-6 所示。

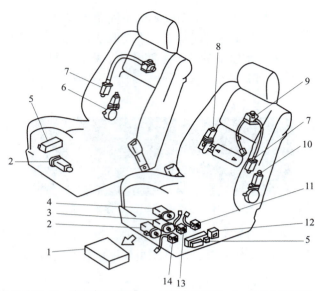

1—电动座椅ECU；2—滑动电动机；3—前垂直电动机；4—后垂直电动机；5—电动座椅开关；6—倾斜电动机；7—头枕电动机；8—腰垫电动机；9—位置传感器（头枕）；10—倾斜电动机和位置传感器；11—位置传感器（后垂直）；12—腰垫开关；13—位置传感器（前垂直）；14—位置传感器（滑动）。

图 11-5 电动座椅的结构 1

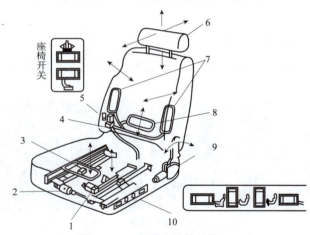

图 11-6 电动座椅的结构 2

1 升降电动机总成；2 滑移电动机；和杆件组成；3 大腿支撑；4 气泵；5 座椅开关；
6 头枕；7 侧面支撑气垫；8 腰部支撑气垫；9　　　；10 座椅调节开关。

1. 双向电动机

大多数电动座椅采用永磁式电动机（内装有短路器），通过开关来操纵电动机按不同方向旋转，为电动座椅的调节机构提供动力。此类电动机多采用双向电动机，即电枢的旋转方向随电流的方向改变而改变，以达到座椅调节的目的。电动机的数量取决于电动座椅的类型，通常双向移动座椅装有 2 个电动机，四向移动座椅装有 4 个电动机，最多可达 6 个电动机。为防止电动机过载，电动机内装有能进行自恢复的断路器，以确保电气设备的安全。

2. 传动机构

电动机的旋转运动通过传动机构实现座椅的空间位置移动。

(1) 高度调整机构

高度调整机构由蜗杆轴、蜗轮、心轴等组成，如图 11-7 所示。调整时，蜗杆轴在电动机的驱动下，带动蜗轮转动，从而保证心轴旋进或旋出，实现座椅的上升与下降。

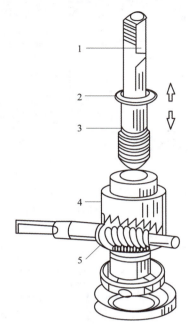

1—铣平面；2—止推垫片；3—心轴；4—蜗轮；5—挠性驱动蜗杆轴。

图 11-7　高度调整机构

(2) 纵向调整机构

纵向调整机构由蜗杆、蜗轮、齿条、导轨等组成，如图 11-8 所示。齿条装在导轨上，调整时，电动机转矩经蜗杆传至两侧的蜗轮上，经导轨上的齿条带动座椅前后移动。

三、直接控制型座椅

电动座椅控制分为直接开关控制型和微控制型两种。

1. 直接开关控制型

电动座椅的控制电路如图 11-9 所示，主要由蓄电池、组合控制开关和 3 个电动机等组成。组合控制开关内部有四套开关触点，驾驶员或乘员通过控制开关上的按钮来调节座椅的位置。

电动座椅最常用的形式是使用 3 个电动机实现座椅 6 个不同方向的位置调整：上、下、前、后、前倾、后倾。3 个电动机分别称为前高度调整电动机和后高度调整电动机，前后移动电动机。用这 3 个电动机控制座椅的前部高度、后部高度以及座椅的前后移动，实现座椅位置调整，组合控制开关通过控制电动机的搭铁和与电源的连接，使 3 个电动机按所需的方向旋转。

当组合控制开关置于上或下位置时，前、后高度调整电动机同时旋转；当组合控制开关置于前倾或后倾位置时，只有一高度电动机旋转；当组合控制开关置于前移或后退位置时，前进后退电动机旋转。

(1) 座椅前倾的调节

座椅前倾的调节，实际上就是座椅前部垂直的上下调节。

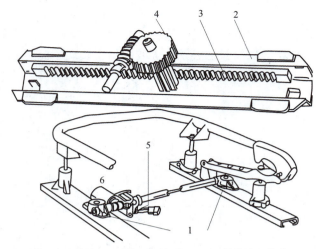

1—支撑及导向元件；2—导轨；3—齿条；4—蜗轮；5—反馈信号电位计；6—调整电动机。

图 11-8 纵向调整机构

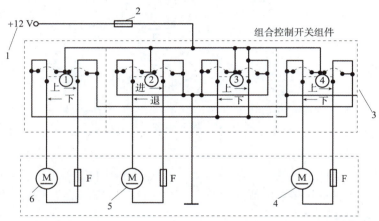

1—蓄电池；2—熔断器；3—控制开关；4—后高度调整电动机；5—前后移动电动机；6—前高度调整电动机。

图 11-9 电动座椅的控制电路

1）前部上升电路。电动座椅前部上升电路如图 11-10 所示。如需要电动座椅前部垂直上升时，可接通调节组合控制开关 3 中的前倾开关，此时电路中电流的流动方向：电流由蓄电池 1 的正极→熔断器 2→组合控制开关中①左侧触点→前倾电动机 6→熔断丝→组合控制开关中①右侧触点→组合控制开关中③右侧触点→搭铁→蓄电池 1 的负极，构成闭合回路，前倾电动机 6 转动，座椅前部垂直上升。

2）前部下降电路。电流由蓄电池 1 的正极→熔断器 2→组合控制开关中①右侧触点→熔断丝→前倾电动机 6→组合控制开关中①左侧触点→组合控制开关中③左侧触点→搭铁→蓄电池 1 的负极，构成闭合回路，前倾电动机 6 反转，座椅前部垂直下降。

(2) 座椅后倾的调节

电动座椅后倾的调节，实际上就是座椅后部垂直的上下调节。

1）后部上升电路。如需要电动座椅后部垂直上升时，可接通调节组合控制开关 3 中的后倾开关。这时，电流由蓄电池 1 的正极→熔断器 2→组合控制开关中④左侧触点→后倾电

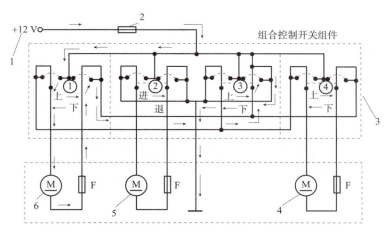

1—蓄电池；2—熔断器；3—组合控制开关；4—后倾电动机；5—前进后退电动机；6—前倾电动机。

图 11-10 电动座椅前部上升电路

动机4→熔断丝→组合控制开关中④右侧触点→组合控制开关中⑨右侧触点→搭铁→蓄电池的负极，构成闭合回路，后倾电动机4转动，座椅后部垂直上升。

2）后部下降电路。蓄电池1的正极→熔断器2→组合控制开关中④右侧触点→熔断丝→后倾电动机4→组合控制开关中④左侧触点→组合控制开关中③左侧触点→搭铁→蓄电池1的负极，构成闭合回路，后倾电动机4反转，座椅后部垂直下降。

2. 电动座椅常见故障的排除

电动座椅常见故障有以下几种。

（1）座椅完全不能调节

1）原因：熔断器断路、线路断路、座椅开关有故障等。

2）排除：首先检查熔断器是否断路，若熔断器良好，则应检查线路连接是否正常，最后检查开关。对于有存储功能的电动座椅系统，还应检查控制单元（ECU）的电源电路和搭铁线是否正常，若开关、线路等都正常，应检查控制单元。

（2）座椅某个方向不能调节

1）原因：该方向对应的电动机损坏，开关、连接导线断路。

2）排除：先检查线路是否正常，再检查开关和电动机。

第二节 典型电动座椅

带存储功能的电动座椅采用微机控制，它能将选定的座椅调节位置进行存储，使用时只要按选定的按键，座椅就会自动地调节到预先选定的座椅位置上，带存储功能的电动座椅系统示意如图11-11所示。该系统使用随机存储器（RAM）来存储装置4个不同驾驶员的调整位置，操作时，驾驶员通过控制座椅的调定位置，只要座椅位置调定后，驾驶员按下存储器的按钮，电子控制装置就把4个电位计电压信号存储起来，作为下次重新调整位置时的基准。1个人有1组共4个位置数据，4个人有4组16个位置数据。使用时，只要按一下自己设定的位置对应的按钮，4个电动机就能按存储时的状态来调整座椅位置以适应这个驾驶员。

随机存储器（RAM）的特点是断电后信息消失，所以在蓄电池断电、供电熔断丝断开、控制单元脱开、搭铁断开等，随机存储器（RAM）的4组数据全部消失。所以要重新存储才能使用。

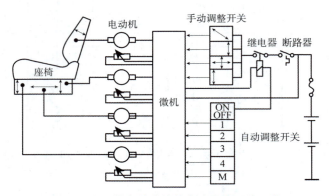

图 11-11　带存储功能的电动座椅系统示意

【完成任务】图 11-11 所示的是几方向控制座椅：_____；分别是什么方向：_____；图 11-11 的自动调节开关一共可存储多少个位置：_____；在直控接制电路中，是否有位置反馈电位计：_____；为什么在带存储的电动座椅控制中要用到位置反馈电位计：_____。断路器的作用是什么：_____；为什么要用继电器：_____；M 是什么的缩写：_____；ON/OFF 开关的作用是什么：_____。

在售后服务中，换蓄电池后，车主说座椅位置控制消失，应该向车主如何解释：_____。

第十二章

音响和导航

车主报修轿车一行驶到红绿灯时收音效果变差或根本收不到电台，全是"沙沙"声。如果你是接车的修理技术人员，应如何解决本故障，修理方案如何制定？

能说出音响（含视频）系统的 5 个组成部分是什么；
能说出主机信号源有哪些；
能说出车载电话的工作原理。

能够正确操作音响面板；
能够检查主机的供电和搭铁，并能判别是主机故障；
能够排查天线引起的接收故障；
能够检查门折页扬声器线束的虚接或断开故障；
能够注册一部电话到电话簿。

第一节　汽车音响系统

一、汽车音响系统历史

1906 年，美国人德福雷斯特发明了电子音响技术，1923 年，美国生产了装配无线电收音机的汽车，那时候车用无线电收音机都是用电子管，直到 20 世纪 50 年代出现半导体技术后，汽车收音机出现了技术革命，用半导体晶体管逐步取替了电子管，提高了汽车收音机的寿命。从而将汽车与音响结合起来，开创了汽车音响领域。在汽车音响刚刚出现时，它还只是汽车的附属产品。直至 20 世纪 80 年代末，一般轿车的音响多以一个卡式收放两用机与一对扬声器为基础组合。如图 12 - 1 所示，扬声器分左右两声道，有的置于仪表板总成的两侧，有的置于车门，有的置于后座的后方，收放两用机输出功率小很多，在 20 W 左右。

图 12-1　通用 1923 年雪佛兰汽车搭载西屋公司收音机

20 世纪 90 年代末，汽车音响又向大功率多路输出、多喇叭环绕声音响、多碟式镭射 CD 等方向发展。世界音响制造商针对汽车的特殊环境，充分考虑车厢的音响效果，采用高新技术制造汽车音响设备，其播送的音响效果完全能与家用音响相媲美。

机械机芯结构的 CD 组合收音机结构易受汽车振动的影响，但随着多媒体固态存储介质的广泛应用，如 Flash、USB、SD 卡等即插即用式的汽车音响在市场中出现。除了声音以外还出现了视频，但数字视频的数据源仍来自车主的各种存储器。

随着人们对享受指标要求的越来越高，汽车制造商对汽车音响设备的应用也日益重视。经过 80 多年的发展，它已经由最初的汽车收音机演变成集视听娱乐、通信导航、辅助驾驶等多种功能于一体的综合性多媒体车载电子系统，成为汽车上一个不可缺少的组成部分和作为评价汽车舒适性的依据之一。

汽车音响的外围供电电路连接很简单，汽车音响的主机、功放、喇叭一般也很少修理，有故障后一般采用更换的方法。在更换之前，能准确判断并向车主说清故障、能进行音响性能的判别、能听出音响主机、功放和喇叭的匹配是否合理。

二、汽车多媒体的发展趋势

先进和独特功能的汽车音响包括独特的防盗系统、光导纤维传送、全息激光头、CD 换片机、电子防振、边缘旋转入碟防刮机芯、超低中频数字调谐器、高质量的卫星调谐器、滑动开启前操作面板、MASK 新式秘密隐藏机构、智能操控转盘、动态超重低音、动态道路噪声控制、三维影音系统、语音识别系统、驾驶座声场模拟系统、声感录音等。汽车多媒体围绕着以下特征发展：多功能、漂亮、高质量的音/视频效果、综合的信息系统、系统操作的容易性等。因此，汽车多媒体也称为信息娱乐（Infortainment = Information + Entertainment）系统。

三、基础知识

声源振动的快慢可以用频率来表示。声波在 1 s 内振动次数频率（f），单位是赫兹（Hz），声波的频率范围很宽。正常来说，人耳所能听到的频率范围为 20 Hz ~ 20 kHz，这段人能感觉到的声音称为声频。低于 20 Hz 的声音叫作次声，高于 20 kHz 的声音叫作超声。超声的频率高，波长短，指向性好，多用于雷达、探测器等。人所能听到的音调高低是由声音的频率来决定的。

通常情况下,人们将 20~20 kHz 划分为 7 个频段:20~40 Hz 极低频、40~80 Hz 低频、80~160 Hz 中低频、160~1 280 Hz 中频、1 280~2 560 Hz 中高频、2 560~5 120 Hz 高频、5 120~20 000 Hz 极高频。

声音的反射和绕射。声音的传播特性决定了高频好的指向性和低频好的通过性。声波的干涉是指系统中如果两声波频率相同,相位相同,两声波叠加后能加倍声波能量;频率相同,相位相反,声波能量减弱;两声波的频率、相位都不同,叠加后的声波将是混乱的噪声。

四、汽车音响的组成

汽车音响系统由音源、主机、功率放大器、扬声器、显示器五部分组成。音源(也含视频)包括 AM/FM、CD/DVD、硬盘、AUX,如图 12-2 所示。

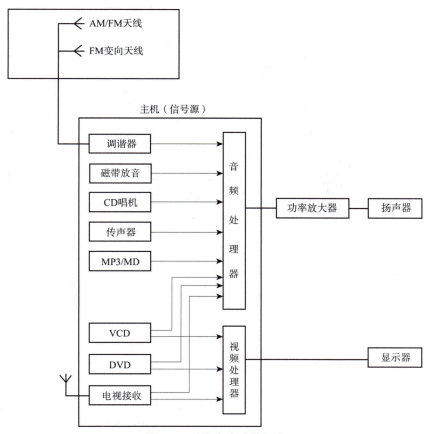

图 12-2 汽车音响的组成

五、主机(音源)

1. 什么是主机

通常好主机不带功放,好音响必须配合好功放才能产生好的效果,因此主机也俗称"哑巴机"。普通型主机一般都有内置四路功放,功率每声道为 40~60 W 不等,额定功率为

10~15 W。

从专业的角度来讲，主机应定义为音源，图12-3为音响控制方框图，主机把音乐软件的磁信号或数字信号等转化为相应的电信号。主机装于汽车的控制台上，是音响系统的核心。主机从AM/FM收音机、磁带机发展至今，其功能和品质都发生了很大的变化。现在一台主机由多个音源（NAVI/CD/TUN/MD/AUX/BT）组合在一起，音响的控制面板本身就是一个主机，通常AM/FM收音机、磁带机或单碟CD机会位于此。对于多碟CD音源来说，由于仪表台空间限制，通常位于仪表台的手套箱内或后备厢内的驾驶员侧，控制面板内的微控制器控制数据从不同地方读入，这由音响控制面板控制选通哪个音源确定，输入选择器控制相应的音源信号输入、增益调节、平衡控制、音量调节、高通和低通滤波、衰减器、功率放大器到扬声器。

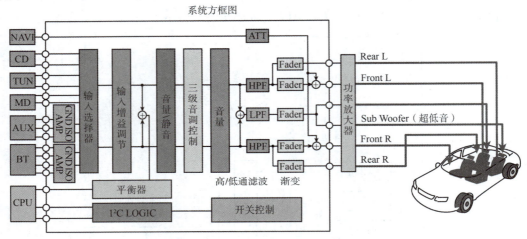

图12-3 音响控制方框图

2. 音源

（1）AM/FM调频器：用来接收电台模拟的调频调幅信号，现已发展为数字调频器。

（2）卡带机：用于播放磁带，但音质较差，杂音较高，趋于淘汰。

（3）CD播放器：音乐信号的信噪比和音质都较好，是理想的音源，但容量较小，正流行。

（4）VCD机：数字化音频压缩技术MPEG-1的产物，可以播放视频和音频，但音质较差，应用较少，目前已淘汰。

（5）DVD机：采用MPEG-2作为视频数码电路模块，用AC-3作为音频信号的解码电能模块，高性能地演绎音频与视频。图12-4为车载DVD机。

（6）MD播放器：是软盘的薄DISC，主要特点是比CD小，音质良好，而且可以录音。图12-5所示为MD播放器。MiniDisc（迷你光盘）是由SONY于1992年正式量产上市的一种音乐存储媒体。在内存很贵时，MD当然显得容量很大，而且MD可以有更好的音质，MD还可以像CD一样换盘片，盘很小，目前已淘汰。

（7）MP3播放器：容量较大，一张碟可以存储一百多首歌，且音质良好，应用较多。

（8）硬盘播放：可直接从网络上下载音乐进行播放，可以重复录制音乐。

（9）USB 播放：可直接从网络上下载音乐，插在主机的 AUX 口的 USB 进行播放，现在流行。

在以上各种信号源中，通常几种组合在一起。从音质角度看，目前还是以 CD 最为理想，但是容量小，一张碟最多灌录十多首音乐。MD 比 CD 音质好，而且可以自由灌录，碟片由于有外壳保护，不会磨损，但碟源少。实际的音源为 AM/FM 调频器、CD 播放器、多碟 DVD 机、MP3 播放器组合较多。

图 12-4　车载 DVD 机

图 12-5　MD 光盘

3. 主机规格

主机规格分为 1—DIN 和 2—DIN（大屏幕机）两种规格。如图 12-6 所示为标准 DIN（大屏幕机）规格。

按中控台的空间大小适合安装 1—DIN 机型的车有：捷达、奥迪、桑塔纳、三菱、索纳塔等，适合安装 2—DIN 机型的车有：丰田、本田、别克、帕萨特、日产、斯柯达（欧雅）等。有些车为了美观采用非标准 DIN（大屏幕机）规格。图 12-7 为非标准 DIN（大屏幕机）规格。

图 12-6　标准 DIN（大屏幕机）规格

图 12-7　非标准 DIN（大屏幕机）规格

4. 主机评价

如要评价一台主机的好坏，最直观的方法就是看它的技术参数指标，主要有以下几个方面。

（1）输出功率

现在的主机所标的功率大多数为峰值功率，为 40~60 W。越大越好，通常输出功率太小的主机需要专用的功率放大器，一般定额功率为 9~15 W。

（2）频响

人耳所能听到的频率范围为 20 Hz~20 kHz，因此该指标最少要达到这个数值，而且越宽越好。

（3）信噪比（Signal-Noise Radio）

信噪比是指音乐信号与噪声的比例，单位为 dB（分贝），该数值越大越好，一般高档的主机都在 100 dB 以下，声音干净、清晰。

（4）总谐波失真（Total Harmonic Distortion THD）

声音再现的还原度的百分比表示，该数值越小越好，一般高档产品的总谐波失真都在 1% 以下。

（5）RCA 输出路数/电压

主机通常有 1~3 对 RCA 输出，当然越多越好，这样频率划分会更加细致。RCA 输出的低电压信号可直接传输到外加的功率放大器上，RCA 电压一般为 2~6 V，一般高档主机的 RCA 电压能达到 4~6 V，选择电压高的对系统的提升会有很大的帮助。

由于汽车特定的聆听空间，对声场、音质都有一定的影响，为了解决这些问题，现代主机已有相应的功能，力求达到现场聆听的效果。

（1）RDS 显示功能

该功能可以将电台发出的信息显示在主机的显示屏上。

（2）响度调节功能（LOUND）

在音量较低时，该功能用来补偿高频和中低频。通常当音量较小时，我们会发现，高音、低音好像没有了，整个声音好像没有层次感，这时只要打开 LOUND 功能，主机就会对高音、中低音进行提升。

（3）预设存储

该功能可将你所选定的电台的频率存储在主机存储器中。

（4）预设扫描

该功能可将你预设的电台频段，或歌曲音乐以扫描的方式逐一播放几秒，然后选择你喜欢的电台歌曲音乐。

（5）声道调整（BAL/FAD）

该功能用来调整左右及前后声场的平衡。

（6）静音功能（MUTE）

该功能可快速降低音量。

（7）预设均衡模式

该功能主要针对不同类型的音乐设置不同的频率响应曲线。ROCK（摇滚乐）、POP（流行音乐）、JAZZ（爵士乐）、VOCAL（唱声）、CLUB（俱乐部）、NEWAGE（前卫）、CLASSIC（古典乐）。

（8）对比调节

用户可以根据喜好改变屏幕灯光的亮度。

（9）唤醒功能

按压主机上任何一按键都可以将主机唤醒，让其开始工作。

（10）防盗功能

主机前面板可以拆卸、隐藏面板、设定密码、使用安全卡片以防主机被盗。

【完成任务】针对实车根据使用手册进行一次音响控制面板操作，并进行更换音响主机操作，具体操作查阅老师给的音响资料，并查阅汽车音响按键上的常用缩写英文标识（英文词组及缩略语）中文意思。

六、功放

功放的功率要大于喇叭功率的 1.5 倍以上。小功率一路功放着重于推中置喇叭，大功率一路功放着重于推低频喇叭。大部分二路功放都用来推低频喇叭，也有少部分有带 HPF 的 FULL 开关，它可以用来推中高频喇叭四路功放主要用来推中高频喇叭，功率相对比较大。五路功放其中四路用来推中高频喇叭，另外一路用来推低频喇叭，其功率相对比较小。

七、喇叭

【技师指导】具有音响师水平的电工技师要求能通过以下知识调节和判定车载音响的好坏。

1. 高音喇叭

高音喇叭 2 个前车门各一，也可设 1 寸高音喇叭（A 柱）、3 寸或 4 寸中音喇叭（仪表台）、6 寸或 8 寸中低音喇叭（门板）。

（1）频响范围

频响范围为 2 048 Hz ~ 20 kHz，其中：2 048 ~ 4 096 Hz 聆听感觉为敏锐；4 096 ~ 8 192 Hz 聆听感觉为清脆、多彩；8 192 ~ 16 384 Hz 聆听感觉为层次分明；16 384 ~ 20 000 Hz 聆听感觉为纤细。

（2）表现特征

指向性强，声音明亮、清晰，层次分明，色彩丰富。

2. 中音喇叭

一般使用 6 寸中低音喇叭，两个中音喇叭放在前车门。

（1）频响范围

频响范围为 256 ~ 2 048 Hz，其中：256 ~ 512 Hz 聆听感觉为有力；512 ~ 1 024 Hz 聆听感觉为明亮；1 024 ~ 2 048 Hz 聆听感觉为透亮。

（2）表现特征

人声还原逼真，音色干净、有力，节奏性强。

3. 低音喇叭

两个低音喇叭放置在后排放物台上，以产生低频回音效果，有的车为回音效果好装有更低频的超低频喇叭。一般 9 ~ 15 寸低频喇叭（后备厢），若为展示车用可在后备厢加装一套中高频喇叭。注意：喇叭的分布要以整个音场频率配置均衡为主，喇叭输出功率小将失真。

（1）频响范围

频响范围为 16 ~ 256 Hz，其中：16 ~ 64 Hz 聆听感觉为深沉、震撼；16 ~ 128 Hz 聆听感觉为浑厚，128 ~ 256 Hz 聆听感觉丰满。

（2）表现特性

具有强大震撼感，雄壮有力、丰满深沉。

八、收音机天线

收音机天线有拉杆伸缩式、固定式复合式天线等。

早期的收音机采用拉杆伸缩式，接通收音机时，后风窗 C 柱后下侧（也有位于前 A 柱下前侧）的天线会在电动机的带动下，伸展到收音机关闭前所使用的设定高度。也可按动收音机上的天线按钮调整高度。如果需要在行车时降低天线（如通过有悬枝的灌木丛时），按动向下箭头以降低天线（如奥迪 100 的收音机控制面板）。在越过障碍物后，完全伸展天线，以取得最佳的电台接收效果。

目前的汽车天线多为固定式复合式天线，即天线杆不再伸缩，同时天线是几种天线的组合，为了信号接收得更好，通常在车顶 45°倾斜放置。复合式天线的另一位置就是后风窗的除霜加热线上部内置了不同波长的接收天线，如图 12-8 所示。为了接收效果好，后风窗玻璃内的天线分为横、纵两个方向放置。天线座内内置有放大器，信号放大后接同轴电缆（LVDS）。

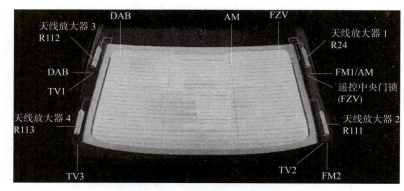

图 12-8　后风窗复合式天线

第二节　汽车音响系统检修

一、光盘和磁带的使用和保养

1. 潮湿

夏季空气潮湿，很容易造成 CD 盘上结雾，潮湿的 CD 盘如果直接进入主机会令激光头读取速度跟不上，同时电器元件受潮，严重了还会造成激光头损伤。

2. 灰尘

激光头怕灰尘，因此在路况环境较差时，车主应及时关闭车窗，平时还应注意车内的保洁。

3. 强行推碟

车用 CD 机多采用碟片吸入式设计。只需将 CD 放在入口处，机械结构会自动将盘片吸入。若用手将盘片强行推入，这样不仅会损坏盘片，严重了还会损坏机内的托盘结构。

4. 阳光

碟片不要放在仪表台上。炎热的夏天，碟片在烈日的暴晒下很容易发生变形。

5. 正版碟片

因为盗版碟经常会有碟面不平或碟孔不圆的情况，在播放时这些隐患都会导致激光头产生跳点等故障，直接有损激光头的寿命。

6. 擦拭

碟片在长时间不用后会有灰尘和划伤，在擦拭碟面灰尘时要沿着与音频轨迹垂直的方向擦拭。

7. 磁带

对于磁带，应注意避热防潮。高温会使磁带发生变形，放进主机时发生卡带现象。在长时间不听或处于关机状态时，最好将磁带退出，防止因关机时压带轮压住磁带，导致压带轮变形。

二、音响噪声的检查与跟踪排除

首先确定音乐数据的质量，尽量使用熟悉的碟片试音。

1. 噪声的检查方法

（1）先起动着发动机，把大灯、空调都打开，将音响系统开到可以聆听的位置。

（2）将发动机的转速稳定在 3 000 r/min 左右，不断地更换 CD 曲目，并细心聆听高音部分，听听是否有噪声，如果没有噪声，说明系统的设计、布局合理，否则就有问题。

2. 噪声的跟踪与排除

把所有的功放信号输入（RCA）解除，然后按噪声的检查方法再检查一遍，试听是否有噪声。

（1）无噪声的检查方法

将功放的输入（RCA）恢复，解除 CD 机的信号输出，检查是否有噪声。

①有噪声时应该检查

A. 信号线的布线是否合理。

B. 信号的屏蔽是否良好。

C. 信号线的莲花端子与功放的莲花端子是否匹配。

②没有噪声时应该检查

A. CD 机的供电线路是否良好，CD 机的供电部分必须重接，不能用原车的线路。

B. CD 机的输出端子与信号线的端子配合是否良好。

C. 检查 CD 机的电压与功放的电压是否相同。

（2）噪声的跟踪方法

把功放的输出解除，另接一个喇叭，直接接在功放，听是否还有噪声。

1）有噪声时应该检查：

①功放的接地点是否正确，如不正确需要重新接地线，注意两台以上横放的接地点必须在同一个点上；

②功放增益键的电位器接触是否良好；

③功放的外壳是否有接地现象。

2）无噪声需要检查以下项目：

①喇叭线的布线是否有接近车体主电源供应线路；

②检查高音喇叭的安装位置是否正确。

三、音响解码

现代音响价格较贵,为了防止盗贼偷走汽车音响,汽车设计了断电后要输入密码的功能,盗贼知道偷了汽车音响也无法使用,从而盗贼也就不再偷汽车音响了,可彻底地杜绝偷音响行为。修理中,断开蓄电池是常见的,音响断电会锁死。所以在断电前,应向车主问清密码,以利于修理结束时再输入密码。

奥迪 100—2.6E 型轿车配备了咖玛牌音响,音响具有防盗功能,可输入四位密码进行解锁。音响一旦被盗,则会因电源曾中断过,再接通电源时就会自动呈锁止状态,使音响的操作功能失败。如果不甚将音响锁止,则应该按照下述方法,进行解码。下面以图 12 – 9 所示奥迪 100 音响控制面板为例说明解码操作程序。

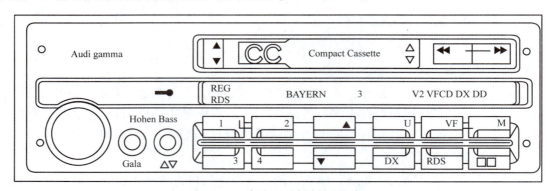

图 12 – 9 奥迪 100 音响控制面板

解码操作程序:首先将音响电源开关置于 ON 位置,这时音响的液晶显示屏会显示"SAFE"字样,SAFE 表明该音响已被锁止。解码操作是:同时按住装饰面板操作按键中的"U"键和"M"键,这时观察液晶显示屏,会出现"1000"字样,然后松开 U、M 按键,注意此后再不能同时按住 U、M 两按键,否则音响内电脑将把此项操作作为错误输入,进行一次计数。

利用音响装饰面板中的 4 个预置电台存储键盘 1(千位)、2(百位)、3(十位)、4(个位),兼做音响的解码输入按键,如输入密码"1697"。按动面板操作千位存储键"1"2 次,液晶显示屏会显示 1。按动面板操作百位存储键"2"7 次,液晶显示屏会显示 6。按动面板操作十位存储键"3"10 次,液晶显示屏会显示 9。按动面板操作个位存储键"4"8 次,液晶显示屏会显示 7。确认输入的密码与正确的密码核对无误后,再同时按住"U"键和"M"键。待显示屏上再次出现"SAFE"字样后即可松开"U"键和"M"键,稍等片刻显示屏上就会自动显示一个电台的频率,此时则表示该音响解锁成功,音响恢复原设计功能。如果输入的密码错误,当放开"U"键和"M"键后,显示屏上的"SAFE"字样仍不消失,这时可重新输入密码。如果再次输入错误密码,则需等待 1 h 后,方可继续输入密码。

不同的音响密码输入方法可能不同,不过都很简单。当车主也不知道密码时,有时需要读出防盗芯片的密码,重新输入。需要注意的是,一般汽车音响的密码卡片在出厂时贴在行李舱内或手套箱内(不同车型和车系的做法不同,最好咨询经营商),用户购买新车后,要将密码卡取出妥善保管,不可丢失,也不可放在车内。车辆转卖时,新老用户不要忘记交接密码卡片。通过购车后的手续和材料证明本人为车主后,服务站通过主机厂会在音响厂家获得万能密码。

在汽车进行维修时,在不知道音响密码的情况下,不要断开蓄电池的电源线,以避免音响被锁止。

【完成任务】针对实车进行现代汽车的音响解码操作,具体操作查阅老师给你的车型的音响资料。

第三节 丰田汽车音响系统

一、方向盘衬垫开关功能

带方向盘衬垫开关的方向盘是所有车型的标准配置。在方向盘上有一些常用开关,比如音量按钮,如图12-10所示,驾驶员的手不离开方向盘即可对音响系统进行操作。方向盘衬垫开关的主要功能如表12-1所示。

表12-1 方向盘衬垫开关功能

功能			短按	长按
方向盘衬垫开关(左)	音量		音量增大/减小	音量持续增大/减小
	搜索	AM/FM	频道上/下	往上/下搜索
		TAPE	搜索 FF/REW	FF/REW
		CD	向上/下播放	光碟上/下
		CD/DVD*	向上/下播放	光碟上/下
	模式		打开 AM/FM,TAPE,CD,DVD*	关
方向盘衬垫开关(右)			打开复式信息显示器	重启复式信息显示器

注:*为带复式显示器的车型。

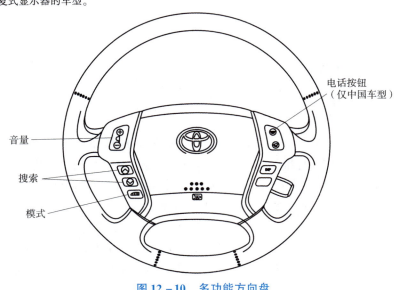

图12-10 多功能方向盘

二、音响系统电路图

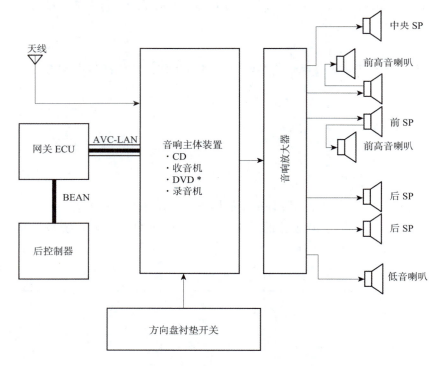

注：*为带复式显示器的车型

图 12-11 音响系统控制示意

【完成任务】在电路图 12-11 中天线的位置在实车上的位置：_____；后控制器的位置：_____；并操作控制喇叭音量。主机音源包括：_____；_____；_____；_____。音响放大器的位置：_____；全车几个 SP（SPEAKER）：_____；几个喇叭：_____。

第四节 汽车导航系统

一、复式显示器

如表 12-2 所示，中国的 Royal Saloon G、Royal Saloon 和 Royal E 级车型上采用带复式显示器的 DVD 导航系统作为标准配置。另外，倒车影像系统和导航系统作为一套装置使用。复式显示器装置安装在中央仪表饰板上。复式显示器由一带压力灵敏触板的 8 英寸倾斜 LCD 液晶显示屏组成，更易于应用。通过使用全球定位系统（GPS）和 DVD 数字化多功能光盘中的地图数据、导航系统分析车辆的位置，并在显示屏幕上的地图中指出其位置，语音指导将使驾驶员找到所选目标地的路径。为可兼容 + 蓝牙的蜂窝电话提供了免提功能。蓝牙是应用蓝牙 SIG（特别兴趣小组）规定的 2.4 GHz 频率波段的高速无线数据通信系统，其通信速率为 1 Mbit/s。

表12-2　有复式显示器的DVD导航系统

显示器	8英寸倾斜LCD		配置
	压力灵敏触板		配置
导航系统	GPS		配置
支持语言	语音导航	汉语	配置
	语音识别		不配置
地图数据媒体	DVD		配置
天线	GPS		配置
陀螺传感器（在导航ECU里）	压电陶瓷片		配置

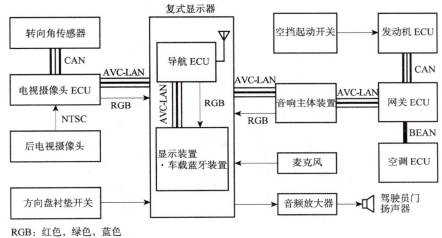

图12-12　倒车影像和车载蓝牙通话系统

【完成任务】在图12-12中，后倒车影像系统的摄像头和电视摄像头ECU之间的导线是什么类型：_____；空挡起动开关的哪个挡位可起动倒车摄像头的影像显示：_____；转向角传感器通过CAN和AVC-LAN传至复式显示器导航ECU的目的是实现导航系统的什么功能：_____；在图12-13中，麦克风的作用是什么：_____；驾驶员门扬声器的作用是什么：_____；复式显示器的触屏功能是否能控制空调：_____；RGB是什么意思：_____；NTSC是什么意思：_____；电视摄像头能发出RGB信号，音响主体装置能吗：_____。

【完成任务】写出图12-13主组件位置图（一）中的元件名称：
_____；_____；_____；_____；_____。

【完成任务】写出图12-14主组件位置图（二）中的元件名称
_____；_____；_____；_____；_____。

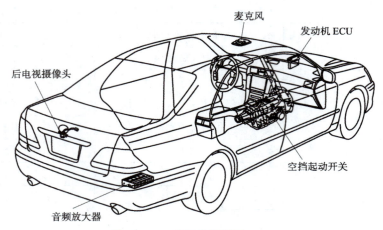

图 12-13 主组件位置图（一）

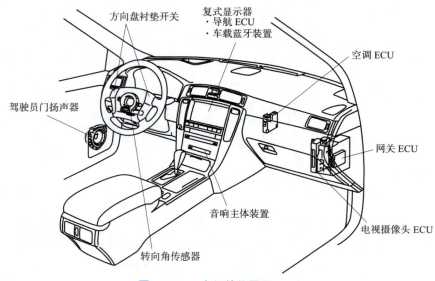

图 12-14 主组件位置图（二）

二、结构和工作原理

1. 复式显示器

通过复式显示器可调整显示器屏幕的显示功能，这个屏不仅作为导航屏幕显示器，也作为空调屏幕显示器、电话操作屏幕显示器、倒车监视系统显示器、诊断屏幕显示器、音频屏幕显示器和 DVD 屏幕显示器。

2. 蓝牙免提系统

蓝牙是短距离、高速度的无线数据通信系统，它应用蓝牙 SIG（特别兴趣小组）规定的 2.4 GHz 频率波段。复式显示器中集成了一车载蓝牙装置，它给可兼容蓝牙的蜂窝电话提供了免提功能，如图 12-15 所示。通信距离一般在半径约 10 m 的范围，一设备可同时连接的设备数最多注册 4 部电话。

可兼容蓝牙的蜂窝电话在包中或衬衣袋中不用取出即可选择号码拨打电话。号码由复式显示器或方向盘衬垫开关传送,通过蓝牙通信与蜂窝电话线路上的人交谈。和过去不同,现在不必将蜂窝电话与车载蓝牙装置连接。因为蓝牙通信自动连接,每次使用时不必复杂安装。但是,最初必须注册可兼容蓝牙的蜂窝电话到车载蓝牙装置。

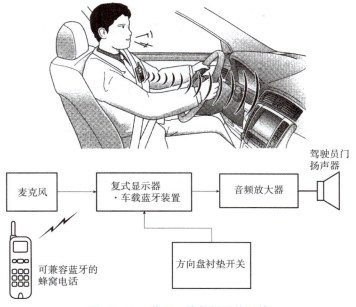

图 12-15 蓝牙无线数据通信系统

如图 12-16 所示,车载蓝牙装置由一天线和一模块组成。此模块有一将车载蓝牙装置连到复式显示器的接口。此模块的另一功能是处理由天线发射或接收的数据。方向盘衬垫开关包括用来操作电话的"on-hook"和"off-hook"开关。麦克风是当用蜂窝电话和他人讲话时,由车内的乘员应用这些项目。扬声器可以运行免提功能。

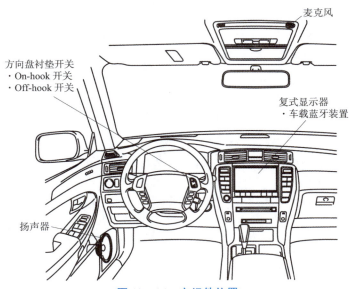

图 12-16 主组件位置

3. 蓝牙电话功能

点火开关拨到"ACC"或"ON"时导航门打开，则蓝牙电话工作。然而，为安全起见，车辆起动时一些功能不能使用。此系统有如下功能。

输入蓝牙电话：必须先在复式显示器中注册才能使用蓝牙电话的免提功能，一旦注册话机，免提功能自动可用，最多可以注册4部蓝牙电话。

选择蓝牙电话：当车厢内有两部或多部已注册蓝牙电话时，必须选择其中一部使用以免串线。只有选中的电话可以作为免提电话使用，最后注册的电话被自动选中。

删除蓝牙电话：已注册蓝牙电话可被清除。

呼叫蓝牙电话：通过拨号用户可通过输入电话号码拨号。

【完成任务】根据驾驶使用手册提示，请向车载蓝牙注册一手机，两人试通过车载蓝牙通话，并删除注册。

新能源
汽车电气系统原理与检修

理论+实训一体工单

北京理工大学出版社
BEIJING INSTITUTE OF TECHNOLOGY PRESS

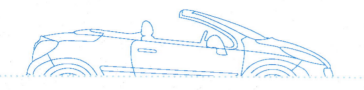

目 录

第一章 汽车电源系统 ... 287
- 第一节 铅酸蓄电池 ... 287
- 第二节 蓄电池技术状况的检查 ... 289
- 第三节 蓄电池充电方法 ... 290
- 第四节 交流发电机 ... 291
- 第五节 电压调节器 ... 293
- 第六节 发电机智能控制技术（扩展学习） ... 294
- 第七节 充电系统性能检查和常见故障诊断 ... 295
- 第八节 电动汽车 DC/DC 转换器（扩展学习） ... 297
- 第九节 带能量回收系统的发电机控制（扩展学习） ... 298

第二章 汽车供电控制系统 ... 299
- 第一节 不带电源 ECU 的供电控制 ... 299
- 第二节 非复位开关电源 ECU 控制（一） ... 299
- 第三节 非复位开关电源 ECU 控制（二） ... 300

第三章 汽车起动系统控制 ... 301
- 第一节 起动机 ... 301
- 第二节 起动机控制电路 ... 303
- 第三节 起动机检修和性能测试 ... 306
- 第四节 起动系统故障诊断 ... 307
- 第五节 汽车漏电故障诊断（扩展学习） ... 308

第四章 汽车点火系统 ... 310
- 第一节 传统点火系统简介 ... 310
- 第二节 微机控制点火系统基础 ... 311
- 第三节 大众汽车点火系统 ... 312

  第四节 尼桑汽车分电器点火系统 ··· 314
  第五节 丰田汽车分电器点火系统 ··· 314
  第六节 其他点火系统举例 ·· 315
  第七节 汽缸不做功的判断 ·· 315
  第八节 点火系统检查 ·· 316

第五章 照明和信号 ·· 319
  第一节 照明和信号简介 ··· 319
  第二节 照明和信号系统 ··· 320
  第三节 信号装置 ·· 322

第六章 刮水/洗涤装置 ·· 325
  第一节 刮水/洗涤装置元件 ··· 325
  第二节 刮水/洗涤电路 ··· 326

第七章 汽车仪表和警报 ··· 328
  第一节 仪表和警报装置简介 ·· 328
  第二节 汽车仪表 ·· 344
  第三节 仪表信号和警报 ··· 345

第八章 汽车空气调节系统 ·· 348
  第一节 空气调节系统概述 ··· 348
  第二节 制冷系统元件结构和工作原理 ······································· 351
  第三节 自动空调系统 ··· 354
  第四节 空调保养和常见维修作业 ··· 356
  第五节 电动汽车空调（扩展学习） ··· 356
  第六节 电动轿车空调制冷方式（扩展学习） ······························ 357

第九章 中控锁及防盗 ·· 358
  第一节 汽车中控锁 ··· 358
  第二节 铁将军防盗器 ··· 358
  第三节 发动机防盗止动系统 ·· 360
  第四节 无钥匙进入及起动系统 ·· 361

第十章 车窗及后视镜控制 ·· 363
  第一节 车窗简介 ··· 363
  第二节 车门集中控制基础 ··· 364
  第三节 汽车电动后视镜 ··· 365

第十一章　电动座椅 ········· 366
第一节　功能和操作 ········· 366
第二节　典型电动座椅 ········· 367

第十二章　音响和导航 ········· 368
第一节　汽车音响系统 ········· 368
第二节　汽车音响系统检修 ········· 370
第三节　丰田汽车音响系统 ········· 371
第四节　汽车导航系统 ········· 371

第一章 汽车电源系统

第一节 铅酸蓄电池

一、普通型蓄电池结构

描述一下正极板。

描述一下负极板。

描述一下电解液。

二、普通蓄电池工作原理

解释放电过程的化学反应。

解释充电过程的化学反应。

三、写出影响蓄电池内阻的因素

四、汽车蓄电池种类、型号

1. 写出蓄电池种类有哪些

2. 蓄电池的型号、规格及选用

风帆（Sail）6—QA—120。

第一位为_____。　　第二位为_____。

第三位为_____。　　第四位为_____。

五、蓄电池的容量及其影响因素

1. 放电电流与终止电压的关系

2. 蓄电池的容量及其影响因素

什么是额定容量？

什么是起动容量？

使用条件对蓄电池容量的影响有哪些？

六、蓄电池正确使用

蓄电池的使用方法及注意事项有：

七、蓄电池维护

在维护汽车蓄电池上，驾驶员比修理人员更便利，所以可建议驾驶员进行一些蓄电池的维护，请问维护内容有哪些？

八、蓄电池常见故障诊断

1. 极板硫化

故障现象是什么？

故障原因是什么

如何排除故障？

2. 自行放电

故障现象是什么？

故障原因有什么？

如何排除故障？

3. 蓄电池容量达不到规定要求

故障现象是什么？

故障原因是什么？

如何排除故障？

第二节　蓄电池技术状况的检查

一、蓄电池电解液液面高度的检查

1. 塑料条测量法

【完成任务】这个缺水蓄电池的电解液高度是多少_____，经补加纯净水后高度是多少？_____。过高有什么坏处_____，过低有什么坏处_____。

2. 描述液面高度指示线法观察结果

3. 描述视液孔窗判断法观察结果

二、蓄电池端"启动"端电压的检测

1. 用高率放电计测量电池的端电压

根据表 4-2 用高率放电计测得蓄电池电压，确定放电程度

单格电池电压/V	6 格电池电压/V	12 格电池电压/V	放电程度/%
1.7~1.8	10.2~10.8	20.4~21.6	0
1.6~1.7	9.6~10.2	19.2~20.4	25
1.5~1.6	9.0~9.6	18.0~19.2	50
1.4~1.5	8.4~9.0	16.8~18.0	75

结论：

2. 智能数字型蓄电池专用检测仪测量蓄电池的输出参数分别是多少？

三、蓄电池电解液密度的测量

【完成任务】馈电蓄电池：密度计测量数值是多少_____，比重检测仪的测量数值是多少_____。

足电蓄电池：密度计测量数值是多少_____，比重检测仪的测量数值是多少_____。

四、蓄电池容量判断法

1. 荷电观察窗判断法

【完成任务】这个缺水蓄电池的观察窗的 3 个颜色分别是什么色_____，代表什么_____。不足时是什么色_____，充足电时是什么色_____。

2. 万用表测蓄电池电压判别断电池容量法

【完成任务】这个缺水蓄电池的电压测量数值是多少_____，估计容量剩余多少_____。充足电的蓄电池的测量电压数值是多少_____，估计容量有多少_____。

五、电解液纯净度检查

【完成任务】这只加水蓄电池的电解液是否纯净。

第三节 蓄电池充电方法

一、充电方法

1. 简要描述定电流充电法操作

_____
_____

2. 简要描述定电压充电法操作

_____
_____

3. 简要描述脉冲快速充电法操作

_____
_____

二、简要描述初充电方法

_____
_____

三、起动/充电动机

【完成任务】采用起动/充电机实施跨接起动，操作后，描述操作过程。
_____

【完成任务】采用起动/充电机实施给车下蓄电池的充电操作，描述操作过程。
_____
_____

四、描述车下充电注意事项
_____

五、如何不断电更换蓄电池
_____
_____

第四节　交流发电机

一、发电机分类

1. 按总体结构分类
按总体结构不同，交流发电机可分为几种类型。
_____

2. 按整流器结构不同分类
_____

3. 按磁场绕组搭铁型式分类
_____
_____

【完成任务】学完本节后，请说出图1-11整流前电压波形和整流后电压波形是如何测得的。

整流前波形：_____；
整流后波形：_____。

二、发电机结构

【完成任务】请说出图1-13"汽车发电机"的主要结构组成（注意不是所有的零部件名称）。

_____、_____、_____、_____、_____、_____、_____、_____。

第一章　汽车电源系统

1. 交流发电机

描述图 1-14 转子结构和作用。

描述定子结构和作用。

交流发电机转子的磁极对数和三相定子绕组的个数和定子铁心的槽数关系。

三相绕组的连接方法有哪 2 种。

【完成任务】请说出"汽车交流发电机"的主要结构组成_____、_____。

2. 六管整流器

描述整流器的作用。

三、发电机整流

六管整流原理。

八管交流发电机的特点。

九管交流发电机的特点。

十一管交流发电机的特点。

【技师指导】发电机转子转 1 周，在图 1-20 中，U_1、V_1、W_1 三相发出频率和幅值相一致的电压。对于发动机怠速稳定转速为 840 r/min，可知发动机 14 r/s，由于曲轴皮带轮和发电机皮带轮的半径关系，可知发电机为 28 r/s，在发电机转子转 1 周中有 U_1、V_1、W_1 三相各输出 1 次高电压。为了检修整流器二极管，可将示波器时基调至多少_____；幅值为调至多少_____。

第五节　电压调节器

发电机电压调节器其功用。

电压调节原理。

一、调节器分类

二、内、外搭铁

发电机内、外搭铁的确定方法。

三、电压检测法

写出电压检测法有几种。

四、分立电压调节器

电压调节器以什么作为电压感受元件，又控制什么通断来调节励磁电流，使发电机电压保持稳定。

写出图1－26JFT106型晶体管电压调节器由电压敏感电路和二级开关电路组成。

写出起动发动机并闭合点火开关后瞬间的励磁路径。

发动机带动发电机，转速逐渐升高如何调节？

当发电机转速升至一定值，使输出电压达到调压值时如何调节？

五、集成电压调节器

写出图 1-27 夏利轿车用整体式交流发电机电路原理。
点火开关接通,且发电机未转动时的调节器工作过程

发电机运转后,其端电压高于蓄电池电动势而小于调节电压时的调节器工作过程:

当发电机电压随转速升高到调节电压时调节器工作过程:

【完成任务】根据夏利轿车用整体式交流发电机电路原理图写出 B、IG、L 分别在蓄电池充电和放电时的作用或电流走向,并写出三个缩写的全拼。

第六节 发电机智能控制技术(扩展学习)

一、提高功率的办法

发电机在提高功率输出控制上一般采用的办法:

二、智能控制方法

传统电压调节器功能有哪些?

什么是发电机负载率控制?

【完成任务】在图 1-28 智能电压调节器中,L 接_____;DFM 接_____,用于控制发动机转速提升,在非智能发电机中 L 接_____。通过分析或测量 DFM 端子是发动机 ECU 向电压调节器输送信号____(是/否)_____;还是电压调节器通过 DFM 向发动机 ECU 输送信号,还是双向信号_____。DFM 的汉语名称是_____。

什么是发动机转速波动控制?
_____
_____

三、带"启停"的发电机控制
用电负荷介入监控功能如何控制?
_____
_____

怠速稳定控制功能如何控制?
_____
_____

减少磁性阻力功能如何控制?
_____
_____

带有发动机启停功能的发电机 LIN 总线通讯的功能有哪些?
_____
_____

5. 计算机的诊断能力
计算机提供的故障信息有哪些。
_____
_____

第七节　充电系统性能检查和常见故障诊断

一、充电系统的性能检查，按步骤完成，并在方框内打钩

1. 目视检查
肉眼检查发电机接线，并手动检查接线是否处于良好状态；
细听发电机是否有不正常噪声；
检查发动机运转时发电机是否有不正常的噪声。

2. 检查放电警告灯电路
使发动机暖机后停机，断开所有的附件，将点火开关转到"ON"位置，检查放电灯是否亮。
起动发动机，检查放电警告灯是否熄灭，如放电警告灯不熄灭，应排除放电警告灯电路的故障。

3. 检查无负载充电电路
将电压表和电流表接入充电电路的方法：
脱开发电机端子 B 的配线，将它接到电流表的负极（−）端子；
在电流表的正极（+）端子与发电机的端子 B 之间接根试验导线，电流测量也可用直

流感应钳拾取电流。

使电压表正极（+）与发电机的端子B连接，电压表的负端（-）接地。

使发动机在怠速2 000 r/min之间运转，电流在10 A以下，标准电压在25℃时为14.0～15.0 V，在115℃为13.5～14.3V，如伏特数大于标准值，应更换IC调节器。

4. 检查有负载充电电路

使发动机转速以2 000 r/min运转，打开大灯远光，鼓风机转速"HI"位置；

£11£ 检查电流表读数应≥30 A。如果安培数小于标准值30A，修理发电机。如果蓄电池电充得很足，有时安培数会小于标准值。

二、发电机的检查和修理

【完成任务】分解发电机，进行发电机的元件检查，并说出修理方法。

1. 转子、转子轴承的检修

【完成任务】最好在怠速工况和急加速时用螺丝刀进行轴承听诊，拆下检查再次检查可用于确认异响是前轴承还是后轴承。

测量结果＿＿＿＿＿＿＿＿＿＿＿＿＿＿＿＿＿＿＿＿＿＿＿＿＿＿＿＿＿＿＿＿＿＿＿。

2. 定子
3. 电刷

【完成任务】最好在怠速工况和急加速时用螺丝刀进行轴承听诊，拆下检查再次检查可用于确认异响是前轴承还是后轴承。

测量结果＿＿＿＿＿＿＿＿＿＿＿＿＿＿＿＿＿＿＿＿＿＿＿＿＿＿＿＿＿＿＿＿＿＿＿。

4. 整流器、电压调节器

【技师指导】最好在怠速测量发电机的波形，若波形异常也说明有整流二极管的损坏，不必要知道那个二极管损坏，图1-33为各种故障下的发电机波形。

【完成任务】参考以上内容，结合厂家电路图针对实车测量汽车充电系统电路，测出启动和怠速时电流流向和大小分别为＿＿＿＿＿＿＿＿＿＿＿＿＿＿＿＿＿＿＿＿＿＿＿＿＿。

打开大灯测量电流大小为＿＿＿＿＿＿＿＿＿＿＿＿＿＿＿＿＿＿＿＿＿＿＿＿＿＿＿。

【完成任务】检查定子线圈的三个引出头之间是否导通。

提高发动机转速测量电压和电流分别为＿＿＿＿＿＿＿＿＿＿＿＿＿＿＿＿＿＿＿＿

测量结果＿＿＿＿＿＿＿＿＿＿＿＿＿＿＿＿＿＿＿＿＿＿＿＿＿＿＿＿＿＿＿＿＿＿＿。

采用有不同种典型故障的拆车发电机装在对应实车上，由老师指导测量判别故障类型和解决办法，这个过程要注意发电机的安装和皮带轮的调整。

三、发电机常见故障

写出发电机发电电压过低的原因。
_____
_____

写出发电机发电电压过高的原因。
_____
_____

写出发电机不发电的原因。
_____
_____

写出发电机异响的原因。
_____
_____

第八节　电动汽车 DC/DC 转换器（扩展学习）

一、DC/DC 转换器

降压转换器功能是
_____
_____

二、DC/DC 转换器原理

根据图 1-39 完成下列问题：
如何形成交流电？
_____
_____

如何实现整流、滤波？
_____
_____

如何实现电压反馈？
_____
_____

【实训任务】用万用表测量12V蓄电池的开路电压和不同工况的端电压，把测得的电压值写入表格，要求精确到小数点后2位。

工况	开路电压	供电开关 OFF	供电开关 ON	供电开关 READY	发动机起动后
电压					

写出 12V 降压 DC/DC 在什么工况下向蓄电池充电_____。

第九节　带能量回收系统的发电机控制（扩展学习）

一、车辆能量管理组件作用

_____
_____

二、汽车工作模式

汽车加速模式如何控制？
_____
_____

滑行行驶模（能量回收）模式如何控制？
_____
_____

第二章 汽车供电控制系统

第一节 不带电源 ECU 的供电控制

一、点火开关功能

汽车锁/关闭（LOCK/OFF）。

附件挡（ACC）。

点火挡（ON）。

启动挡（START）。

二、点火开关供电端子

【完成任务】通过操作机械式点火开关体验各挡汽车上的反应，打到 ACC 挡，打开收音机看收音机是否工作，打到 ON 挡，检查仪表蓄电池警告灯是否亮，打到启动挡 START 起动机是否工作，放手点火开关回到哪个挡位，在这个挡位再向 START 挡方向转动一次看是否能转动，思考一下为什么这样设计。

第二节 非复位开关电源 ECU 控制（一）

一、电源控制 ECU 的功能

二、非复位开关形式

写出图 2-5 进入和启动授权开关 E415 元件功能。

写出图 2-7 进入和启动授权开关 E415 电路图的工作原理。

第三节 非复位开关电源 ECU 控制（二）

一、点火开关

【完成任务】根据图 2-8 大众速腾点火开关电路和点火锁总成图分析。

请写出点火开关这 5 个输出挡位名称，点火开关为几挡开关_____；S 开关是几挡开关_____；

分别是：50 _____、P _____、15 _____、X _____；S _____

【完成任务】根据图 2-9 大众速腾点火开关电路图分析。

N376 名称_____；作用是什么_____；受图中哪个开关控制_____；S 开关是几挡开关_____；E227 _____；E45 _____；

二、点火开关各种正电的形成

1. 15 正电的形成

【完成任务】根据图 2-10 原理图，再结合图 7-4 大众速腾点火开关电路图分析。

车内 15 号供电继电器 J329 工作过程_____。

2. 50 正电的形成

【完成任务】根据图 2-11 所示，50 正电的形成原理图，分析电路图分析：钥匙 50 端子对起动继电器 J682 的控制_____。

3. 75 号正电的形成（X 卸荷正电）

【完成任务】根据图 2-12，75 号正电的形成（X 卸荷正电）原理图分析。

写出车内 X 线供电继电器 J59 工作过程_____。

4. P 正电的形成（停车正电）

若图 2-9 中点火开关位于 P 位时，J527 将 P 位信号经 CAN 总线给 J519，J519 接通 J329 继电器，实现 15 号线接通。_____。

5. S 触点正电的形成（86S）

若图 2-9 中点火开关位于 S 位时，J527 将 P 位信号经 CAN 总线给 J519，J519 接通 J329 继电器，实现 15 号线接通。_____。

第三章 汽车起动系统控制

第一节 起动机

一、作用和分类

1. 作用

_____

_____

2. 分类

（1）按结构分类

写出普通起动机特点。

_____

写出永磁起动机特点。

_____

写出减速起动机特点。

_____

（2）按控制方式分类

写出机械控制式特点。

_____

写出电磁控制式特点。

_____

（3）按传动机构啮入方式分类。

写出强制啮合式特点。

_____

写出惯性啮合式特点。

_____

写出电枢移动式特点。

_____

写出齿轮移动式特点。

_____

_____

二、结构组成

【完成任务】根据图3-1写出丰田8A-FE起动机3个主要机构名称。

_____、_____、_____、_____、_____

_____、_____。

三、构造和原理

在起动机拆装中找到图 3-2～图 3-5 中的元件名称,找到相应元件后,在相应元件名称上打钩,以便确认,防止遗漏。

在起动机拆装后,确定是哪种励磁绕组的接法。

1. 直流电动机的工作原理

根据图 3-6 写出直流电动机的工作基本原理。

_____
_____
_____

写出影响起动机功率的主要因素。

_____
_____
_____

2. 传动机构

写出传动机构的组成。

_____
_____
_____

常用的单向离合器主要有以下几种:

(1) 滚柱式单向离合器

根据图 3-8,写出滚柱式单向离合器工作过程

_____
_____
_____

(2) 摩擦片式离合器

根据图 3-9 写出摩擦片式离合器的工作过程。

(3) 弹簧式单向离合器

根据图 3-10 写出弹簧式单向离合器的工作过程。

3. 写出减速装置的类型

_____
_____
_____

第二节　起动机控制电路

一、磁力开关的作用

_____

二、起动继电器作用

_____

三、起动机控制电路

根据图3-14QD254型内啮合式减速起动机，完成下列问题。
写出磁力开关控制电路。

_____
_____

写出电动机工作电路。

_____
_____

起动机工作时电流大、转速高，因此在使用起动系统时，应当注意什么？

_____
_____

【完成任务】请根据你分解的起动机，完成表3-1任务：起动机分解任务。

表3-1　任务：起动机分解任务

定子是感应型还是永磁型		找到磁力开关的常电接线柱30了吗	
单向离合器采用哪种类型		找到磁力开关的控制接线柱50了吗	
是哪种减速起动机		找到定子线圈的接线柱C了吗	

四、30号端子断电继电器作用是什么

_____
_____

【完成任务】若一台无"30号接柱断电继电器"的货车，想要加装此继电器，以图3-15为例应如何装。另外故障指示灯亮，停车后，应如何检修。

五、汽车的起动电路

1. 起动电路分类

1) 手动速器车的起动电路和自动变速器车的起动电路特点。

2）直接控制和间接控制型起动电路特点。

2. 请画出典型起动电路图

（1）直接型起动电路

1）手动速器起动机电路。

图 3-16（a） 直接无继电器型起动电路	图 3-16（b） 直接有继电器型起动电路

2）自动变速器起动电路

图 3-16（c） 直接型起动继电器+防盗器	图 3-16（d） 直接型自动变速箱的起动电路

（2）间控制接型起动电路

1）自动变速箱带编码式多功能开关的两路控制起动电路。

图 3-16（e） 起动继电器 J226 外部电路	图 3-16（f） J226 继电器内部电路

2）自动变速箱三路间接控制起动电路

图 3-16（g） 大众汽车三路间接型自动变速箱的起动电路

【完成任务】

实车测量起动电路后，并归纳所实习车辆的起动属于哪种类型_____。
实车起动电器元件的车上位置：有/无机械点火开关_____。
有/无起动继电器_____。
起动继电器采用哪种方式控制_____。

第三节　起动机检修和性能测试

一、起动机检修

1. 检查起动机电枢总成

起动机电枢总成检修如图 3-17 所示。

【完成任务】请按图 3-17（a）检查电枢，万用表的显示为_____：Ω，说明什么_____。

请按图 3-17（b）检查电枢，万用表的显示为_____Ω，说明什么_____。

请按图 3-18（a）检查定子绕组，万用表阻值为_____Ω，说明什么_____。

2. 检查定子

【完成任务】请按图 3-18 检查定子搭铁情况，电阻为_____Ω，测量结果说明什么：_____，是否需要更换定子_____。

3. 检查电刷

【完成任务】请按图 3-19（a）测量电刷长度_____mm，若最小长度标准为 9.0mm，如果长度小于最小值，更换起动机磁扼或电刷架，并用砂布研磨。

【完成任务】请按图 3-19（b）测量电刷弹簧的安装载荷_____N，若最小安装载荷为 8.8N，是否需要更换弹簧_____。

请按图 3-19（c）测量正、负电刷架电阻为：_____Ω，说明什么_____。

4. 检查起动机离合器分总成

【完成任务】请按图 3-20 检查起动机离合器，顺时针转动驱动齿轮，检查能自由转动。逆时针转动驱动齿轮，检查锁止。如果必要，更换起动机离合器。检查的结果是_____。

请按图 3-21（a）检查活动铁芯的运动情况，推入活动铁芯，活动铁芯应能快速恢复原位。如果不能，更换电磁开关。检查结果是否需要更换活动铁芯_____。

5. 检查电磁开关总成

起动机电磁开关总成检修如图 3-21 所示。

【完成任务】请按图 3-21（b）检查牵引线圈电路，端子 50 和 C 之间应导通，电阻为_____Ω，说明什么_____。

请按图 3-21（c）所示，检查保持线圈，检查端子 50 和开关外壳电阻为_____ Ω，说明什么_____。

二、起动机的性能检查步骤

检查起动机总成
进行拉动测试结果描述。
_____
_____

进行保持测试描述。
_____
_____

检查离合器小齿轮复位结果描述。
_____
_____

进行空载测试结果描述。
_____
_____

【完成任务】
起动机测试为什么必须在 5s 内完成_____。
拉动测试测试在测试哪些部件的什么功能_____。
保持测试在测试哪些部件的什么功能_____。
进行空载测试在测试哪些部件的什么功能_____。

第四节　起动系统故障诊断

一、起动机不转

【完成任务】人为制造起动机不转的故障，学生感受起动时的现象，并按上述完成诊断过程。

1. 故障现象。
_____
_____

判断步骤与方法。
_____
_____

二、起动机转动无力

【完成任务】人为制造起动机运转无力故障，学生感受起动时的现象，并按上述完成诊断过程。

故障现象。
_____
_____

判断步骤与方法。
_____
_____

三、起动机空转

【完成任务】使用打滑的单向离合器人为制造起动机空转故障，学生感受起动时的现象，并按上述完成诊断过程。

故障现象。
_____
_____

2. 判断步骤与方法。
_____
_____
_____

第五节　汽车漏电故障诊断（扩展学习）

一、蓄电池放电的因素

【完成任务】人为制造用电器漏电，并组织学生分析，并排除。

请列出蓄电池放电的内因：_____。
请列出蓄电池放电的外因：_____。
请列出可能的工作的用电器：_____。

二、静态电流测量法

为了保证正确测量静态电流的数值，一定要创造驾驶员离车后的条件，这些条件称为静态电流测量的前提条件，如下：
_____

1. 实践在线电流表测量静态电流值

2. 实践使用电流钳测量静态电流值

3. 实践用保险丝电压损失的测量方法估计电流值

4. 实践通过网关检查车辆上的 CAN 总线休眠

5. 实践进行保险丝示波法测试

三、如何进行问诊

第四章　点火系统

第一节　传统点火系统简介

【完成任务】说出过去三代传统点火系统的名称分别是什么_____、_____和_____。现代汽车点火系统控制系统是由什么系统控制_____。

一、机械触点式点火系统

【完成任务】在实车上找到图4-1传统点火系统组成，将找到的元件在图中名称上直接打钩确认，防止遗漏，若实在没有此类实习车型，也可视频中认识有些过老的元件。

【完成任务】讲述图4-1磁感应点火系统的工作原理。
_____
_____
_____

二、电磁点火系统

【完成任务】在实车上找到图4-4传统点火系统组成，将找到的元件在图中名称上直接打钩确认，防止遗漏，若实在没有此类实习车型，也可视频中认识有些过老的元件。

【完成任务】讲述图4-4磁感应点火系统的工作原理。
_____
_____
_____

三、霍尔点火系统

【完成任务】在实车上找到图4—6传统点火系统组成，将找到的元件在图中名称上直接打钩确认，防止遗漏，若实在没有此类实习车型，也可视频中认识有些过老的元件。

【完成任务】讲述图4-6霍尔点火系统的工作原理。
_____
_____
_____

第二节 微机控制点火系统基础

微机控制点火系统不再像霍尔点火系统是独立的系统,点火功能只是电控发动机微机控制功能。

一、最佳点火提前角的确定

正常行驶的基本点火提前由什么传感器确定?
_____

修正点火提前角包括什么修正?修正方向是什么?
_____
_____
_____
_____

二、点火能量控制

写同点火能量控制的信号有哪些?
_____
_____

三、微机控制点火系统

以图 4-11 大众捷达轿车控制点火的方法为例来介绍微机点火系统,其它发动机控制方式与其基本相同,电脑进行点火正时控制工作步骤如下:

写出点火提前角确定方法。
_____
_____

写出压缩上止点前72°信号确定方法。
_____
_____

写出1°计算机时间计算方法。
_____
_____

【完成任务】大众汽车发动机在某节气门开度下,发动机转速为 1 200 r/min,查询这瞬间工况的点火提前角为 24°,试问从微机收到 72°信号后,微机需要多长时间开始点火_____。

第三节　大众汽车点火系统

一、捷达 ATK 两阀发动机

【完成任务】根据图 4-12 画出捷达轿车电控发动机双缸同时点火系统的内部电路图,并说出工作原理。

请在捷达双缸同时点火线圈上找到 A、B、C 和 D 标记,并根据 6-13 图所示,插上实车的高压线,写出插对的现象是什么:_____,插错高压线的现象是什么:_____。

技师指导:捷达双缸同时点火线圈壳体开裂会引起的点火能量不足。

二、双缸同时点火控制

1. 1 缸压缩上止点前 72°信号

【完成任务】完成凸轮轴位置传感器的拆装和波形测试,在下面描述波形的幅值、频率随发动机转速的变化特点。

_____
_____
_____

2. 曲轴转速信号

【完成任务】完成曲轮轴位置传感器的拆装和波形测试,在下面描述波形的幅值、频率随发动机转速的变化特点。

_____

3. 凸轮轴、曲轴信号的波形与点火对应关系

【完成任务】采用四通道示波器，完成凸轮轴位置传感器、曲轴位置传感器和点火波形测试，在下面描述点火提前角变化特点
_____
_____
_____
_____

【完成任务】你认为使用示波器会进行哪两项调整最重要_____和_____；高压感应钳使用方法，你会吗_____；你用什么时基和幅值发现了3个波形_____；停车后，拆下曲轴位置传感器看发动机能否起动工作，分析为什么_____。再拆下凸轮轴看发动机能否起动工作，分析为什么_____。若发动机起动工作了，对发动机有什么影响_____；分析这样设计的好处_____。

三、单缸独立点火方式

1. 单缸独立点火方式

2. 点火线圈结构
写出图4-19 奥迪1.8T的点火线圈的特点。
_____
_____

3. 单缸独立点火方式电路图

【完成任务】能够画出奥迪汽车电控发动机单缸独立点火系统的电路图，并说出工作原理。

【完成任务】单缸独立点火系统没有高压线，无法进行高压线吊火，若给你一备用火

花塞，如何判别高压火是否产生，并实践测试火花塞的跳火颜色？

第四节　尼桑汽车分电器点火控制

一、尼桑分电器点火系统简介

二、尼桑分电器结构

【完成任务】在实车上找到图 4-21 点火系统组成，将找到的元件在图中名称上直接打钩确认，防止遗漏，若实在没有此类实习车型，也可视频中认识有些过老的元件。

三、点火系统电路图

【完成任务】用四通道示波器测出尼桑 2000 发动机分电器点火系统上止点信号、1°信号以及中心高压线点火波形信号，描述 3 个信号的幅值、频率以及随发动机转速的变化。

_____
_____
_____
_____

第五节　丰田汽车分电器点火系统

一、丰田 5A—FE 发动机

二、点火系统组成

【完成任务】在实车上找到图 4-23 及图 4-24 点火系统组成，将找到的元件在图中名称上直接打钩确认，防止遗漏，若实在没有此类实习车型，也可视频中认识有些过老的元件。

三、点火控制电路

【完成任务】画出丰田 8A-FE 发动机分电器点火系统的结构示意图，并说出工作原理；急速时，用示波器捕捉 G、NE 信号和高压信号，并将所用的时基和幅值记录下来；并用手机照下波形分析，描述其特征_____。

写出点火模块的端子字母缩写的英文 C_____；EXT_____；B_____；T_____；F_____。

第六节　其他点火系统举例

一、一点火模块内置多个放大器

写出单独点火模块的直接点火系统特点。

二、带正时偏差的单缸双火花塞系统特点

_____
_____
_____
_____

三、点火模块集成在微机内部的特点

_____
_____
_____
_____

第七节　汽缸不做功的判断

一、汽缸不做功的可能原因有哪些

_____
_____
_____

二、失火率与排放的关系

目前常用的失火检测方法有两种，分别是什么？

_____

二、监控末级功率三极管的失火监测方法

写出图 4 – 31 丰田初级点火反馈技术原理和优缺点。

_____
_____
_____
_____

【完成任务】怠速工况时，捕捉 IGT、IGF 信号和高压电信号，并将所用的时基和幅值记录下来；并对 IGT、IGF 信号和高压电 3 个波形放在一起分析。

描述特征_____
_____。

三、检测曲轴转速的变动的失火检测方法

【完成任务】人为制造不做功和做功弱两种失火故障，怠速工况时用示波器捕捉凸轮轴信号、曲轴信号和二次高压信号，并将所用的时基和幅值记录下来；并通过测温仪测量火塞尾部温度为多少_____；找出人为制造不做功的汽缸，你是否正确找出_____；
用大众专用 VAS5052 检测仪检查是否有失火故障码：_____。

第八节　点火系统检查

一、点火系统检查技能

【完成任务】在一个正常工作的分电器点火系统中，通过吊火测试掌握方法。在这个分电器点火系统中设计一个实际中常见的故障。让学生通过吊火法判别故障在初级电路，还是在次级电路，并能进行细分判别操作；请将测量感悟写下来。

_____
_____
_____
_____

【完成任务】让学生听一正常调节好的分电器点火系统的急加速时的声音,学生听完后,教师将分电器转动,分别制造点火提前和滞后两种情况,然后由学生听分电器点火系统点火正时是提前,还是滞后,并进行相应的反向调整操作;请将测量感悟写下来。

_____
_____
_____
_____

【完成任务】在双缸同时点火系统中,通过"备用火花塞吊火测试",能够判别故障在初级电路,还是在次级电路,并能进行再细分的判别操作;请将测量感悟写下来。

_____
_____
_____
_____

【完成任务】在单缸独立点火系统中,通过"备用火花塞吊火测试",能够判别故障在初级电路,还是在次级电路,并能进行细分判别操作。请将测量感悟写下来。

_____
_____
_____
_____

【完成任务】通过急加速吊火测试的方法判别点火系统点火能量不足,注意观察火花颜色和听跳火的声音,正常和火弱的对比一下;请将测量感悟写下来。

_____
_____
_____
_____

【完成任务】通过发动机和排气管的燃烧噪声以及发动机的抖动,以及排气管的烟态和味道识别发动机缸内点火系统的状态;请将测量感悟写下来。

_____
_____
_____
_____

【完成任务】将有故障的火花塞安装到发动机上,观察发动机工作时的故障现象,通过断缸法找出有故障的火花塞,并进行间隙检查、积炭检查、电阻的检查操作,并能进行火花塞的更换的力矩操作;请将测量感悟写下来。

【完成任务】将有个别损坏的成组旧高压线安装在发动机上，通过电阻检查和漏电的检查找出有故障高压线，并进行新成组高压线的正确更换，注意不要乱缸。在下面写清发动机的现象，测量时的现象和数据。

【完成任务】将一支损坏的点火线圈装在四缸发动机上，由学生来检查点火线圈所在缸是哪一缸。将确定出有故障的点火线圈取出后，与正常的点火线圈做低压引脚间和高压输出间的电阻测量，请将测量感悟写下来。

【完成任务】用示波器或发光二极管检查点火驱动是否正常，将检查时的方法和结果写在下面。

第五章 照明和信号

第一节 照明和信号简介

一、照明系统

在车上找到图 5-1 汽车灯光系统的元件位置，写出下列照明系统灯的作用和和具体应用。

前照灯。
_____

雾灯。
_____

牌照灯。
_____

仪表盘照明灯。
_____

顶灯（阅读灯）。
_____

发动机舱灯。
_____

二、信号灯

写出下列信号灯的作用和具体应用。
示宽灯。
_____

刹车灯。
_____

转向灯
_____

危险警告灯。
_____

倒车灯。
_____

第二节　照明和信号系统

一、前照灯

写出下列汽车前照灯灯泡的特点。

白炽灯泡。

_____

卤钨灯泡。

_____

气体放电灯。

_____

前照灯照射范围根据什么实现自动控制。

_____

前照灯照射范围根据什么实现动态控制。

_____

发光二极管（LED）。

_____

二、前照灯开关和继电器

操作使用大众汽车"拉旋式"开关，写出操作方法。

_____

操作使用丰田组合式灯开关，写出操作方法。

_____

奥迪组合式开关

【完成任务】根据图5-9所示，请画出奥迪组合式开关的开关图形。

【完成任务】平视系统的位置调节的作用是什么_____，与照明系统有关吗_____。

三、前照灯继电器的作用

_____

四、前照灯的分类

_____

五、前照灯远光电路的自动控制功能

为了提高汽车行驶的安全性，很多新型车辆采用了电子控制装置对前照灯进行自动控制。

描述前照灯会车自动变光器。

_____

描述前照灯昏暗自动开启控制功能、高速路功能、下雨灯光功能。

_____

描述前照灯自动关闭延时功能。

_____

六、自适应前照灯系统

自适应前照灯系统能够适应各种不同的交通情况。这种具有动态转弯功能的前照灯能够在汽车转弯时做出相应的调整。

固定转弯灯。

_____

自适应前照灯。

_____

七、前照灯的检测调整

【完成任务】在网上查找大灯检测仪的说明书和国标 GB 7258—1997 的内容，找出其中与修理相关的内容。有条件的学校可以给学生安排一次大灯光束调节任务。

前照灯远光光束发光强度。

_____

前照灯光束照射位置

_____

八、大灯改装

大灯改装方法。
更换大功率灯泡。

加装大灯继电器。

改装氙气大灯。

九、灯光的常见故障

"卤素灯泡"常见故障一般有灯光不亮、亮度低和灯泡频繁烧坏等,请描述故障原因。
灯光不亮。

亮度下降。

灯泡频繁烧坏。

第三节　信号装置

一、写出下列信号设备的作用

示宽灯。

转向信号灯。

刹车信号灯。

倒车灯。

危险警告灯。

驻车灯。

挂车标志灯。

喇叭。

大灯远光的信号功能

二、转向灯和危险警告信号灯

1. 转向灯和危险警告信号灯的功能

2．电子闪光器

（1）有触点式
带继电器触点的晶体管闪光器。

带继电器触点式集成电路闪光器。
（2）无触点式
无触点晶体管闪光器。

无触点集成电路闪光器。

【完成任务】根据图 5-19 和图 5-20 续转向灯和危险警告信号灯电路图完成下列任务
翻译 Flasher Relay _____；翻译 Turn Switch _____；翻译 Combination Switch _____；翻译 Combination Meter _____；GND _____；
EHW _____；ER _____；EL _____；E 的作用是正触发还是负触发_____。
车的一侧有几个转向灯_____；它们是 1 条线路引出并联的吗_____；组合仪表内的发光二极管的作用是什么_____。将一转向灯泡取下时会出现什么现象_____；换个小功率的灯泡换上去会有什么现象_____。

3．转向信号灯常见故障及排除
转向信号灯故障与排除方法。

二、刹车灯
写出刹车灯功能。

刹车灯开关形式有哪些？

【完成任务】老师设计的刹车灯电路的故障现象是什么_____；故障原因是什么_____。

三、倒车灯与倒车蜂鸣器
【完成任务】倒车灯开关位置在_____；老师设计的倒车灯电路的故障现象是什么_____；故障原因是什么_____。

四、喇叭

简述标准喇叭结构。
_____
_____

写出标准喇叭工作原理。
_____
_____

写出图 5-26 轿车喇叭电路工作原理。
_____
_____

第六章　刮水/洗涤装置

第一节　刮水/洗涤装置元件

一、刮水/洗涤装置功能

_____

二、刮水器传动方式

写出刮水器的"刚性传动"方式。

_____

写出刮水器的"柔性传动"方式。

_____

三、刮水电机调速原理

_____

四、刮水器自动复位装置

1. 两静触点式

写出图 6-3（a）工作原理。

_____

写出图 6-3（b）工作原理。

_____

2. 三静触点式

写出图 6-4（a）工作原理。

_____

写出图 6-4（b）工作原理。

_____

五、刮水器的继电器的间歇控制

【完成任务】请操作实习车的雨器开关，描述档位和功能。_____。

六、风窗洗涤装置

【完成任务】请用钢针或曲别针抻直后调节喷嘴（喷水鼻）的方向，以保证喷出的玻璃水以在风窗的指定位置，保证刮水片能刮净风窗，写下资料上的调节时要求。

_____

_____

第二节 刮水/洗涤电路

一、前刮水电机/洗涤泵电路

据图 6-7 写出前刮水电机和洗涤泵电路工作原理。
OFF（关闭）挡。
_____

INT（间歇）挡。
_____

LO（低速）挡。
_____

HI（低速）挡。
_____

MIST（点动刮水）挡。
_____

Wash（刮水/洗涤）挡。
_____

【完成任务】根据图 6-7 丰田汽车前风窗刮水器电动机和洗涤泵电路完成下面问题。
　　刮水开关共有几个挡位_____、_____、_____、_____、_____；
　　哪几个挡位为单连开关挡_____、_____、_____；哪几个挡位为双连开关挡_____、_____。MIST 挡是什么挡_____。
　　电子继电器具有"刮水电动机间歇"和"洗涤和刮水联动"功能：在"刮水电动机间歇"功能中电子继电器的接地控制是否经过洗涤泵电动机开关到 IL 接地_____；在"洗涤和刮水联动"功能中有几路电路经过洗涤泵电动机开关到 IL 接地_____。
　　在 OFF 挡时，请找到刮水电机两端接地的电路，描述两端是如何接地的_____
_____。

二、后刮水电机/洗涤泵电路

据图 6-8 后风窗刮水电机和洗涤泵电路写出工作原理。
OFF（关闭）挡。
_____

INT（间歇）挡。
_____

ON（刮水）挡。
_____

Wash（洗涤）挡。

On and Wash（刮水/洗涤）挡。

【完成任务】在图6-8丰田汽车后风窗刮水电机和洗涤泵电路中，在OFF挡时，请找到刮水电机两端接地的电路，描述两端是如何接地的。

三、风窗刮水器系统的维修
写出刮水器速度比正常慢原因。

写出间歇刮水系统不正常原因。

写出刮水器不能复位原因。

四、风窗洗涤装置的维修项目有哪些？

第七章　汽车仪表和警报

第一节　仪表和警报装置简介

一、写出早期的仪表的显示内容有哪些？
_____
_____

二、现代汽车仪表如何控制
_____
_____

三、现代汽车仪表类型有
_____
_____

四、仪表三灯

什么是指示灯_____。
什么是警告灯_____。
什么是故障灯_____。

1. 汽车仪表灯符号

写出表 7-1 汽车组合仪表故障灯、警告灯、指示灯说明及备注。

表 7−1　汽车组合仪表故障灯、警告灯、指示灯说明及备注

系统	符号	说明	备注
发动机	CHECK		
	(发动机图标)		
	(水温图标)		
	(水温计图标)		
	EPC		
	(机油壶图标)		
	(机油液位图标)		
	SVS		
	(蓄电池图标)		
	(!)		

续表

系统	符号	说明	备注
发动机	⛽		
	E		
	🛢️		
	👓		
	🔑		
	⚠️		
	SENSOR		
	MIN		
	🚗🔧		
	⛽◀		

续表

系统	符号	说明	备注
发动机	service		
	扳手		
	START		
	发动机图标		
	排放图标		
	A OFF		
	A 禁用		
	A		
	R↓-		
	R↑+		
	LIMIT		
	Km/h		
	车辆II		

续表

系统	符号	说明	备注
发动机			
	EPC		
	ABS		
	EBD		
	OFF		
	TCS OFF		
	TCS		

续表

系统	符号	说明	备注
发动机	VSC		
	SLIP		
	VDC OFF		
	ESP BAS		
	EPS		
	VSA		
	(!) (P) BRAKE		
	((P)) AUTOH		
	ABS (!) BRAKE		
	(车辆打滑图标)		
	(车辆上坡图标)		
	(TC图标)		
	(警告三角形图标)		

续表

系统	符号	说明	备注
发动机	DTC		
	(P)🔧		
	🛞		
胎压监控	🚗		
	🚗		
	⚠️		
	TPMS		
刮水器及洗涤	🔋		
	🌊		
	💦		
	⚠️		
照明和信号	💡		

续表

系统	符号	说明	备注
照明和信号			

续表

系统	符号	说明	备注
照明和信号			
	AFS OFF		
	⚠		
	i		
空调系统			

续表

系统	符号	说明	备注
变速器及四驱分动箱	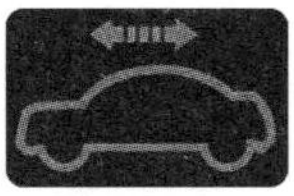 (车辆换挡图示)		
	 P R N D 箭头		
	 ▲▼ 8		
	 HOLD		
	 ↑		
	 A/T OIL TEMP		
	 齿轮感叹号		
	 齿轮温度		
	 4WD LOCK		
	 4x4!		
	 O/D OFF		
	 四驱传动图示		
	 4WD		

续表

系统	符号	说明	备注
变速器及四驱分动箱			
钥匙、车门及防盗	KEY OUT		

续表

系统	符号	说明	备注
钥匙、车门及防盗			
	KEY		
巡航系统			
	CRUISE		
	CRUISE CONTROL		
	CRUISE MAIN		
	SET		
安全气囊及安全带	AIR BAG		

续表

系统	符号	说明	备注
安全气囊及安全带			
动力转向系统	PS		
	P/S		
电控悬架系统	ABC		

续表

系统	符号	说明	备注
电控悬架系统			
带旅行挂车			
驾驶模式	SPORT		
	eco		
	SOS		
	!		
	00.00.00		

续表

系统	符号	说明	备注
辅助驾驶系统			
电动汽车			
	READY		
	ECO MODE		
	ECO MODE		
	EV MODE		

续表

系统	符号	说明	备注
电动汽车			

2. 灯符号的意义

发动机机油压力警告灯。

油箱盖警告灯。

ESP 电子稳定性程序工作指示灯。

颗粒排放滤清器堵塞警告灯（柴油发动机）。

与制动有关的故障灯和警告灯。

蓄电池充电警告灯。

发动机诊断警告灯。

柴油发动机预热指示灯。

柴油滤清器放水警告灯。

乘员侧安全气囊解除警告灯。

安全气囊警告灯。

座椅安全带未扣紧警告灯。

车门未关紧警告灯。

防盗器警告灯。

燃油液位低警告灯。

第二节　汽车仪表

一、十字线圈式仪表
写出图 7-8 十字线圈式仪表的工作原理。

二、步进电机式仪表
写出图 7-8 步进电机式仪表的工作原理。

三、典型客车仪表举例
电流表/电压表

发动机水温表

机油压力表

4. 燃油表
（1）普通燃油表电路
根据图 7-16 写出一般电子燃油表的信号采集电路的工作原理。

（2）带自纠偏测量电路的燃油表
据图 7-17 写出带自纠偏测量电路的油位测量的工作原理

（3）精确油位测量和带有磨损修正功能的仪表
根据图 7-18 写出磨损修正原理。

5. 车速表/里程表
写出车速表/里程表类型及基本工作原理。

写出里程计算原理。

6. 发动机转速表类型及原理

7. 气压表类型及原理

8. 仪表亮度调节控制方式有

四、什么是 CAN 线仪表

五、什么是仪表的自检

第三节　仪表信号和警报

一、仪表信号的采集

1. 发动机转速信号从何位置采集

2. 车速/里程表信号从何位置采集

3. 蓄电池充电信号从何位置采集

4. 各种温度信号从何位置采集

5. 各种液位信号从何位置采集

6. 燃油表信号从何位置采集

7. 压力开关信号从何位置采集

8. 制动蹄片磨损量信号从何位置采集

9. 行车油耗、平均油耗和短里程记数从何位置采集

10. 车门、发动机罩、行李箱门警告信号从何位置采集

二、仪表信号

1. 机油压力开关和机油传感器

普通型机油压力开关和机油传感器作用。

多功能机油传感器作用。

2. 制动系统低气压开关作用

3. 液面警告灯装置

舌簧开关式工作原理。

热敏电阻式工作原理。

4. 水温"过热"和"过冷"开关的作用

第八章 汽车空气调节系统

第一节 空气调节系统概述

一、汽车空调系统作用

二、汽车空调系统分类

三、通风装置

1. 空气压力通风方式

【完成任务】在空调控制面板上操作开关，实现压力通风方式。

2. 强制通风方式

【技师指导】轿车空调面板的外空气循环开关和鼓风机开关一起来控制压力通风和强制通风。

【完成任务】在空调控制面板上操作开关，实现强制通风方式。

四、汽车暖风系统

1. 发动机冷却水采暖系统

2. 独立热源式采暖系统

【完成任务】请写出图8-4驻车加热系统的组成（8个元件）。

五、制冷系统结构和工作原理

1．制冷系统的组成和功能

【完成任务】请写出图 8-5 汽车空调系统的元件组成；
_____
_____
高压和低压的分界线在哪_____；哪段是高压液体_____，哪段是高压气体_____，
　　哪段是低压气体_____，哪段是低压液体_____；冷凝器和蒸发器哪个放在发动机散热器前部_____，哪个放到仪表台下的空调箱中_____；
　　电子扇和鼓风机的区别是_____。

2．制冷系统部件功能
空调压缩机的作用。
_____
_____

冷凝器的作用。
_____
_____

干燥器的作用
_____
_____

高压和低压加注口的作用。
_____
_____

高、低压开关的作用
_____
_____

膨胀阀的作用
_____
_____

蒸发器的作用
_____
_____

积累器的作用
_____
_____

3. 制冷系统的工作原理

（1）制冷剂

优点：

缺点：

（2）写出制冷系统的工作原理

六、空调控制面板操作

1. 面板操作

【完成任务】在图 8—6 中，哪个开关不属于空调控制面板开关＿＿＿＿＿＿；鼓风机风速具有几个转速＿＿＿＿＿＿。

按下空调开关"A/C"打开空调，是否还要启动鼓风机才能让空调电磁离合器工作，打开空调＿＿＿＿＿＿；

冬季进入车内，人呼出的热气在车内前风挡结霜时，应如何操作才能除霜＿＿＿＿＿＿；

夏季雨后，车内前风挡结雾时，应如何操作才能除雾＿＿＿＿＿＿。

如图 8－6 所示，空调控制面板功能如下。

冷、暖风选择开关。

风速选择开关。

送风模式开关。

"A/C" 为空调开关。

内循环开关

2. 空调出风口介绍

写出图 8－7 中自动空调出风口的名称。

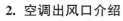

L、K 为_____，J 为_____；A、B、C、D 为_____；
13、J、H、F 为_____，E 为_____；I、G 为_____。

3. 手动空调的送风门模式

【技师指导】根据图 8-8 所示，说明如何清洗蒸发箱。

_____
_____
_____
_____

第二节　制冷系统元件结构和工作原理

一、空调压缩机

1. 曲柄连杆式压缩机原理

写出图 8-9 曲柄连杆式压缩机及其空调系统组成元件名称.。

_____

2. 两级排量变换的斜盘式压缩机

全容量（100%）工作原理。

_____

半容量（50%）工作原理。

_____

压缩机关断时的工作原理。

_____

3. 变排量摇盘式压缩机

摇盘式压缩机结构

_____

摇盘式压缩机工作原理

_____

变量控制

_____

机械变量控制阀工作原理。

电控变排量控制阀工作原理。

4. 压缩机保养

写出压缩机保养注意事项。

二、膨胀阀

膨胀阀类型有哪些？

三、冷凝器和蒸发器

写出图 8-16 分级式冷凝器功能。

写出图 8-17 带灭菌剂的蒸发器功能。

四、低压侧集液器和高压侧贮液干燥器

写出低压侧集液器构造

写出高压侧贮液干燥器构造

五、视液镜

观察的现象、结论和处理方法如下。

六、空调系统电气元件

1. 电磁离合器

【**完成任务**】测量汽车空调压缩机电磁离合器的间隙为＿＿＿＿＿＿；若怀疑压缩机轴

承响是否可采用拆下空调压缩机皮带的方法判别_____，若采用听诊法应该具体听哪个位置_____，压缩机工作时和外环境的温差为多少度_____。

【技师指导】空调压缩机轴承是易损坏的部件，特别是在皮带轮调整得过紧时，修理时，可更换轴承。发动机工作，空调压缩机轴承也工作，所以可用穿心螺丝刀听诊，也可拆掉皮带看声音是否消失。换轴承和换空调压缩机的价格在 20~30 倍左右，所以最好是更换轴承，而不是更换空调压缩机。另外电磁离合器间隙 A 过大会打滑，电磁离合器的电磁线圈很少出现故障。实践中，极少数汽车还存在电磁离合器吸合后不断开，会造成启动时发动机运行困难或很难起动，这是极端的例子，不能作为典型案例。

2. 高压和低压开关作用

3. 空调离合器继电器和风扇继电器作用

4. 外界环境温度开关作用

【完成任务】请找到捷达轿车空调外界温度开关在什么位置_____，若脱开外界温度开关空调压缩机的电磁离合器能否吸合_____。

5. 散热器电子扇电路
（1）在大众汽车中如何实现有级调速：

（3）写出图 8-24 丰田汽车 3 继电器、带高低速的双电子扇控制电路工作原理低速串联电路。

并联高速电路。

6. 恒温开关作用

7. 鼓风机

【完成任务】思考：自动空调的鼓风机风速控制与什么有关

第三节　自动空调系统

1. 手动空调如何控制

2. 自动空调如何控制

一、自动空调控制

自动空调电脑如何接收信号。

二、自动空调元件位置

三、自动空调传感器

车外温度传感器（Outside Temperature Sensor）。

车内温度传感器（In-vehicle Sensor）。

日照传感器（Sunload Sensor）。

蒸发器温度传感器（Evaporator Temperature Sensor）。

暖风水箱温度传感器（Engine Temperature Sensor）。

四、执行机构

鼓风机转速如何控制。

混合空气控制如何控制。

出风口模式如何控制。

空调压缩机离合器如何控制

暖风水阀如何控制

膨胀阀如何控制

五、空调控制单元作用

六、什么是分区空调

第四节　空调保养和常见维修作业

一、汽车空调系统的维护与保养

更换空调滤清器如何操作。
_____
_____

压缩机的维护与保养方法。
_____
_____

汽车空调冷凝器的维护与保养方法。
_____
_____

蒸发器的维护与保养方法。
_____
_____

汽车空调储液罐的更换注意。
_____
_____

汽车空调接头知识。
_____
_____

汽车空调维修其他注意事项。
_____
_____

二、加注制冷剂

【完成任务】在老师的指导下，按图 8-30 连接，根据原厂修理资料完成 1 次空调抽真空和加制冷剂操作。
_____
_____
_____

第五节　电动汽车空调（扩展学习）

一、什么是半导体式制冷/制热
_____
_____

二、写出热泵型空调系统制冷/制热工作原理

写出图 8-32 热泵系统工作原理。

_____

_____

三、什么是驻车加热器制热

_____

_____

四、什么是 PTC 加热器的电制热方式

_____

_____

第六节　电动轿车空调制冷方式（扩展学习）

汽车空调压缩机大致分为三类，分别是什么。

_____

一、分体式电动空调压缩机

_____

二、整体式电动空调压缩机

写出电动空调压缩机的机油的特点。

_____

1. 结构
拆装电动压缩机，写出元件组成及拆装注意事项。

_____

2. 工作原理
吸入过程。

_____

压缩过程

_____

排放过程

_____

第九章 中控锁及防盗

第一节 汽车中控门锁

一、中控门锁的作用

二、中控锁的类型
中央控制门锁的型式有哪些。

三、中控锁直接控制
将图 9-3 工作原理写在下面横线上。

二、中控锁电子控制
将图 9-4 工作原理写在下面横线上。

将图 9-5 工作原理写在下面横线上。

3. 带车速感应的脉冲电流式
将图 9-6 工作原理写在下面横线上。

第二节 铁将军防盗器

一、防盗系统的功用与种类
1. 防盗系统功用

2. 防盗系统种类

描述常见的汽车防盗装置。

机械式防盗装置。

_____

_____

电子式防盗装置。

_____

_____

网络式防盗装置。

_____

_____

二、加装防盗器方式

写出防盗器应用的 2 种情况。

_____

_____

三、铁将军防盗器功能

【完成任务】请对照铁将军 G191FAA1 汽车防盗报警器主机接线图 9-8 和图 9-14，指出原理图中 5 个继电器（继电器型号 NT37CS10 和 D12-SHS）的作用。

※提示：接线图 9-8 中靠近 LED 灯那边的是 JR4 双触点左右转向灯继电器，而图 9-14 中 CN7 为 LED 灯。

JR1 _____；JR2 _____；JR3 _____；JR4JR5 _____。

【完成任务】请对照铁将军 G191FAA1 汽车防盗报警器主机接线图 9-8 和图 9-14，写出连接器外接元件 CN5（3 根线，也称 3 针或 3pin）_____；CN6（7 根线）_____；CN8（12 根线）_____；接收头电路（3 根线）_____；CN8 的 4 引脚是什么_____；CN8 的第 6 引脚是什么_____；CN8 的 5 引脚是什么_____。在 JR5 本质是几脚继电器_____；JR2 线圈不通电时为 8、9 之间导通，一旦通电时是 8 与_____之间导通。

JR5 线圈不通电时为 11、12 之间导通，一旦通电时是 11 与_____之间导通。

四、防盗器遥控中控门锁

1. 如图 9-15 所示，写出 JR3 和 JR2 继电器的动作过程。

_____

2. 写出图 9-10 的负触发接线触发原理。

_____

_____

写出图9—11的正触发接线触发原理。

写出图9—12正负触发接线触发原理。

五、原车中控门锁单线负触发电路防盗改装

写出图9-14控制过程。

写出图9-15控制过程。

第三节　发动机防盗止动系统

写出防盗止动的设计思想。

一、防盗锁止系统（IMMO）发展

写出第一代IMMO方案（fixcode）。

写出第二代IMMO方案（read-write）。

写出第三代IMMO方案。

写出第四代IMMO方案。

写出第五代IMMO方案。

二、第二代防盗系统组成

三、第二代防盗系统工作原理

固定码的传输工作原理。

可变码的传输工作原理。

写出变码送码过程。

对于增加 1 把钥匙的情况，如何解决？

对于丢钥匙的情况，如何解决？

第四节　无钥匙进入及起动系统

一、什么是 PEPS

二、使用方法

三、低频定位天线

根据图 9-19 写出定位原理。

【技师指导】有的公司设计了车辆启动后也搜钥匙的功能而引发的问题有哪些？

【技师指导】行车过程中钥匙扔出去会怎么样？

四、无钥匙进入系统原理

_____
_____
_____

六、无钥匙进入优点和缺点

优点。
_____
_____

缺点。
_____
_____

【技师指导】 写出让盗贼有机可乘的情况。
_____
_____

第十章 车窗及观后镜控制

第一节 车窗简介

一、作用和分类

二、升降机结构

【完成任务】二人合作更换电动玻璃升降器，写出关键步骤。

三、电动车窗分类

1. 直接控制型

第一种直接控制型是直接采用开关直接控制电动机换向，写出电机电流流过控制开关的特点。

第二种加装继电器后，导致电器线路又太多，写出但电流不经开关的特点。

2. 微机控制型的特点。

3. 网络微机控制型的特点。

四、直接控制电动窗

1. 电动机搭铁的控制电路

写出图 10-3 主控开关控制右前车窗下降的工作原理。

写出图 10-4 独立操作开关控制右前车窗下降的工作原理。

2. 电动机搭铁型控制电路
写出图 10-5 电动机搭铁电动车窗控制电路的工作原理。

第二节　车门集中控制基础

一、电机换向的基本电路

1. 开关直接控制电动机换向的特点

2. 开关控制继电器的直接换向电路特点

写出图 10-6 如何实现电动机换向电路。

3. H 桥芯片电机换向电路
写出 H 桥电路驱动电机正反转换向原理。

二、写出车门负载功率

三、写出车门集中控制负载驱动方法

写出图 10-9 两半桥芯片的 H 型全桥驱动电子电路的工作原理。

四、半桥"三态门"的驱动的应用

写出图 10-10 采用共用桥端口和并联使用端口后视镜电动机驱动的工作原理。

第三节　汽车电动观后镜

一、功能和操作

写出图 10-11 的操作效果。

_____
_____

二、电动后视镜的结构

将电动后视镜的镜片取下，操作电动后视镜的开关，观察 X 方向和 Y 方向电机的动作。观察后写出拆下镜片的过程和注意事项，分写出更换整个电动观后镜的操作过程。

_____
_____

三、车内观后镜防眩原理

写出图 10-12 车内防眩目后视镜工作的基本原理

_____
_____
_____

第十一章　电动座椅

第一节　功能和操作

一、功能

1. 在实车上操作一电动座椅，写出操作电动座椅的功能。

_____
_____
_____

【**完成任务**】根据图 11-2 所示，说出下列开关的功能和实现方式（电机还是流体（液压或气压）实现）。

腰部支撑：_____；最可能实现方式：_____。腿托：_____；最可能实现方式：_____；肩部前后调节最可能实现方式：_____。

2. 实车操作带位置存储功能的电动座椅，写出操作方法。

_____
_____
_____

3. 实车操作座椅加热和按摩功能，写出操作方法。

_____
_____
_____

二、电动座椅结构

写出图 11-5 电动座椅结构中元件的名称。

1 _____；2 _____；3 _____；4 _____；5 _____；
6 _____；7 _____；8 _____；9 _____；10 _____；
11 _____；12 _____；13 _____；14 _____。

三、直接控制型座椅

1. 直接开关控制型

写出图 11-9 电动座椅控制电路元件的名称。

1 _____；2 _____；3 _____；4 _____；5 _____；
6 _____；

（1）座椅前倾的调节

写出前部上升电路的工作过程。

写出图 11-10 电动座椅前部上升电路元件名称
1 _____；2 _____；3 _____；4 _____；4 _____；
6 _____；
写出前部下降电路工作原理

（2）座椅后倾的调节
写出后部上升电路的工作原理。

写出后部下降电路与工作原理。

2. 电动座椅常见故障的排除
座椅完全不能调节原因。

座椅某个方向不能调节原因。

第二节　典型电动座椅

一、微控型电动座椅

【完成任务】根据图 11-11 所示，是几方向控制座椅_____，分别是什么方向：_____；图 10-11 的自动调节开关一共可存储几个位置：_____；在直控控制电路中，是否有位置反馈电位计：_____；为什么在带存储的电动座椅控制中要用到位置反馈电位计：_____。断路器的作用是什么_____；为什么要用继电器_____；M 是什么的缩写_____；ON/OFF 开关的作用是什么_____。
在售后服务中，换蓄电池后，车主说座椅位置控制消失，你应该向车主如何解释：_____

第十二章　音响和导航

第一节　汽车音响系统

一、汽车音响的组成

请将教材中图 12 – 2 画在下面的空白处，并写出框图中的信号源。

图 12—2　汽车音响的组成

写出框图中的信号源。

二、主机（音源）

主机的功能有哪些？

音源有哪些？

主机规格

_____

_____

主机评价技术参数有哪些？

_____

现代主机已有响应的功能，力求达到现场聆听的效果是什么？

_____

_____

_____

【完成任务】针对实车根据使用手册进行音响控制面板操作，并进行更换音响主机操作，具体操作查阅老师给的音响资料。
查找汽车音响按键上的常用缩写英文标识（英文词组及缩略语）中文意思。

三、数据存储的方式有哪些

_____

_____

四、功放的作用

_____

_____

五、喇叭

试听汽车上的喇叭哪个是高音喇叭？

_____

_____

试听汽车上的喇叭哪个是中音喇叭？

_____

_____

试听汽车上的喇叭哪个是低音喇叭？

_____

_____

六、EQ 处理器和分频器

均衡器的作用。

_____

_____

分频器作用。

_____

_____

七、其他

写出线材要求。

写出匹配效果指标。

八、收音机天线

写出收音机天线的类型,天线放大器的位置。

第二节　汽车音响系统检修

一、简述光盘和磁带的使用和保养内容哪些

二、音响噪声的检查与跟踪排除

噪声的检查方法

噪声的跟踪与排除
无噪声的检查方法。

噪声的跟踪方法。

三、音响解码

【完成任务】针对实车进行现代汽车的音响解码操作,具体操作查阅老师给针对你车型的音响资料,写出具体过程。

在更换蓄电池时,如何避免音响被锁止。

第三节　丰田汽车音响系统

一、方向盘衬垫开关功能

【完成任务】写出实训带方向盘衬垫开关的功能。

_____

_____

二、音响系统电路图

请将图 12-15 音响系统控制示意图画在下现空白处。

图 12-15　音响系统控制示意

【完成任务】在电路图 12-15 中的天线的位置在实车上的位置_____；后控制器的位置_____；并操作控制喇叭音量。主机音源包括_____；_____；_____；_____。音响放大器的位置_____；全车几个 SP（SPEAKER）_____；几个喇叭_____。

第四节　汽车导航系统

一、复式显示器

将请图 12-16 倒车影像和车载蓝牙通话系统画在下面空白处。

图 12-16 倒车影像和车载蓝牙通话系统

【完成任务】在图 12-16 中后倒车影像系统的摄像头和电视摄像头 ECU 之间的导线是什么类型_____；空挡起动开关的哪个档位可启动倒车摄像头的影像显示_____；转向角传感器通过 CAN 和 AVC-LAN 传至复式显示器导航 ECU 的目的是实现导航系统的什么功能_____；在图 12-16 中麦克风的作用是什么_____；驾驶员门扬声器的作用是什么_____；复式显示器的触屏功能是否能控制空调_____；RGB 是什么意思_____；NTSC 是什么意思_____；电视摄像头能发出 RGB 信号，音响主体装置也能发出 RGB 信号吗_____。

二、结构和工作原理

写出复式显示器功能。
_____
_____

写出蓝牙免提系统功能。
_____
_____

写出蓝牙电话功能。
_____
_____

【完成任务】根据驾驶使用手册提示，请向车载蓝牙注册一手机，两人试通过车载蓝牙通话，并删除注册。
_____
_____
_____